所有権留保の法理

田村 耕一

所有権留保の法理

学術選書
62
民 法

信山社

はしがき

本書は、所有権留保について、近代法における展開、実体法と手続法の関係、ドイツ法と日本法、を基礎理論の観点から横断的に考察するものであり、これまでの研究成果をまとめたものです。

所有権留保に対しては、「同時履行の抗弁権が使えない売主の代替手段の確保に過ぎず、目的物の取り戻しといっても消耗品などは現実的な実効性があるわけでもなく、法的検討の重要性は高くないのではないか」と、しばしば耳にしました。また、譲渡担保の亜種として付随的に理解されがちであり、これまでは構造につき理論的に踏み込んで検討されていませんでした。これは、売買という問題の場よりも、非典型担保として統一的に理解したいという概念法学的な思考も影響したのだと思います。

しかし、担保として扱う指導原理が確立して以降は、非典型担保の検討にあたって、非占有担保である抵当権を範とする類推的な手法では採用された法形式や個別の合意内容から乖離してしまうため、法解釈として、やはり不自然です。仮に同じ結論としても、採用された法形式や個別の合意内容自体に基礎付けられた評価でなければなりません。そうすると、各制度につき、どんな場合に用いられ、当事者は何のために、何を狙って用いているのか、という実態を重視した上で、法的な「認識」を行う必要があります。例えば、債権者が価値の把握を意図した独立の担保契約である譲渡担保と売主が売買目的物の支配根拠を継続しておきたい付随的合意の所有権留保では、たとえ結果は被担保債権の回収でも、効力の基礎である実体は全く異なります。このような視角からの構造の解明、当事者の権利関係の明確化がなければ、例えば集合物に対する譲渡担保の中に所有権留保付の目的物が入る場合は、判断基準が不明確となり、適切な結論を導くことが困難です。そして、実体法上の権利が明確でなければ、とりわけ条文が用意されていない場合には、特別法による修正の射程や手続法上の独自の効力を峻別することができず、各場面の効力が対症療法的となり、整合性を保った理解が不可能となるおそれがあります。したがって、何が原則で、どのような根拠に基づく修正や例外なのかを自覚的に意識する必要があります（子細は序章をご参照下さい）。

また、売買という問題の場に立ち戻って考えた場合、合意内容は売主による引渡の先履行ですから、①買主の責任財産を増加させた売主に特権は必要（フランス、日本）、②敢えて先履行したに過ぎず売主に特権（さらに解除権）は不要（ドイツ）、という法制度上の態度決定を前提にして、「予めの合意（所有権の留保）」が「評価」されることになります。序章でも述べる担保制度と契約解釈の関係は留保するとしても、合意解釈において、①②の違いは、法的な評価に影響すると考えられます。先行して言うと、ドイツの所有権留保の条文の意義は売主が敢えて先履行しても契約はなお解除できることを示すためであり、その後の債務法改正で実行は契約解除によると法定され、倒産法の条文も双方未履行の双務契約の特則ですから、売買契約の問題であることが強烈に意識されています。その上で、転売があり得る場合は、売主が先行して転売債権を把握するという「予めの合意」につき、とりわけ他の債権者との関係で留保売主は優先すべきか？という文脈の下で論じられています（子細はドイツの判決例をご覧下さい）。

さらに、売買の問題として、転売があり得ずに冒頭の素朴な疑問が該当する場面であっても、「担保の機能論」から再考すると、所有権留保は、売買契約時の情報の非対称性に対して買主の信用力の補完（売買契約に応じてもらえる）・審査コストの低減、契約後の買主の機会主義的行動・モラルハザードの抑止として、経済活動の円滑化のために重要な役割を果たしています。経済や法制度の発展に伴って、所有権留保の役割の場も不動産から動産へ移り、さらに今日の複雑な与信形態を可能にするなど、経済活動を支える裏付けとして機能している点は、法のインフラ機能として見過ごすことはできません。指導原理が確立した後の非典型担保の検討では、このような観点からも、法的な認識と評価につき改めて個別に精密化が必要なように思われます。

本書は、博士論文を基にし、既に公表したものも含んでいますが、ドイツの倒産法や債務法改正に対する評価などを取り込むため、長崎大学に奉職以降の研究の進展に基づき、内容を加筆し、特にそれぞれの検討は大幅に書き改めてあります。したがって、記述に濃淡がある点はご容赦下さい。また、本書に関連する問題として、いわゆる自動車のディーラー・サブディーラーに関する判決例ついては「所有権留保に基づくディーラーからユーザーに対する返還請求再考」として『法と政策をめぐる現代的変容』（二〇一〇年、成文堂）九九頁に、平成一六年以降の判決例については「所有権留保特約付売買における法律関係の判断基準――近時の判決を例に――」として民事研修六五六号（二〇一一年）二頁で公表しております。

なお、これまでの研究を補完した上でまとめるには一定の時間が必要ですが、それ以上に、私の能力不足のため、本書の計画は遅々として進みませんでした。本来であれば熊本大学在職中に公刊する予定でしたが、その後に広島大学大学院法務研究科（法科大学院）に異動したこともあり、さらに大幅に遅れてしまいました。この点は、総て私の責任です。

本書に幾ばくかの意味があるならば、総てお世話になった方々のおかげです。お一人ずつお礼を述べるべきところですが、以下を持って、ご容赦下さい。

学部時代から今日まで、ご指導を頂いている恩師である鳥谷部茂先生（広島大学教授）には心から感謝を申し上げます。また、当時の広島大学法学部の諸先生、長崎大学経済学部の諸先生、熊本大学法学部の諸先生、広島大学及び九州大学の民事法研究会、非典型担保の科研費研究会、土地法学会中国支部の方々から、親しくご指導頂きましたことにお礼を申し上げます。特に、長崎大学経済学部では、既に法と経済学を多少は学んでいたものの、同僚の経済学者の発想や分析方法を目の当たりにし、学問の差に驚きつつ、コストやインセンティブという発想に多大な影響を受けました。熊本大学法学部では、同僚の先生方から、改めて法的な「認識」について考える機会を頂きました。さらに、大学院時代の仲間達、とりわけ良き議論を交えてきた村山洋介先生（鹿児島大学教授）、堀田親臣先生（広島大学教授）、神野礼斉先生（広島大学教授）、様々に議論し有益な時間を共にした長崎大学・熊本大学の学生・ゼミ生の皆さんにも、感謝を申し上げます。

本書の出版をお勧め下さり、また過分な表題を与えて下さった信山社の袖山貴氏、稲葉文子氏、今井守氏にお礼を申し上げます。遅々として進まない本書を長い間お待ち下さり、絶えず温かい励ましのお言葉を頂きました。御三方なくして本書は完成できませんでした。

最後に、私事になりますが、これまでわがままを許してくれた両親に、感謝と共に本書を捧げたく思います。

二〇一二年八月

田村　耕一

目　次

第二編　実体法と手続法における所有権留保

第一章　実体法に基づく当事者の権利 ……… 139

第三編　わが国の展開と担保構造

所有権留保の法理

序章　本書の目的と検討方法

一　本書の視角と検討方法

実体的な権利は、各法律規定が定める趣旨に基づいて、原則的な内容・効力の規定（第一段階）、当事者が個別具体的内容を合意した場合の規定（第二段階）、他の政策的配慮に基づき修正される規定（第三段階）、及び手続法として当事者が倒産した場合（第四段階）に分類することができ、多くの規定は相互の対応が意識されている。

しかし、担保として予定されていない法形式を担保として活用する合意である非典型担保については、担保としての効力を付与するために、採用された法形式（第一段階）や具体的合意（第二段階）よりも、当事者の担保の意図を根拠に質権や抵当権の効力を類推する取扱いが志向されてきた。これに対して、北川教授は代物弁済予約に関して「担保権はその優先弁済的効力のゆえに他の債権者の利害に直接関係するから契約自由の枠内で処理できない。民商法で担保権が担保物権として物権構成を採るのもこの点と関連している。このような中で、代物弁済予約を、法律問題として契約解釈に還元してしまい担保契約と読替えることは解釈論として疑問である。つまり、契約解釈の枠をはみ出した問題を契約解釈論で処理しているきらいがある。」と述べる。さらに、北川教授は、「仮に解釈問題としても、契約内容は解釈を要しないほど明確であり、裁判により一方的に別のものに変えられるのは解釈論では片付かず、当事者の意図した契約効果は何らかの別の理由で認められないという説明が抜けており、裁判官による法創造の典型例がみられる」と指摘する。[1] では、単純な契約（合意）解釈の問題ではなく、担保物権という制度が用意されていることを前提とする予めの合意に対し、法性決定として、どのような態度を採るべきなのか。

まず、立法者により規範として用意された担保制度との関係では、確かに立法者は用意された物的担保以外は否定的態度であったかもしれない。また、「生ける法」として考えるとしても、単発事例としては暴利的な許容しがたい事例もあり得る。しかし、判決が一定の範囲で有効性を承認して以降は、一定期間の幅でみると、債権者にとって担保としての効力が国家権力によって否定されては意味がないので、裁判規範や学説を受けて実務が自律調整的に変動していく過程が繰り返される。つまり、実務における非典型担保は、外部的・間接的プレーヤーとしての裁判規範の影響の下にあり、結果として国家権力によって間接的にコントロールされている。したがって、非典型担保に関して担保としての指導原理が確立した今日において、その慣習にある種の「規範的性格」を承認することは可能である。

次に、その裁判規範、あるいは学説における検討手法については、これまでの学説の努力により「被担保債権の確保以上の効力は与えない」という指導原理が確立し、規制のために仮登記担保法も立法されたこと自体は正当である。しかし、解釈あるいは法創造にあたって、採用された法形式（第一段階）や具体的合意（第二段階）から離れて抵当権を範とする効力を与える（類推する）ことが立法類似の作用であり原理的に問題であるならば、法性決定としては、法に用意された担保物権に代わって採用された法形式（第一段階）に立ち戻った上で、担保構造を明らかにする必要がある。したがって、非典型担保は、「特定の財産を特定の債権の回収のための原資として充てること」が当事者の目的であるから、そのために如何なる手段（第一段階）が採られたのか、それを基にどのような回収方法が目論まれているのか（第二段階）、という視点から改めて検討する必要がある。例えば、鳥谷部教授は、「担保の合意、被担保債権の存在・特定、目的物の存在・特定、支配根拠によって、当事者の実体的権利を明らかにし、その当事者が有する実体的権利がその担保方法の効力の源、即ち法的根拠となるとするのが合理的」であり、譲渡担保については当初の合意、即ち金銭貸借のための買戻特約付売買契約自体から効力を導く検討方法を提唱され、そのためには基礎理論からの見直しが必要であると指摘する。(2)

非典型担保に関するこれまでの議論は実務での有用性もあって譲渡担保が中心であり、所有権留保は類するものとして付随的に言及される扱いが多かった。確かに、いずれも所有権の移転・留保の合意による所有権把握という形式が採られる（第一段階）。しかし、譲渡担保が目的物の価値を把握するための独立した担保契約であるのに対して、所有権留保は売買契約における所有権移転時期の特約として合意される附款である。さらに、当事者の意図は、完全権としての所有権の移転時期の明確化でも危険負担の特約でもない。通常は、分割払を前提にして、代金不払時の目的物の引揚げ、具体的には取戻しのための物権の確保である（換価権の確保が直接の目的ではなく、また後述するように失権・解除と深く関係する）。したがって、単に担保との「目的」のみをもってする類推的な対応では、第一乃至第四段階で個別具体的な対応は不可能である。以上の問題関心から、本書では、他の担保制度に比べて論究が不十分であると思われる所有権留保につき、以下の順で基礎的・横断的に検討を行う。

二　本書の対象と検討の順序

第一に、歴史的な変遷から、何がどこまで論じられたのかを明らかにする（第一・第二段階に該当）。物権・債権あるいは体系をめぐる議論において、所有権留保は条件付権利・期待権の格好の例として挙げられるものの、わが国では、所有権留保の近代以降の展開につき本格的に論じたものはないからである(3)。

第一編では、ＢＧＢ成立以前の状況をローマ法の継受、各ラント法典の規定、学説及び判例に渡って、所有権留保がどのように考えられ、誰にどのような権利が承認されていたのかを分析する（第一章）。次に、ＢＧＢ制定過程における、いわゆる立法者意思を明らかにする。具体的には、これまで必ずしも明らかにされていなかった制定過程の中で論じられていた点を分析し、種々の構成が存在した中で、なぜ停止条件付所有権移転という形式で規定されたのかという問題について検討する（第二章）。さらに、ＢＧＢ制定以降の学説及び判例の展開を分析する（第三章）。特に判例では、いわゆる買主の期待権に対して他の債権者が関与した場合を採り上げる。

第二に、手続法、特に担保としての目的が最大限に発揮される破産において、どのように実体法の効力が実現あるいは修正されるべきか検討する（第三・第四段階に相当）[4]。本書では、所有権留保に関する従来の議論がドイツから影響を受けていることから、ドイツにおける倒産法の制定過程を採り上げる。

第二編では、実体法により規定される当事者の実体的権利関係を明らかにし（第一章）、それを基準にして手続法、特に本書では破産法を改正し制定された倒産法における取扱いを検討し、論点を整理することを目的とする（第二章）。手続法上如何なる規定が設けられているのか、つまりそのまま当事者の実体的権利から生じる効力が承認されたのか、何らかの修正が加えられたのか、それとも新たに効力が付与されたのかを明らかにする。このような考察により、手続法上の効力が実体法から直接由来するものなのか、または手続法上独自に付与されたものなのか、という各段階ごとの判断が可能になる。したがって、ここでは原則となる各法典の条文の規定を中心とした整理を行う[5]。さらに、倒産法制定後に行われた債務法改正において、何がどのように論じられたのか、倒産法との関係をどう解するのかについても言及する（第三章）。

第三に、わが国における状況を検討する。わが国の議論は、確かにドイツから影響を受けているが、何がどこまで同じなのか、異なるのかは明らかにされていない。担保として予定されていない制度を担保として利用する合意であるから、条件理論や所有権移転との関係（第一段階）、また、合意から担保としての構造・手法を如何に導くかである（第二段階）。

第三編では、わが国の立法過程から二一世紀にかけて、どのような意図の下で何が議論され、その結果どうなったのかを、時代・経済背景を意識しつつ概観する（第一章）。特に、条件理論に関する於保博士の見解及び所有権留保の法律構成については、具体的に整理・分析する（第二章）。また、ドイツの判例と対比するため、代金完済前の買主による期待権あるいは目的物の利用、具体的には譲渡担保の設定に関する判決を分析し、特徴を抽出する（第三章）。

本書では、以上のような問題意識と検討方法から、歴史的に何がどこまで論じられたのか、ドイツでは実体法と倒産法の関係はどう解されるのか、ドイツ法と日本法の相違点は何か、の三点につき横断的に分析・検討するものである。なお、本書の性格上及び資料的意味も含めて条文・学説の引用は本文中で具体的に行う(6)。また、条文は断らない限り当時の条文（番号）である。

ところで、概念法学に対する批判以降の解釈方法に関する議論を受け、法が予定していなかった現象や事態、あるいはその後の発展に対して、どのように認識・評価・概念化又は類型化すべきかは、重要な問題である(7)。したがって、検討に際しては、各論者がどのようなアプローチを採るのかには注意を払う必要がある。ドイツでは、譲渡担保は担保目的の所有権として"Sicherungseigentum"と概念化されたといえ、また本書でも採り上げるRaiserは類型論に親近性を持ち、さらに各構成間の比較が行われているのも議論理論の影響もあろう。しかし、わが国では、担保としての認識あるいは評価の付与に留まり、類型化あるいは正当化にまでは至っていない。どのような効力を与えるべきか、の後には、正当化のプロセスが必要である。しかし、そこではどうしても、現行の体系や概念等に寄りかからざるを得ない弱い法律家としての限界がある(8)。本書も、現行の体系や概念を一応の所与としつつ、基礎的作業として、採用された法形式から、当事者の目論見が何か（認識）、どのような手法と捉えるのが妥当か（評価）との見方で担保構造を整理・検討するに過ぎないことをお断りする。

（1）　北川善太郎『民法の理論と体系』（一粒社、一九八七年八月）一〇九頁。

（2）　鳥谷部茂『非典型担保の法理』（信山社、二〇〇九年四月、初出「非典型担保の検討方法」『民法学の軌跡と展望』（日本評論社、二〇〇二年三月））八頁。本書が対象とする所有権留保については、特に担保の合意と支配根拠が問題となる。また、このように考えないと、実務的には、第三者効の根拠、執行の基礎になり得るのかが不明確である。また、基礎理論についても学会でも必要性が認識されている（鳥谷部・前掲四一頁注46）。

（3）　石口修『所有権留保の現代的課題』（成文堂、二〇〇六年三月）は本書と重なる部分もあるものの、ローマ法及び特に延長された所有権留保の導入可能性を論じる。

（4）　フランス法・イングランド法については、道垣内弘人『買主の倒産における動産売主の保護』（有斐閣、一九九七年八月、初出は法学協会雑誌一〇三巻八（一九八六年七月）～一〇四巻六号（一九八七年六月））。また、フランス法については山野目章夫「フランス法における動産売主のための担保一・二完」法学四九巻二号（一九八五年六月）二五六頁、同四九巻三号（一九八五年八月）四五〇頁。

（5）　各条文については基本的に以下の文献を使用している。一部言葉遣いを改めているものもある点は筆者の責任である。柚木馨（補遺・高木多喜男）『現代外国法典叢書（一）獨逸民法〔Ⅰ〕民法總則〔復刻版〕』（有斐閣、一九八八年四月）、椿寿夫・右近健男編『ドイツ債権法総論』（日本評論社、一九八八年三月）、右近健男編『注釈ドイツ契約法』（三省堂、一九九五年八月）、椿寿夫・右近健男編『注釈ドイツ不当利得・不法行為法』（三省堂、一九九〇年一二月）、於保不二雄（補遺・高木多喜男）『現代外国法典叢書（三）獨逸民法〔Ⅲ〕物權法〔復刻版〕』（有斐閣、一九五五年六月）、法務大臣官房司法法制調査部編『ドイツ民事訴訟法典―一九九一年一二月一〇現在―』（法曹会、一九九三年一月）。特別法並びに破産法及び倒産法については、後注の文献を参照し、自ら訳した上で掲載している。

（6）　なお、関連する文献・先行研究に依拠するものや入手できなかったものについては、参照した出典を（　）で記す。

（7）　特に以下の文献を挙げておく。原島重義「民法理論の古典的体系とその限界」『近代法と現代法』（法律文化社、一九七三年九月）一一九頁。佐賀徹哉「物権と債権の区別に関する一考察（三）・完」法学論叢九九巻四号（一九七六年七月）六二頁。北川・前掲。亀本洋「現代法学の展開と法律学の変容」『現代の法15　現代法学の思想と方法』（岩波書店、一九九七年六月）三九頁、山本敬三「法的思考の構造と特質―自己理解の現状と課題」『現代の法15　現代法学の思想と方法』（岩波書店、一九九七年六月）二三二頁、青井秀夫『法理学概説』（有斐閣、二〇〇七年三月）。

（8）　亀本・前掲六八頁は、アレクシーの試みに対して「議論理論の中においてさえ、国家中心の見方や『理論』の重視、法規ならぬ手続的ルールへの拘束という、自由法論によって徹底的に批判された思想が、相当弱められた形だとはいえ、なお隠然と力を持っているのである。そこには、『自由な法発見』を行う法律家の矜持は微塵もなく、価値や利益の分析状況のなかでルールにすがって合意を擬製せざるをえない弱々しい現代の法律家の姿がみてとれる。」と述べる。

第一編　所有権留保の史的展開

第一章　ＢＧＢ制定以前

本章では、ＢＧＢ制定過程を検討する前提として、ローマ法及びその継受過程（第一節）をみた上で、各ラント法典（第二節）及び学説・判例（第三節）において所有権留保がどのように解されていたのかを分析する。[1] 本章は、ＢＧＢ制定以前において、何について、どこまで議論されていたのかを明らかにすることを目的とする。

第一節　ローマ法及びその継受後

ローマにおいて、所有権の移転は、売買代金の支払が要件となっていたとされていることから、[2] いわゆる所有権留保は存在しなかった。しかし、言い換えれば総ての売買が所有権留保の下にあったともいえることから、"gesetzliche Eigentumsvorbehalt" とも評されている。また、売買代金が不足する場合に契約を解除する "lex commissoria（失権約款）" も存在しており、[3] 後に指摘するように所有権留保の理解に大きく関係している。

もっとも、ローマにおいても代金が完済される以前に目的物が引き渡される場合があり、この場合、残代金債権が存在し、売主に所有権が帰属し、かつ目的物の占有が買主に帰属することから、現代の所有権留保と同様の「状態」であることが指摘されている。そして、通常このような場合として、賃貸借（locatio）と結合した売買、及び容仮占有（precarium）と結合した売買が、挙げられている。[4] しかしながら、信用売買についてどう考えられていたのか、また何をもって所有権留保と捉えるかが問題となることから、ローマ法における所有権留保について、今日のドイツにおいてもなお論じられている。[5]

ローマ法継受後、“pactum reservati dominii”というものが利用された。これは、「留保された所有権の契約」という意味であり、一般に今日の所有権留保に相当すると解されている。[6]

石田文次郎博士によると、現代に至るまでに二段階の発展があったとされている。第一は、不動産の売買において不動産抵当の一方法として利用されていた初期であり、第二は、動産の売買において動産抵当として利用された後期である。石田博士は、一八世紀の初期は不動産売買において所有権留保の契約が相当行われていた理由として、抵当権設定の裁判上の煩雑な手続や、抵当権に要求された登記のための高額な税金を回避するためであったと紹介されている。また一八世紀の学説は、所有権の留保を抵当権の設定であると構成するものが多く、具体的な法典への影響も示唆されている。[7]

Maaß の研究によると、所有権留保の合意は一八世紀末までほとんど不動産に関するものであり、ドイツではクーアザクセン・オーバーラウジッツにおいてローマ法で認められていた非占有質を受け、売主の優先権として機能し、買主倒産のときには別除権として機能していた。一方で一一七〇年のハンブルク州法は、Auflassung は代金支払時に行われるとしていたため所有権留保が必要な場面はなかった。[8]また、一七二四年のザクセン訴訟法等では取戻権が認められていた。[9]

その後、所有権概念の確立、担保制度の整備に伴って一九世紀に入ると抵当に関して公示主義が採用されたことから、不動産に関する所有権留保の存在理由がなくなったものの、経済の発達から重要な意義を有するようになった動産取引において利用されるに至った。主に動産に焦点が当てられていると思われる大島和夫教授の研究では、商品信用の法形成に関して、一七世紀では停止条件ではなく解除条件が一般に用いられ、パンデクテンの現代的慣用においては、lex commissoria について、条件未定の間は買主が所有権者であるとするのが通説であったとされている。[10]さらに、非占有の動産抵当が盛んになり、フランクフルトにおいては、一四九五年から真正の動産抵当が可能であった。[11]

動産抵当が不便なところでは、前述の pactum reservati dominii が利用され、クーアザクセンの一六二二年の訴訟法では、優先質権と同様に扱われていた。[12] 一八世紀に入ると、占有質（Faust Pfand）原則の再生と所有権移転における厳格な引渡（Tradition）原則の実行が行われるようになったことから、この pactum reservati dominii においても目的物の引渡しが要求されるようになった。[13] しかし、質権類似の担保権設定ではなく、売買契約自体の条件として解される可能性もあったことから、lex commissoria と重なるようになった。そしてこのことは、pactum reservati dominii を売買契約の条件として解する場合、停止条件ではなく解除条件とする解釈を認めることを意味していた。[14] なお、支配的見解としては、普通法においては、解除又は停止条件の付加のいずれにおいても物権的効力があったとされている。[15]

一九世紀の初めには、非占有抵当権の増大から、買主破産における売主の優先権はもはや実現困難となり、目的物返還請求権との関係から停止条件としての所有権留保が注目され、盛んに利用されるに至った。[16] しかしながら、法的効果については争いが続いていたため、買主は所有権者ではないという明示の合意が一八五一年以前から契約においてなされていた。[17] もっとも、利益衝突を避けるため、例えばオルデンブルク上級控訴院は、一八六九年の判決で、「売主の過剰担保においては、売主（留保所有権者）の取戻しは、質権類似の担保であることを理由として未回収の債権額に限定され、取り戻した物の価値が残代金を越えるときは返還しなければならない」と判示していた。[18]

さらに一九世紀中頃になると、産業革命により、それまでみられなかった賃金労働者が生じた。彼達は、農耕者等と異なり、月々決まった額の賃金を得ることで生計を立てていた。この賃金労働者階級の出現により、月々の支払額を定めて物を購入する割賦売買が可能となり、広く普及していったのである。

ところが割賦販売においては、目的物を買主に賃貸し、賃料が売買代金に達した場合に所有権が移転するという"Möbelleihvertrag（買取賃貸借）"の形式が採られ、所有権留保は利用されていなかった。もっとも一八八〇年代末には、既にこのような割賦販売における買主保護の要請が強力になされ、ドイツ法曹大会においてもしばしば論じられていた。その結果、ＢＧＢ成立前に割賦販売法（Gesetz betreffend die Abzahlungsgeschäfte）が制定されるに至ったのである。

以上が、一九世紀までの大まかな流れであり、不動産を中心に所有権留保の合意につき所有権が留まるか、移転した上で解除と考えるか、あるいは非占有担保として取り扱うか、という解釈が展開されていた。では、具体的に各ラント法典では、所有権留保に関してどのように規定されていたのであろうか。

第二節　各ラント法・ドレスデン草案・割賦販売法の規定

この当時既に成立していたフランス民法典が妥当する地域もあったことから、ドイツ各ラント法では、当然にその内容が意識されていた。フランス民法典においては、売買契約の時点で所有権が移転することから、停止条件の付加についても債権（売買契約自体）に関するものしか成立し得ない。また停止条件については、物の所持自体を留保するのが通常であり、物を引き渡したときは解除条件となると紹介されていた。(19)

注意しなければならないのは、前提となる理論との関連である。所有権移転過程において如何なるシステムが採用されているのか、その中で条件の付加が承認されているのか否か、承認されているとしてもどのような効力、特に物権効が認められているのかということを踏まえておく必要がある。

具体的な規定内容としては、解除条件とするもの（プロイセン、ヘッセン、バイエルン）、質権の留保とするもの（ザクセン、アンハルト）もあるが、多くは所有権留保の合意は無効であると定めていた（ヴェルテンベルク、ブラウンシュバイク、オルテンブルク、ブレーメン、ワイマール）。(20) 以下、無効以外の代表例を挙げる。(21)

一　プロイセン一般ラント法（Allgemeines Landrecht für Preußischen Staaten 1794）I-11[22]

第二六一条　売買の取消〈解除〉がある一定の場合に条件付けられたときは、その物の所有権は、既に引渡により買主に移転する。

第二六二条　所有権が売主に返還されるべきときは、登記された場合においても、それ自体の新しい引渡が必要である。

第二六三条　付加された条件が解除条件のときは、売主が履行する前に買主に目的物が引渡されたとみなす。

第二六四条　物が一定の条件で売却されかつ引き渡されたときは、それに関する明確な意思が表示されている場合に限り、その条件は、その物に関して取得した権利において、第三者に対抗することができる。

第二六六条　与信された売買代金又はその一部を買主が一定期間支払わない場合において、売主が売却しかつ引き渡した物の所有権を自らに留保するときは、この取決めは解除条件の効力を有する。

第二六八条　所有権の留保について、契約において一定の支払期間の定めがなされていないときは、不動産の売主は、残余の売買代金を抵当登記簿に登記させる権利のみを有する。

第二六九条　動産の場合、そのような〈期間の〉定めのない留保は、何らの効果も生じない。

本法（以下ALRと記す）の規定においては、所有権留保を合意した場合であっても目的物の引渡しにより所有権は買主に移転し、定められた支払期間の後に不払があった場合に売主の所有権返還請求として効力を有すると規定されていた。さらに、この返還請求によって所有権は自動的に返還されるのではなく、別途引渡請求をしなければならなかったことから、この返還請求自体に物権効はないとされていた。したがって、これは債権的な請求権であり、端的には契約解除であることから、ローマ法の lex commissoria に類似するものとして捉えられていた。[23]

このような規定の理由としては、プロイセンの立法者が普通法の立場を採らずに、独自の立場を採ったことが挙げられる。即ち、立法者は物権と債権を峻別する必要があると考え、titulus-und-modus-Lehre を採用し、物権（ius in re）と債権的請求権（ius ad rem）とを峻別したのである。このような規定の直接の手本はないとされており、立法理由としては、物権的に困難な時期を避けるのが目的であると考えられている(24)。

具体的には、ius ad rem により、titulus（権原）を得た買主は、仮に売主から二重譲渡が行われても第二買主が悪意ならば返還請求ができると解されていた。また、所有権取得には modus（占有移転）が必要であり、modus により、物権取得行為は完全となる。さらに、事実行為としての占有移転は条件の下で行うことができないとされていた。したがって、債権契約と引渡しにより所有権は移転する（物権契約は必要とされていない）ことから、条件付所有権移転の合意は不可能ということになる。即ち、所有権留保の合意は、解除条件付所有権移転と解されることになる(25)。

もっとも、ALRのこのような所有権移転制度の下では、解除条件付所有権移転ということは債権契約の解除権を意味するに過ぎず、さらには条件付所有権という概念はなかったということも指摘されている。また、条件の成就は、所有権に関して買主にも第三者にも影響を及ぼさず、目的物の返還は売主による意思表示が必要であり、その時点まで買主は“dispositionsfähiger Eigentümer”であるとされていた(26)。

このようなALRに対してDernburgは、その内容の不正確性を指摘している。つまり、売買契約における所有権留保の本来の意味は、行為自体ではなく所有権の移転のみを代金支払まで不確定にするということであり、この点の認識が不十分なことを指摘する。さらにこの点につき、原因（債権契約）への条件の付加と物権契約への条件の付加の厳格な分離がなされなかったことも指摘している。もっとも、所有権留保がいわゆる取消し（解除）なのか、それとも他の意義を有するのかは、当事者が意図した効果の問題であると述べている。またDernburgは、解除条件の付加は物権契約に何ら影響せず、単なる解除権として考えていた(27)。

不動産については、概に一七八三年のプロイセン所有権取得法(28)第二六条が、それまでの抵当法と異なり、所有権留保に基づき売主に未回収の額についての抵当権を登記する権利を与えていた。ALR第二六八条は、支払期間が定められていない場合は所有権の留保は抵当権として生じ得ることを定めていたが、本法では、もはや支払期間が定められたかどうかは問題とされなかった。いずれの場合にも、売主には抵当権のみが帰属することになる(29)。

動産については、条件付権原者である売主と第三者の関係について、売主は、実行の際に単独相続人及び第二六四条により悪意の第三者に対してのみ物に関する有効な権利を有し、返還を請求し得るとされていた[30]。また、支払期間の定めのない所有権留保は、無効とされていた（第二六九条）。さらに、市場又は商人からの取得の場合は、所有権留保は排除されていた（I-15、第四三、四四条）[31]。

もっともALR第二六六条は、BGB第四五五条同様に解釈規定であると解されていた。後のBGB部分草案での検討においても、このALRの規定は裁定的であり、所有権留保による物権的効力は、宙に浮いたままであったと指摘されている[32]。したがって、当事者間で具体的内容が合意されていれば、その合意内容が優先することになる[33]。実際、一九世紀中頃には、所有権の移転は売買代金の支払を停止条件とすることが当事者で合意されていた[34]。しかし、ALRでは停止条件の形式は認められなかったため、実務においては、目的物を買主に賃貸し、賃料が売買代金に達した場合に所有権が移転するというMöbelleihvertragが利用され、横行していたことが指摘されている[35]。これは他のラントでも一般にみられた傾向である。

二　ヘッセン民法草案（Entwurf eines Bürgerlichen Gesetzbuches für das Großherzogtum Hessen von 1842）

第二巻第一章第一節第六四条　買主がその反対給付を履行しないときには、売買目的物の所有権譲渡がなされなかったものとみなすという売主の買主に対する債権の確保のための売買の副次的合意は、所有権移転の停止条件としてではなく、解除条件としてのみ妥当する。

この条文は、与信する売主のための所有権留保は、所有権移転における解除条件としてのみ妥当するという法律上の推定を行っている。

具体的な実行方法として、売主はまず売却した物に対する強制執行を求め、競売において最高競売価格が債権額に達しないことが示されて初めて、売主に返還を求める権利が認められていた（第六五条）。また、契約の解除が要件とされていることから、売主はこれまでに受け取った額を返還し、かつ、物の価値増加に対する出費を償還しなければならなかった（第六六、六七条）。これに対して、買主への果実の帰属と目的物の利用については、返還される売買代金の利息と相殺された（第六七条）。動産の場合の所有権留保の合意については、第三者に対して何らの効力も認められていなかった（第六八条）。

不動産の場合、動産同様に競売において債権回収が見込めない場合に、裁判所の指示により、公簿（Öffentrlichen Büchern）に再登記された。即ち、やはり自動的な返還は否定されており、売主には事実上質権者の権利が与えられているに過ぎなかった。第三者に対する効力は抵当登記簿への登記に依存していた（第六八条）。なお、売主は、買主破産において取戻権（Separationsrecht）を有していた。(36)

三　バイエルン民法草案（Entwurf eines Bürgerlichen Gesetzbuches für das Königreich Bayern von 1860）

第二部第三七〇条　売主が売買代金債権の担保のために買主に対してなした売買目的物の所有権留保は、所有権譲渡に付加された解除条件とみなされてしかるべきである。

第三七一条　買主がしかるべき時期に義務を果さない場合、売主は、自らの債権の満足のために、買主が占有する目的物をその付属物も含めて補助的執行の方法で競売する権利を有する。また、売主の債権を満足させる競売の申出がなければ、売主は、物の取戻しを要求する権利を有する。取戻しの場合には、第三六二条第一及び二項ならびに第三六八条第二及び三項が準用される。

第三七三条　動産の所有権留保は、第三者に対して効力を有しない。

バイエルンラント法は、第四部第三編第一〇条において、売買代金による売主の所有権留保についてのみ言及し、これを停止条件として規定していた。(37)不動産については、バイエルン抵当法（Bayrisches Hypotekengesetz von 1822）により、買主が所有者であり、抵当権として登記されていた。具体的には、バイエルン抵当法は債権担保目的とその他の目的により効力を分けていた。債権担保目的の場合、II. Rubrikに登記され、不動産取得者は譲渡人の承認によってのみ負担を受け、また譲渡することができるとされていた。このことは、債権者の立場を比較すると抵当権より有利であるともいえよう。残代金担保のための所有権留保は"Freiwilligen Hypothek"として有効であり、職権による場合、III. Rubrikに登記され、かつ、"Verpfändungsbeschränkung"としてII. Rubrikにも登記され、両方の効力を有していた。この場合は買主が所有者であるとされた。その他の目的の場合は、慣習的な効果であった。即ち、公示の原則に反しない限り、普通法の教義が適用されていた(38)。

しかし、バイエルン民法草案では、第三部第九七及び九八条において停止及び解除条件ともに物権的効力を有するとしつつも、草案第三七〇条では所有権留保を解除条件とし、さらに動産については草案第三七三条において物権的効力を奪っていた。この点については、このように解しなければ、動産についての実務を困難にし、動産抵当を承認せざるを得なくなるからと考えられていた(39)。バイエルン民法草案の議論においては、とりわけ質権と所有権の区分について論じられた。その際、このような区分は、動産の所有権留保の第三者に対する効力を法的に承認する可能性につながるとも考えられていた(40)。

不動産については、第三者が知っていることと登記を同一視していた(41)。このバイエルン民法草案の内容は、解除条件とする点や実行方法の規定等において、ヘッセン民法草案の内容とほぼ同様のものであった(42)。バイエルン抵当法は、所有権留保を質権として扱い、破産においても留保は質権として扱われていた(43)。しかし、バイエルン民法草案において、留保の意図がこれらの権利には該当しないことを理由として、抵当法による制限は中止され、Separationsrechtとして扱われることとなった(44)。

四　ザクセン民法典（Bürgerliches Gesetzbuch für das Königreich Sachsen von 1863）

第二九二条　債権担保のための所有権留保は、質権留保とみなされるべきであり、その成立は、質権に適用される諸規定に従って判断されるべきである。債権担保以外の目的のための所有権留保は、疑わしい場合には、他人への所有権移転が停止条件に係っているとみなされるべきである。

ザクセン民法は、古いザクセン法に従い所有権留保を単なる質権の留保とみなした。停止条件付所有権移転も承認されたが、債権担保の場合には許されなかった(45)。

第一〇八条は、例外を定めることなく総ての法律行為に対して、したがって物権的行為にも条件を付加し得ると定めていた。また停止条件は、成就まで所有権の移転を阻止すると解されていた。さらに物に条件が約され、かつ、契約完成たる停止条件の成就前に目的物が引き渡されたときは、第八七二条により、原因である債権契約に付加された条件は物権契約の際に繰り返されるとはみなされなかった。この場合、返還請求（Konditio）のみが生じることになる。即ち、「条件が約された物が既に引き渡されたときは、取得者（買主）は、その間に得られた果実と共に物を返還しなければならない」とされていた。

解除条件は、第一一二条において将来に向かってのみ効力を有すると推定され、さらに第二九一条により解除権としてのみ有効であるとされていた。解除条件の際の解除権維持のためには、第一二三条による第三者への譲渡禁止の契約が利用されていた。割賦払売買においては、この債権解除の規定を回避するために、やはり賃貸借契約の形が利用されていた(46)。

不動産については、基本的な権利状態は一八四三年の抵当法を再現したものであった。即ち、代金債権を担保するための不動産の所有権留保については、質権との関係からも登記した場合にのみ有効とされていた(47)。

このザクセン民法第二九二条に対しては担保権に他ならないとの評価もあるが(48)、動産の場合は、債権担保のための所有権留保は何の意味も持たなかった(49)。なぜならば、第二九二条には何も規定されておらず、質権の規定を参照したところで、第四六七条において「質権設定者が質権者のために物を所持するときは、占有質ではない」と規定されていた。即ち、非占有質権が承認されていない以上、目的物を引き渡した売主は、所有権も質権も有することができなかったのである。したがって、所有権留保の合意については、目的物が引き渡されてしまうと質権としては認められないことから、物権的効力を維持することができなかった。(50)

五　ドレスデン草案（Dresdener Entwurf eines allgemeinen deutschen Gesetzes über Schuldverhältnisse von 1866）

第四九〇条　売買に付加された、売主が売買代金を担保するために売却物の所有権を留保するという副次協議（Nebenberedung）は、売買に付加された解除条件として効力を有する。

第四九一条　買主が自らの義務を履行しないときは、売主は、買主の占有の下にある物（目的物）を従物及び増加分と共に自らの満足のために補助執行の方法で競売し、さらに自己の債権が補填される額に達しないときは、売却した物の返還を請求することができる。

第四九二条　所有権留保の効果により売却された物が売主に返還されたときは、買主は、物を従物及び増加分と共に引渡し、かつ、自らが原因となった悪化に対する補償を行わなければならない。それに対して売主は、一部弁済を買主に返還し、かつ、買主により負担された必要費及び有益費を従物及び増加分に対するのと同様に補償する義務を負う。

第四九三条　第三者に対して所有権の留保がどの程度効力を持ち、かつ、買主が未確定の時期に売却された物に設定した第三者の権利がどの程度売主から承認されるのかについては、ラント法によって判断される。

第四九四条　第四九〇条ないし四九三条の規定は、ラント法において独自に規定されていない場合に限り、適用される。

当初、所有権留保については、lex commissoriaとの類似性及び物権的側面から、債務法で言及することは適切でないと考えられていた。(51)しかしながら、lex commissoriaと類似するのは所有権留保を解除条件として捉えた場合であることから、何らかの規定を設けなければ法の不備は免れないともされた。(52)

原草案（ursprüngliche Entwurf aus dem Jahre 1864）第四九〇条は、「売主が自らの代金債権を担保するために売却した物の所有権を留保すること」という所有権留保の簡単な定義を置き、所有権留保を「売買に付加された解除条件」としていた。また、原草案第四九〇条は、実行についてヘッセン及びバイエルン草案と同様の規定を置いていた。

即ち、売主はまず補助執行（Hilfsvollstreckung）により競売し、競売において競落代金が債権額まで達しないときに初めて、売却物の返還を請求することができるとされていた。

しかし、このような両規定は、委員会での討議に火をつけることになった。要するに、このような理解によることは、実務と理論によって克服された所有権留保を質権の留保と解することを再度問題にしてしまうという指摘であった。質権ということになると、所有権留保は「売買代金の担保」という目的から、また条件が成就した場合という制限された利用から、解放される。[53] さらに、基礎となる売買契約が否定されても、なお売主に換価権が帰属するから、所有権留保は何ら売買代金を担保するものではないことになる。[54]

また、原草案の解除条件とする規定を支持するならば、lex commissoria との違いを明らかにする必要があった。もちろん、物の価値増加分をも競売することにより他の債権者の利益にもなるということも考えられる。しかしいずれにしても、質権類似の効果と混合しているという短所は拭いきれないことになる。

以上のような討議を受けて、原草案を批判する立場から、所有権留保については条件に関する規定によって判断されるべきであると提案されることとなった。[55]

そうすると、いずれの条件かということが問題となるが、解除条件が採用されることになると普通法（代金支払により所有権が移転）とは異なる内容となる。停止条件ということも問題になるが、[56] いずれの条件かということは当事者の意思の問題であるとも考えられ、はっきりしない場合に目的物が既に買主に引き渡されていれば解除条件とされることとなった。[57]

ところで、所有権の留保に物権効を授けるか否かという問題については、基本的にラント法に委ねられるべきであると考えられていた。もっとも、一部の委員からは、動産においても不動産においても物権効を否定すべきとの見解が出された。なぜならば、実際上の利益により決める必要があり、また登記原則とも一致するものではないというのが、その理由であった。[58] 特に動産については、実際上の利益ということもあるが、所有権留保を現実に行うことは、第三者を法的に困難な地位に置いてしまうことになる。とりわけ、第三者が所有権留保について知っているという証拠を売主が提出することは、不可能であると考えられた[59]。しかし裁決の結果、委員会の最終的な結論としては、物権効はラント法に委ねられることとなった[60]。

最終的な草案においては、第四六六条により、解除条件を内容とする所有権留保は失権（Rechtsverwirkung; lex commissoria）に関する規定が適用され、停止条件を内容とする所有権留保については停止条件によることとなった[61]。

六　割賦販売法（Gesetz betreffend die Abzahlungsgeschäfte vom 16. 5. 1894）

既に述べたように、割賦払の売買においては、代金完済までは形式的に賃貸とするMöbelleihvertragが横行していた。形式的に賃貸と解すことは、経済的に弱い立場にある買主の保護に欠けるのではないかとの疑問が生じる。特に売主が目的物を取り戻した場合には、既払金が返還されず、売主は既払金と目的物を保持することが常態であったため、ＢＧＢ施行前の一八八〇年代末には大きな問題になり、第二一回（一八九一年）及び第二二回（一八九三年）のドイツ法曹大会において、この問題が取り上げられた。その結果、ＢＧＢの施行前にドイツ割賦販売法（以下単に割賦販売法又はAbzGと記す）が制定された。

割賦販売法は、物の受領者が商人として商業登記簿に登記されていない者（AbzG第八条）に対して実質的売買行為が分割払の方法で行われる場合（AbzG第六条）に適用され[62]、解除権が留保されている場合にはこれまでに受け取ったものを双方が返還しなければならないこと（AbzG第一条）、解除による給付の返還は同時履行であること（AbzG第三条）、留保された所有権に基づく目的物の取戻しは売買契約解除とみなされること（AbzG第五条）と規定されていた。Möbelleihvertragは、形式は賃貸であるが実質が売買であることから割賦販売法の適用を受けることになり、その利用は消長された。

割賦販売法の特徴は、失権（lex commissoria）と所有権に基づく目的物の取戻し（rei vindicatio）を区別した上で、所有権留保を失権とする構成を採用しなかったことである[63]。また、AbzG第二条は、売主は契約解除の後に目的物の使用料として価格賠償を請求することができ、その際、同時に出費した費用及び毀損による損害賠償もなし得ることが規定されていた。割賦販売法による場合は、債務法改正までBGBが採用していた解除と損害賠償の選択的行使と異なる方法である点は、注意を要する。

その後、非占有の担保を承認する信用制度改革法案が提出されたこともあったものの、結局成立することはなかった[64]。このような割賦販売法は、その後一九六九年、一九七四年に二度の大きな改正を受け[65]、その内容は後述する消費者信用法に受け継がれ、最終的には債務法改正でBGBに取り込まれた。

第三節　学説及び判例

一　学　説

一九世紀の終りにはラント法による規制のために、不動産に関して普通法が妥当する範囲が狭くなったことから、普通法に関する文献は実際は動産を対象としていた。また、所有権概念の確立、経済活動の進展、担保制度の整備、債権と物権の峻別等、従来から大きく状況が展開した。特に無因の物権契約という概念の導入がみられ始めたことから、売買契約自体ではなく所有権の移転のみを条件に係らしめることが可能になった[66]。しかし、条件について様々な問題が生じることから、pactum reservati dominii を新たに構成する必要があった[67]。以下、Bernd Thiemann の研究に基づき、当時の学説を分類して概観する[68]。

(1)　質権（担保権）として捉える

この見解は、買主の所有権取得と質権設定が同時になされると考え、買主に所有が移転し売主は質権を有することから、優先的効果は抵当権と同じであるとして、他の物的債権者（Realgläubigern）に優先するとする[69]。ところで、ローマにおいては、自らの物に質権を設定できなかったことが明らかであるとされている（D50, 17, 45 pr）。したがって、ローマ法に根拠を見出すのは困難ではあるものの、この見解では、買主は質権の負担付所有権を取得すると主張されていた。[70]

既にみたように、この見解は、一九世紀の立法、特に不動産に関する法制定に影響を与えることとなった。もっとも、動産については、占有質原則の導入から排除される傾向にあった。

(2)　解除条件付所有権移転

同じく一九世紀に主張された見解であり、この見解は、民事法上の構成技術の洗練によるものであるが、同時にその危険も併せ持った法概念的方法論によるものであった。[71] 即ち、物権契約ということを観念しつつも、いわゆる停止条件付所有権移転として構成することは、不可能又は問題があるとする見解である。以下、若干の主張を挙げておく。

①　**Schweppe**「売主は担保が必要なときは、所有権をいわゆる dominium revocabile（取り戻し得る所有権）の方法で、一般に何ら別異のものを必要とせずに、取り戻すことができる。[72]」

②　**Thibaut**「pactum reservati dominii の意義は、買主倒産の際に所有権が売主に返還されるという解除契約（Resolutivvertrag）である。[73]」

③　**Müller**「まず『与信』ということについて考察する必要があり、『予定された履行がその時期（弁済期）にも拘らず請求されないときにのみ与信行為がなされたことになる』と考えられる。したがって pactum reservati dominii は、売主が請求時期であるのに代金請求権を行使しないので、与信行為であることになる。そうすると、買主に所有権が移転する場合、売買代金の支払は所有権の移転と引換えにのみ生じることになるので、その際に初めて売主は売買代金請求権を行使することができる。このように考えたならば、買主が既に所有権を取得しているという構成においては、解除契約としてのみ捉えられることになる。[74]」

Müller の見解は、与信においては、所有権を留保しつつ引き渡した物の所有権移転の要件を満たすことはできないことを理由に停止条件に反対するものであった[75]。

④　**Hofmann**「債務法における解除契約である。買主は条件の成就により返還の合意（Rückübereignung）の債権的義務のみを負う。このような見解（物権効がないこと）については、これまでの慣習法による理解に根拠を置くものではない[76]。所有権の移転は、売買契約の本質として捉える。即ち、ローマ法（D. 18, 1, 80 § 3）の見地から、停止の性質は不可能である考える[77]。またこのことから、売買代金の支払により所有権が移転するということは当事者において合意することはできない。所有権の移転しない売買契約は考えられず、かつ、所有権が移転しないという取決めは契約と反対であり、これでは売買契約ではないからである。さらに、後の所有権返還（を予定すること）も売買契約の本質に対立する。以上のことは強行的なものであり、代金不払の際の所有権留保は売主に返還に関する債権的な請求権のみを与える。したがって、解除条件付売買契約である[78]。」

⑤　**Leonhardt**「売主に売買代金請求のための最大の担保を調達させることを目的として考える。この書かれていない契約目的から法的構成の可能性を決め、契約の目的である担保ということを担わせないような効果は、はじめから承認できない。同時に買主の利益を考慮し、売主の担保目的が達成されることから、買主に目的物に関する多くの裁定的な権原（Dispositionsbefügnis）を容認するように求める。もっとも、質権と解することについては反対する。なぜなら、当事者の意図、即ち『代金が支払われないときは、売主は権原に基づいて目的物の所有権を買主に返還請求し得ることが売主の担保として考えられている』という内容が十分に明白に表示されているからである。また、『留保』は、解除条件的にも停止条件的にも解釈し得るとして、はっきりしない場合は、解除とすべきである[79]。以上のことから、必然的に解除契約となる。買主は（解除条件付）所有者であり、目的物の処分も可能である。それに対して売主の担保権は、買主に支払能力がなくなった場合等の経済的及び法的に著しく利益を有するときに限られる（したがって条件成就は不払ではなく倒産）[80]。」

Leonhardt の見解は、前二者のように信用又は契約の本質から pactum reservati dominii を導こうとするのではなく、法的な内容に基づくものであった。

以上のような解除条件に関する学説では、解除条件を成就させる事実につき、買主の支払遅滞とするものや[81]、買主の倒産とするものがあった[82]。例えば Leonhardt は、当事者の意図は担保を確保することのみであるから、担保は買主が倒産した場合にのみ危険にさらされるということを理由として、買主の倒産という見解を主張している[83]。

条件が成就した場合の売主の権利については、買主の倒産又は他の理由から売買契約に基づく義務が履行されなくなったときも、解除条件的な立場から売買代金に関する債権的な請求権のみを承認する見解[84]、及び、支払遅滞により条件は成就し、売主は Vindikationsrecht を有するとする見解がある[85]。

売主は、買主倒産において Separationsrecht を有し“rei vindicatio（所有物返還請求の訴）”により保護されるとするものが多かった[86]。このことは、目的物から債権を優先的に回収することを意味している。したがって、確かに本来の取戻しである他人の占有下からの自己所有物の取戻しとは意味が異なるが、この概念に関連して所有権を保護する rei vindicatio が重要であると考えられてきた[87]。さらにこの点に関連して Müller は、売主は支払われた売買代金を返還する必要があると述べている[88]。

なお、買主の管財人の権利として、売主が目的物の返還を請求しても、残代金を支払うことによりその物をなお保持することができると考えられていた。これは、管財人は買主と同様の権利を有するので、弁済により rei vindicatio を防ぐことができることが根拠にされていた[89]。

(3)　停止条件付所有権移転[90]

債権と物権が峻別され物権行為に独自に条件を付けることが承認されて初めて成立する見解である。この見解は、当時においても支配的見解であり、実務の処理もこの立場であった。数が多く通説的見解として以後も触れるために、ここでは、若干のものを挙げるに止める。

⑥　**Gensler**　「法的解釈は問題にする必要がなく、所有権及びその留保ということについても固有の意味以外の解

釈をする必要はない。ローマ法には規定がないが、売主は、売買代金を猶予するにも拘らずなお所有権を失わないということに他ならない。この合意の（正当性の）根拠は、私法とりわけ売買においては、法の一般規定と相異する当事者による権原付与であり、まずは当事者の意思によるべきである。」

この見解は停止条件付契約（Suspensivvertrag）とすることの根拠として、契約文言に現れた明確な当事者の意思を挙げるのである（Vangerow も同様）[91]。Sandmann の研究によると、停止条件とすることについては、当事者の意図である「所有権の留保」を根拠とするものが多く、代金の完全な支払により所有権が買主に移転するとされている[92]。また条件が成就するまでの買主は、単なる Prekarist、Pächter、又は Detentor に過ぎないとするものが多かった[93]。

なお、既に述べたように、一九世紀の産業革命以降、賃金労働者の出現によって、Möbelleihvertrag が普及していった。これは賃貸借形式を採るものの、実質的には売買であることは明白であった。この Möbelleihvertrag についての学説は、売買なのか[94]、それとも売買と賃貸の結合なのか[95]、見解が分れていた。例えば、Bornemann は「同時に賃貸借（Mietvertrag）が結合した売買[96]」とし、Brünneck は「条件の下で売買契約に変化した賃貸借[97]」と考えていた。もっとも一八九四年の割賦販売法の制定により、Möbelleihvertrag も実質的に売買であることから適用を受けることとなったため、この問題は一応の解決をみることとなった。

二　判　例

不動産については立法により一定の指針が与えられたことから、判例のほとんどが動産に関するものであった。当初は所有権留保が有効かどうか、またその構成は如何なるものかが問題とされていた[98]。Bernd Thiemann によると、以下のように様々に判断されていたことが明らかにされている[99]。

① 無効　OAG Dresden, Seuff Arch. Bd. 1（1847）, S. 339.

② 質権の留保　OAG Darmschtadt, Seuff Arch. Bd. 10（1856）, S. 25; OAG Dresden, Seuff Arch. Bd23（1870）, S. 220.

③　解除条件　OAG Rostock, Seuff Arch. Bd. 17 (1864), S. 223.

④　停止条件　OAG Celle, Seuff Arch. Bd. 1 (1847), S. 195; OAG Darmstadt, Seuff Arch. Bd. 6 (1853), S. 190; OAG Lübeck, Seuff Arch. Bd. 7 (1853), S. 180; OAG Kassel, Seuff Arch. Bd. 10 (1856), S. 337; OAG Oldenburg, Seuff Arch. Bd. 18 (1865), S. 18; OAG München, Seuff Arch. Bd. 24 (1871), S. 319; OAG Oldenburg mit besonders ausführlicher Begründung, Seuff Arch. Bd. 25 (1872), S. 362ff; RGZ 7, 149; 9, 170.

条件については、まず第一に当事者の明確な意思によるとされた(100)。しかし、いずれか定めることができない場合には、停止としての性格が与えられていた(101)。

売主による目的物の取戻しについては、「適時の支払という信用」を揺さぶるものと判断するもの(102)、例えば、他の債権者が所有権留保の下にある物を差し押さえた上で競売しようとしたとき等が挙げられる(103)。他には、単に支払遅滞とするもの(104)、全額を支払うことができないことが確定したときとするもの(105)、等がある。

買主破産の際の売主の権利については、残代金額までの優先権（Vollzugrecht）のみを認め質権と同様の扱いをしているものも多いが(106)、大抵は Vindikation が認められていた(107)。ライヒ裁判所では、売買契約（債権契約）と所有権譲渡（物権契約）の関係に関連して、所有権留保が該当するのは物権契約のみであり(108)、Vindikation の際に売主はこれまでに受け取った代金を返還する必要はないとされた(109)。

最終的にライヒ裁判所は、買主破産の場合においてのみ Vindikation を認めるという判決を下した。しかし、売主には、買主が破産する以前に〝actio venditi（売却訴権）〟が帰属することが認められたために、担保としてはそれで十分であった。もっとも売却訴権は様々な制約、特に残代金を支払うことで売主の Vindikation を排除する権利が買主及び買主破産時には他の債権者にも認められていた(110)。なお、売主の権利としては、いずれにせよ代金請求の訴は可能である。

当時の新しい問題として、所有権留保が商人間で活用され始めたことがある。例えば所有権留保の下で購入された在庫品について、慣習的行為においてさらに第三者に売却されたときに、売主の権利がどうなるかという問題である。このような場合、転売においては前の所有権留保の効力は及ばないとされた。[111] さらに転買人に対する Vindikation についても否定された。[112] そのような所有権留保は、“factum contrarium（対立する行為）”として無効とされたのである。[113]

小　括

所有権留保はそもそも不動産で利用され、その合意は売買契約に内在あるいは附従すると考えられていたので、失権約款（lex commissoria）と pactum reservati dominii が重なって解されるようになった。また、非占有質を承認する地域では、質権として担保権的に取り扱われていた。

一九世紀になると Eintragungs-und Publizitätsprinzip の傾向が強くなり、動産と不動産が新しい抵当法によって分けられることになった。不動産については、経済の発展に伴う他の手段、即ち抵当権や保全土地債務の発展に伴い、所有権留保の合意は抵当権として扱われた。[114] 動産は、Publizitätsprinzip の影響により非占有質が否定され、非占有質に対する優先満足の権利（ZPO § 709Art. 2）及び破産における別除権が剝奪されるに至った。[115] しかし、物権行為が独自に観念され、さらに無因ということから、pactum reservati dominii が再度検討された。そして学説では、ローマ法や理論的考察に基づいた解除条件とする説も有力であったが、当事者意思を根拠として停止条件とする説が既に有力であった。

具体的に各ラント法典においてどのような対応がなされていたのかを分類すると以下のようになる。[116]

① 構造的不可能　そもそもフランス法のように物権契約における所有権留保自体が成立し得ないとするもの。

② 目的別規制　債権担保のための所有権留保には効力を与えないというもの。停止又は解除条件等の条件の種類ではなく、一定内容のもの（所有権留保又は所有権移転の延長）については、その効力を否定し解除権の留保とし

て考える。条件の付加を承認するか否かは、債権の担保という目的自体で判断される（ヴェルテンベルク・アンハルト・ブラウンシュヴァイク・オルデンブルク・ザクセン）。

③　条件の効力の否認　所有権移転に対する条件付加については、停止条件であれ解除条件であれ債権行為以外の効力を付与しない（ブレーメン・ワイマール）。

④　物権効の排除　別の方法として、有効ではないが強制的な性質として、解除条件の付与の際に物権的効力を排除するもの（プロイセン・ザクセン）。

また、所有権留保が利用される具体的理由は、とりわけ買主破産の場合に目的物を直ちに取り戻すことであった。この取戻しについて、当初は契約解除による復帰的な取戻しで十分とされていたが、実務上の要請及び物権の独自性の観念により、即時性を確保するため初めから所有権を留保しておくことが目論まれたのである。即ち、意図されたのは、換価権ではなく、目的物を債務者の財産から分離した上での独占であり、今日の財産隔離に類似する。もっとも、担保という観点から、補助執行あるいは清算という要素も意識されていた。しかし、ライヒ裁判所は、物権の問題として実行時の清算を不要としていた。また、BGB立法前の一八七七年に既に破産法が制定された[117]。

本章で明らかになった点のうち、重要なのは、以下の点である。

①　停止条件付所有権移転と解することは、ローマ法から導き出せない。

②　所有権留保は不動産において利用され発展した。

③　想定されてきた構成は、所有権の留保あるいは契約の解除、非占有質権、条件付所有権移転であり、前提となる所有権移転や条件理論、担保制度により、採り得る構成が異なった。特に、ラントの立法では不動産と動産の扱いを分けて規定するものが多かった。

④　質権と解すると、利用目的及び条件行為から解放され売買契約と関連しなくなる。

⑤　非占有質の増大から買主破産時に優先弁済権が機能しなくなったため、優先弁済権ではなく取戻権の確保が必

要であった。

⑥　ＢＧＢ制定前に割賦販売法が制定され、所有権留保は失権ではなく、目的物の取戻しは解除とみなされた（実行の問題であり構造ではない）。

以上を前提に、次章では、ＢＧＢ制定過程を検討する。

（1）ドイツ法に目を向け所有権留保の起源に言及するものとして、三瀦信三「所有権留保論・（承前）」法学協会雑誌三五巻四号（一九一七年四月）一頁・五号（一九一七年五月）一五頁、石田文次郎「擔保的作用より見たる所有権留保契約」法学新報四一巻六号（一九三一年六月）一一頁、石口修『所有権留保の現代的課題』（成文堂、二〇〇六年三月）の第二・三章が、後掲の Martin Jürgen Maaß の研究に基づき、ローマ法の状況及び所有権留保がローマ法に淵源を有するか否かを論じている。さらに条件理論からの考察として、大島和夫『期待権と条件理論』（法律文化社、二〇〇五年一〇月、初出「条件理論の歴史的考察（その一）～（その四）」神戸外大論叢二九巻一号、四号、三〇巻一号、六号（一九七八年六月～一九七九年一二月））二五頁。ＢＧＢの資料については第二章に掲げる。

（2）JUSTINIAN, Institutionen2, 1, 41 を根拠としている（Heinrich Honsell, J. von Staudingers Kommentar zum Bürgerlichen Gesetzbuch mit Einführungsgesetz und Nebengesetzen 2. Buch, Aufl. 13, 1995, S. 268, J. Schweitzer）。ローマ法では売買され引き渡された物の所有権は代金の支払によって買主に移転していたことがＢＧＢ制定の際にも認識されていた（Motive, S. 336.）。ローマ法については、谷口貴都『ローマ所有権譲渡法の研究』（成文堂、一九九九年二月）。

（3）ローマの失権約款と所有権留保の関係については、Martin Jürgen Maaß, Die Geschichte des Eigentumsvorbehalts, insbesondere im 18. und 19. Jahrhundert, S. 44ff., 2000, Peter Lang（以下 Maaß と記す）。石口・前掲一四頁。

（4）石田・前掲一七頁。

（5）ローマの所有権留保について研究したものとして、Anton Meinhart, Dogmengeschichtliches und Dogmatisches zum Eigentumsvorbehalt, ZRG Rom. Abt. 1988, S. 729; Karlheinz Misera, Zum Eigentumsvorbehalt im klassischen römischen Recht, Festschrift für Rolf Serick zum 70. Geburtstag, S. 275, Recht und Wirtschaft GmbH．なお、道垣内弘人『買主の倒産における動産売主の保護』（有斐閣、一九九七年七月、初出、法学協会雑誌一〇三巻八（一九八六年七月）～一〇四巻

六号（一九八七年六月））七三頁は、先のJUSTINIAN, Institutionen2, 1, 41を基に信用売買においては所有権の移転は物件の引渡によって完成しており、中世イタリア都市の商業実務においても維持されていたとする。

（6）Cohen, Die geschichtliche Entwicklung des Eigentumsvorbehalts, GrünhutsZ Bd. 21, 1894, S. 559がＢＧＢ以前の状況を検討しており、三潴及び石田・前掲両論文もこれを参考にしている。また、今日のEigentumsvorbehaltはpactum reservati dominiiから継続して発展したものではなく、ローマ法ではなく中世イタリアの解釈によって発展したとの見解がある（Gottfried Schiemann, Über die Funktion des pactum reservati dominii während der Rezeptionen des römischen Rechts in Italien und Mitteleuropa, ZRG Rom. Abt, 1976, S. 164.）。イタリアでの継受については、Maaß, S. 69ff.。

（7）プロイセン土地所有権取得法第二六条（法定抵当権）及びスイス民法第八三七条第一号（法定質権）を指摘する（石田・前掲二〇頁）。博士自身は所有権留保の本質について「所有権譲渡効力の発生のために附加される条件の設定である」とされている（石田・前掲二二頁）。

（8）Maaß, S. 102f. もっとも、実際は、売却した不動産に関する定期金（Vorbehaltene und gekaufte Rente）を支払うことで最終的な売買代金に充てられていた（Maaß, S. 108f.）。

（9）Maaß, S. 154. 他に取戻権を認めた立法として、Churfürstlich Pfalz bei Rhein erneuerte und verbesserte Landrecht von 1698 in II, 20, 10; Churfürstlich - Maynzische Landrecht von 1755.。

（10）Gottfied Schiemann, Pendenz und Rückwirkung der Bedingung, 1973, S. 73, Bohlau（以下Pendenzと記す）。大島・前掲書五二頁。

（11）Gottfied Schiemann, Pendenz, S. 73, Fn59. 大島・前掲書五四頁注一五一。

（12）Gottfied Schiemann, Pendenz, S. 75. 大島・前掲書五四頁。石田博士は、ローマ法以来動産抵当は認められず、動産の占有を債権者に移す占有質の制度のみであったことが、動産売買において所有権留保が利用されるようになった大きな要因であるとされている。なお三潴博士は、ローマでは動産抵当があったとされている（三潴・前掲一七頁）。

（13）Gottfied Schiemann, Pendenz, S. 83. 大島・前掲書五九頁。

（14）Gottfied Schiemann, Pendenz, S. 83. 大島・前掲書五九頁。

（15）物権法部分草案においてWindscheidの見解として引用されていた（Redaktoren, Sachenrecht, S. 770）。

（16）Gottfied Schiemann, Pendenz, S. 84. 大島・前掲書六〇頁。

(17)　Gottfied Schiemann, Pendenz, S. 133. 大島・前掲書八四頁。

(18)　Gottfied Schiemann, Pendenz, S. 134. 大島・前掲書八四頁。

(19)　ＢＧＢ物権法部分草案で指摘されていた（Redaktoren, Sachenrecht, S. 773.）。

(20)　ブレーメン動産の所有権の移転に関する規定（Bremen in Betreff des Übergangs des Eigentums an beweglichen Sachen v. 25. August 1848 §§ 1, 3, 6）では、第一条で引渡しによる所有権の移転を、第三条で所有権移転に関する合意の無効を定め、第六条で厳格な例外規定を置いていた。新法（Brem. Ges. v. 19. Januar 1886）においても、内容は本質的に変更されなかった。ヴェルテンベルク担保法（Pfandgesetz vom 15. April 1825 für Königreich Württemberg）は第四五条で不動産については質権の留保とみなしたものの第二五九条は「個々の債権を担保するための買主に引き渡された動産に関する所有権又は質権の留保は、無効とする。」と定め、担保法（Württenmb. Pfandentwickelungsgesetz. v. 21. Mai 1828）第一六条は、「動産が売られかつ引き渡されたときは、その物の所有権は、売買代金の現金支払が合意され、かつ、未だ履行されていない場合においても、この引渡しにより買主に移転する。売られかつ引き渡されたものに関する所有権又は質権の留保もまたこの場合には、許されない。」と定めていた。その他、無効を定めるものとして、ワイマール担保法第六〇条（Weimarischen Pfandgesetz von 6 Mai 1839, § 60）、オルデンブルク動産担保法（Die Oldend. Mobiliarpfandgesetze von 3 April 1876 für das Herzogthum Oldenburg Art. 31, Birkenfeld Art. 15, Lübeck Art. 15：侯爵領第三一条、ビルケンフェルド第一五条、リューベック第一五条）、ブラウンシュバイク動産担保法第一八条（Braunschweigischen Mobiliarpfandgesetz. § 18）がある。

(21)　ちなみに各法圏の人口は、普通法・一六五〇万人、プロイセン一般ラント法（一七九四年）・二一二〇万人、フランス法（一八〇四年）・六七〇万人、バーデンラント法（一八〇八、一八〇九年）・一七〇万人、ザクセン民法典（一八六三年）・三五〇万人、デンマーク法・一万五千人、オーストリア一般民法典（一八一一年）・二五〇〇人であった（平田公夫「ラスカー法の成立と準備委員会の設置（二）」岡山大学法学会雑誌三四巻四号（一九八五年三月）二一二頁。

(22)　条文については、ＢＧＢ立法資料、Wolfgang Berger, Eigentumsvorbehalt und Anwartschaftsrecht-Besitzloses Pfandrecht und Eigentum, diss., 1984, S. 64f, Peter Lang（以下 Wolfgang Berger と記す）による。

(23)　Förster Eccius, Preußisches Privatrecht Bd. Ⅱ, 6. Aufl., 1892, S. 75; R. Koch, Über die Bedeutung des sogenannte pactum reservati dominii, Gruchot, Bd. 12（1868）S. 5; v. Brünneck, Über den sogenannten Möbelleihvertrag, in Gruchots

Bd. 10（1866）S. 351は、ＡＬＲにおける所有権留保はローマ法の lex commissoria に類似するものと指摘する（Bernd Thiemann, Die Entwicklung der Eigentumsanwartschaft beim Vorbehaltskauf in der neueren deutschen Privatrechtsgeschichte, diss., 1974, S. 60（以下 Bernd Thiemann と記す））。Dernburg, Lehrbuch des Preußischen Privatrechts und der Privatrechtsnormen des Reichs, 1879, 2. Band, S. 388ff, Buchhandlung des Waisenhauses は、破棄条項（kassatorische Klausel）たる lex commissoria であるとしている。

(24) Egbert Sandmann, Zür Geschichte des Eigentumsvorbehalts in Deutschland-Ein Beitrag zur rechtsgeschichte moderner Warenkreditsicherungsmittel, diss., 1972, S. 66（以下 Egbert Sandmann と記す）.

(25) RG 24, 274, 276. 以上の指摘は、Wolfgang Berger, S. 66f.

(26) 以上の記述は、Egbert Sandmann, S. 66.

(27) Dernburg, a. a. O., S. 388ff.

(28) Das preußische Gesetz über den Eigentumserwerb und die dingliche Belastung der Grundstücke, Bergwerke und selbständige Gerechtigkeiten von 1872.

(29) Egbert Sandmann, S. 105. また、Dernburg は、プロシア法は両者を混同しているので、lex commissoria についても対象となることを指摘している。

(30) Wolfgang Berger, S. 65; Dernburg, a. a. O., S. 388ff.

(31) Wolfgang Berger, S. 65.

(32) Redaktoren, S. 773に複数の参考文献が挙げられている。

(33) Egbert Sandmann, S. 66.

(34) Egbert Sandmann, S. 67.

(35) Gottfried Schiemann, Pendenz, S. 134; Bernd Thiemann, S. 60; Wolfgang Berger, S. 67. 大島・前掲書八四頁では家具賃貸借契約（leihvertrag）とされている。

(36) Motive zum Entwurf eines Bürgerlichen Gesetzbuches für das Großherzogtum Hessen, 2. Buch, 1842, S. 27, Darmstadt (Egbert Sandmann, S. 99).

(37) Bay. r. L. R. Ⅳ, 3 §10「売買代金が支払われない場合において、単なる引渡しでないときは、買主は、売主の意図を証拠に既に所有権を移転されたとする。」

(38) 以上は、Egbert Sandmann, S. 75f. による。

(39) Motive zum Entwurf eines Bürgerlichen Gesetzbuchs für das Königreich Bayern, 1861-1864, S. 144, München（Egbert Sandmann, S. 99）.

(40) Lang, Der Entwurf eines Bürgerlichen Gesetzbuches für das Königreich Bayern mit Berücksichtigung des Hessischen und Sächsischen Entwurfs, kritisch beleuchte, 2Heft, 1862, S. 170f（Egbert Sandmann, S. 100）.

(41) Art. 372, Abs. 1, Bay. Entwurf（Egbert Sandmann, S. 99）.

(42) 実行方法について（Art. 371 Bay. Entwurf）、売主による既払額返還及び費用償還について（Art. 371, Abs. 2, Art. 362, Abs2 Bay. Entwurf）、買主の果実と利用との相殺について（Art. 371, Abs. 2, Art. 368, Abs2 Bay. Entwurf）、不動産の実行について（Art. 372 Bay. Entwurf）規定が設けられていた（Egbert Sandmann, S. 99f.）。

(43) Kurhessen においても同様に質権として扱われていた（Wolfgang Berger, S. 87）。Bayerischen Hypothekengesetzes vom 1. 1. 1819. においては、第一三七条「売主が残代金のために所有権を留保したときは、この債権を抵当権と共に登記しなければならない。」、第一五条「物の譲渡の際に約された所有権留保は、所有者に譲渡された物に関する抵当権を登記することを可能にする。」という規定が設けられていた（Bernd Thiemann, S. 50）。

(44) Motive zum Bay. Entwurf, S. 144（Egbert Sandmann, S. 100）.

(45) Gottfried Schiemann, Pendenz, S. 121. 大島・前掲書七五頁。

(46) Gottfried Schiemann, Pendenz, S. 134. 大島・前掲書八四頁。

(47) Egbert Sandmann, S. 100f.

(48) Sachse, Handbuch des Großherzoglichen Sächsischen Privatrechts, §319, 1824, S. 294; Curtius, Handbuch des im Königreiche Sachsen geltenden Civilrechts, 1819, §1405, S58（Wolfgang Berger, S. 88）. アンハルトでは、動産担保法第四条（Anhaltischen Mobiliarpfandgesetz, §4）で、「債権を担保するための動産の所有権留保は、第一条の規定の成立に支配される質権の担保としてみなす。」としていた。

(49) Motive zum Entwürfe eines Bürgerlichen Gesetzbuches für das Königreich Sachsen, zu §303 des Entwurfs, 1861, S

.673, Dresden（Egbert Sandmann, S. 101）.

（50）Cohen, a. a. O., S. 762; Lazarus, Das Recht des Abzahlungsgeschäfts nach geltendem Recht und nach dem BGB, 1898, S. 3（Bernd Thiemann, S. 59）.

（51）Egbert Sandmann, S. 101; Scubert, Protocolle der Commission zur Ausarbeitung eines allgemeinen deutschen Obligationenrechts, Band3, 1984, S. 1866, Frankfult/Main.（以下 Dresden と記す）

（52）Dresden. S. 1872.

（53）Dresden. S. 1867.

（54）Dresden. S. 1868.

（55）Dresden. S. 1872.

（56）Dresden. S. 1866.

（57）Dresden. S. 1867.

（58）Dresden. S. 1868.

（59）Dresden. S. 1875.

（60）Art467で、このように明言されていた。

（61）Maaß, S. 233ff. が第四六六及び四六七条につき詳しく述べている。

（62）反対に分割払に該当しない場合や商人間で拡張形式の合意がなされているような場合には、割賦販売法は適用されていなかった。また、第一条の分割という概念に該当しない可能性があるとして、Serickは、割賦販売法上において分割とは引渡の後に売買代金のすべて又はその一部が数回（少なくとも二回以上）に分けられて支払われるということを意味していることから、例えば、まず売買代金の一部が支払われた後、残代金が三ヶ月後に一度で支払われた場合には、分割の概念に該当しないことから、本法が適用されないと指摘している。さらに、買主が商人の際に転売授権のなされた所有権留保も同様に割賦販売法の適用を受けないとしている（Rolf Serick, Eigentumsvorbehalt und Sicherungsübertragung, Band I, 1963, S. 179ff., Recht und Wirtschaft）。

（63）Maaß, S. 306ff.

（64）長谷部茂吉「ドイツの『信用担保法草案』（一）・（二）」法学協会雑誌五七巻五号（一九三九年）八六五頁・同五七巻

六号（一九三九年）一〇五三頁。もっともこの法律は、当時の風潮から、全体主義的思想の下に作成されたものであった。

（65）一九六九年の改正においては、形式要件（第一a条）、及び裁判籍（第六a条）に関する規定が挿入され、一九七四年の改正においては、実質年利の必要記載事項への組入れ（第一a条第一項）、撤回権（第一b条）、撤回後の清算（第一d条）、類似取引への適用範囲拡張（第一c条）に関する規定が、付け加えられた。

（66）物権行為や無因性の承認と所有権留保の関係につきMaaß, S. 268ff.。

（67）Egbert Sandmann, S. 88.

（68）Bernd Thiemann, S. 65-76. なお、Maaß, S. 239ffが普通法の学説につき、詳細に検討している。

（69）Glück, Ausführliche Erläuterungen der Pandekten, Bd. 16, 1814, S. 236（Bernd Thiemann, S. 65）.

（70）Glück, a. a. O., S. 236（Bernd Thiemann, S. 66）.

（71）Bernd Thiemann, S. 68.

（72）Schweppe, Das römische Privatrecht in seiner heutigen Anwendung, Bd. 2, 4. Aufl., 1828, S. 123（Bernd Thiemann, S. 68）.

（73）Thibaut, System des Pandektenrechts, Bd. 1, 8. Aufl., 1834, S. 142（Bernd Thiemann, S. 68）.

（74）Müller, Über das pactum reservati dominii, AcP Bd. 12（1829）, S. 247ff.（Bernd Thiemann, S. 69）.

（75）Müller, a. a. O., S. 252ff.（Egbert Sandmann, S. 83）.

（76）Hofmann, Noch einige Bemerkungen über die Natur und die Wirkungen des Eigentumsvorbehalts beim Verkaufe. AcP Bd. 18, 1835, S. 265（Bernd Thiemann, S. 70）.

（77）Hofmann, a. a. O., S. 257（Egbert Sandmann, S. 83）.

（78）Hofmann, a. a. O., S. 254ff.（Bernd Thiemann, S. 71）.

（79）Leonhardt, Zur Lehre von den Rechtsverhältnissen am Grundeigentum, 1843, S. 234 und 236（Egbert Sandmann, S. 82）.

（80）Leonhardt, a. a. O., Teil Ⅳ（Bernd Thiemann, S. 73）.

（81）Hofmann, a. a. O., S. 265; Windscheid und Kipp, Lehrbuch des Pandektenrechts, 8. Aufl., 1906, §172, Anm. 18a; Stoffregen, a. a. O., S. 31（Egbert Sandmann, S. 84）.

（82）Glück, a. a. O., S. 230; Hagemann, Practische Erörterung, 7. Bd., 1824, S. 49; Thibaut, a. a. O., Bd. 2, 7. Aufl., §955, 1828, S. 346f.; Müller, a. a. O., S. 259; Leonhardt, a. a. O., S. 232ff.（Egbert Sandmann, S. 84）.

（83）Leonhardt, a. a. O., S. 245（Egbert Sandmann, S. 84）.

（84）Hofmann, a. a. O., S. 265; Geyso, a. a. O., S. 175f.（Egbert Sandmann, S. 86）.

（85）Duncker, a. a. O., S. 98; Stoffregen, a. a. O., S. 175f.（Egbert Sandmann, S. 86）.

（86）Glück, a. a. O., S. 233; Hagemann, a. a. O., S. 49f. ; Holzschuher, Theorie und Casuistik des gemeinen Civilrechts, § 294, 1864, S. 829 Anm. ; Puchta, Handbuch des gerichtlichen Verfahrens in nichtstreitigen Bürgerlichen Rechtssachen, II. Teil, § 139, 1821, S. 52ff. ; Gensler, a. a. O., S. 291; Leonhardt, a. a. O., S. 259f.; Müller, a. a. O., S. 266; Duncker, a. a. O., S. 102; Seuffert, § 395S. 319; Stoffregen, a. a. O., S. 89f.（Egbert Sandmann, S. 86）.

（87）Duncker, a. a. O., S. 104（Egbert Sandmann, S. 86）.

（88）Müller, a. a. O., S. 266（Egbert Sandmann, S. 86）.

（89）Duncker, a. a. O., S. 103f.; Glück, a. a. O., S. 233; Leonhardt, a. a. O., S. 259f.（Egbert Sandmann, S. 86）.

（90）Arndts, Lehrbuch der Pandekten. 7. Aufl., 1872, S. 225 und S. 526; Dernburg, Pandekten 5. Aufl., Bd. 1, 1896, S. 506; Goldschmidt, Handbuch des Handelsrechts, Bd. 1, 2. Abt., 1868, S. 846, Fußn. 29; Keller, Pandekten, Aus dem Nachlasse des Verfassers herausgegeben von Emil Friedberg, 1861, S. 615; Mühlenbruch, Lehrbuch des Pandektenrechts, Bd. 2, 3. Aufl., 1839, S. 399; Puchta, Pandekten, 3. Aufl., S. 209, Fßen. f（Bernd Thiemann, S. 74）. また、Geyso, Duncker は、質権留保及び解除条件とする解釈に対して、それらの見解の基盤は、説得力のある議論（停止条件とする見解）により揺さぶられているとしていた（Geyso, Über das pactum reservati dominii, LindesZ 5, 1832, S. 161ff; Duncker, Das pactum reservati dominii, Rheinisches Museum für Jurisprudenz Bd. 5, 1833, S. 65ff.）。

（91）Gensler, Kurze Bemerkungen über das vertragsmäßig vorbehaltene Eigentum an den verkauften und tradierten Sachen, AcP 2, 1819, S. 291ff. ; Vangerow, Lehrbuch der Pandekten, Bd. 1, 2. Aufl., 1841, S. 500ff.（Bernd Thiemann, S. 74f.）.

（92）Duncker, a. a. O., S. 81; Randa, Das Eigentumsrecht nach österreichischem Rechte mit Berücksichtigung des gemeinen Rechts und der neueren Gesetzbücher, 1. Hälfte, 2. Aufl., 1893, S. 276; Vangerow, a. a. O., Bd. II, 7. Aufl., 1863, § 311, Anm. 2; Geyso, a. a. O., S. 162ff. ; Stoffregen, Der Eigentumsvorbehalt nach gemeinem Rechte, diss, 1851, S. 49ff.（Egbert Sandmann, S. 82）.

（93）Glück, a. a. O., S. 232; Randa, § 11S. 276, Anm. 29; Duncker, a. a. O., S. 84; Weiske, Rechtslexikon für Juristischen aller

Deutschen Statten, Bd. 6, 1845, S. 46; Stoffregen, a. a. O., S. 69（Egbert Sandmann, S. 82）.

(94) Höhne, Der sogenannte Leihvertrag, 1884, S. 1ff. ; Dernburg, a. a. O., 5. Aufl., S. 417ff.（Egbert Sandmann, S94）.

(95) Cohen, a. a. O., S. 728; Hausmann S. 5ff.（Egbert Sandmann, S94）.

(96) Bornemann, Systematische Darstellung des preußischen Civilrechts mit Benutzung der Materialien des Allgemeinen Landrechts, 2. Aufl., Ⅲ. Band, 1843, S. 46; vgl. Cohen S. 727（Egbert Sandmann, S94）.

(97) v. Brünneck, a. a. O., S. 344ff.（Egbert Sandmann, S94）.

(98) Egbert Sandmann, S89.

(99) Bernd Thiemann, S. 76. なお、Maaß, S. 283ff. も当時の判決を詳しく分析する。

(100) OAG Oldenburg 1869 in Seuff. Archiv 25, Nr. 241; RGZ 9, 169（Egbert Sandmann, S. 90）.

(101) In Bl. f. Rechtsanw. 44, 261（Egbert Sandmann, S. 90）.

(102) Ob. Gh. f. Bay. vom 17, 7, 1874 in Samml. Band 5 S. 73ff. =Blätter f. Rechtsanw, Band 39 S. 286（Egbert Sandmann, S. 91）.

(103) Vgl. Ob. Gh. f. Bay. Vom 12, 5, 1881 in Samml, Band 9 S. 154（Egbert Sandmann, S. 91）.

(104) Ob. Gh. f. Bay. vom12, 5, 1881, a. a. O. ; Ob. Gh. f. Bay. vom 31, 3, 1876 in Samml. Band 6 S. 153ff=Blätter f. Rechtsanw, Band 41 S. 201; OAG München vom 13, 9, 1828 in Seuff. Archiv Band 2 S. 10, Nr. 10; a. M. Ob. Gh. f. Bay. vom 11, 5, 1872 in Samml. Band 2 S. 281f.（Egbert Sandmann, S. 91）.

(105) OAG Darmstadt von 1840, in Seuff, Archiv Band 6 S. 190, Nr. 146（Egbert Sandmann, S. 91）.

(106) OAG Oldenburg in Seuff. Archiv Band 25, Nr. 243 S. 372f. ; OAG Kassel von 1824 Seuff. Archiv Band 6 S. 190, Anm. Nr. 1 zu Nr. 146; OAG Dresden vom Juli 1868, in Seuff. Archiv Band 23 D. 220f., Nr. 135（Egbert Sandmann, S. 92）.

(107) Vgl, z, B, OAG Dresden vom 5, 3, 1851, in Seuff. Archiv Band 6, Nr, 147 S, 190-193.

(108) OAG Oldenburg, 1869 in Seuff. Archiv 25 S. 366（Egbert Sandmann, S. 90）.

(109) RGZ 7, 147ff.（Egbert Sandmann, S. 90）.

(110) Ob. Gh. f. Bay. vom 11, 5, 1872, a. a. O. ; OAG Oldenburg in Seuff. Archiv Band 25 S. 368, Nr. 242（Egbert Sandmann, S. 92）.

(111) Ob. Gh. f. Bay. vom 23, 6, 1879 in Seuff. Archiv Band 35 S. 123=Samml. Band 6 S. 836（Egbert Sandmann, S. 93）.

(112) Ob. Gh. f. Bay. vom 23, 6, 1879 in Bl. f. Rechtsanw. Band 44 S. 261ff. =Seuff. Archiv. Band 35 S. 123; OAG Dresden von

1847 in Seuff. Archiv Band1. Nr. 319 S. 339（Egbert Sandmann, S. 93）.

(113) OAG Dresden von 1847 in Seuff. Archiv Band1. Nr. 319 S. 339（Egbert Sandmann, S. 93）.

(114) 例えば、Hypothekengesetz für das Königreich Bayern von 1822 § 15; Hannoversches Pfandgesetz von 1864 § 13. Abs1; Kurhessische Verordnung vom 17. 6. 1828 § 7; Nassauisches Pfandgesetz von 1851 § 14: Hypothekengesetz von Sachsen von 1843 § 32; Württembergisches Pfandgesetz von 1825Art45など（Egbert Sandmann, S. 73）。

(115) U. Hübner, Zur dogmatischen Einordnung der Rechtsposition des Vorbehaltkäufers, NJW 1980, S. 730においても、歴史的経緯がコンパクトに紹介されている。

(116) 物権法部分草案においても同様に分類された上で検討されている。なお、実際の利用形態から考察するMaaßは、ＢＧＢ制定前には、①定期金留保を模したもの（クーアザクセン・オーバーラウジッツ）、②①の発展である破産時の優先的満足に関する権利である解除権としてlex commissoria、③目的を問わない条件付所有権移転の合意として所有権留保を理論的に導入する、の三種に分類できるとする（Maaß, S. 312.）。

(117) 立法時の状況については、水元宏典「一八七七年ドイツ破産法における一般私法の修正原理」『別冊ＮＢＬ六〇　倒産手続と民事実体法』商事法務（二〇〇〇年一〇月）二九七頁が詳しい。

第二章　ＢＧＢ制定過程

前章では、ＢＧＢ制定以前の状況を確認し、換価権ではなく目的物の取戻しのための物権の確保が目的であり、これに対しては前提となる理論から様々に評価、概念化されていたことが明らかになった。

本章では、まず制定過程を概観（第一節）した後に、制定過程の議論として部分草案（第二節）、ＢＧＢ第一草案（第三節）、鑑定意見（第四節）、及びＢＧＢ第二草案（第五節）の順に整理・分析し、さらにＢＧＢに対する学説の反応にも言及した上で（第六節）、若干の検討（第七節）を行う。(1)

第一節　制定過程の概観及び留意点

一　概　観

はじめに、ＢＧＢ制定過程を概観しておく。(2)

一八八一年から一八八九年まで活動した第一委員会では、部分草案（Teilentwürfe）の作成に始まり（債務法については、担当の Kübel の死によりドレスデン草案が利用された）、その審議を経て、一八八七年に第一草案が理由書（Motive）と共に公表されている。この草案に対する意見、とりわけ Gierke による批判については、周知のとおりである。この第一草案に対する意見が鑑定書（Gutachten）として司法省から公表されている。その後、予備審議のための司法省準備委員会（一八九一～一八九三年）の設置と平行して、第二委員会が一八九〇年から一年にかけて第一草案を基準とした審議を行った。この第二委員会の審議については、第一草案のドグマには触れないものであったことが指摘されている。その後一八九五年に第二草案が提出され、帝国議会で第三草案として修正され、一八九六年八月二四日に"Bürgerliches Gesetzbuchs"として公布され、一九〇〇年一月一日より施行されることとなった。

所有権留保に関する条文は、基本的にはまずその懐疑から始まり（総則部分草案第五五条、ドレスデン草案第四九〇条、物権法部分草案第一二七条）、他の理論との整合性から承認され、第二草案の段階ではっきりしない場合のために解釈の必要性から規定が設けられるに至った（第二草案第四七五a条）。

BGBでは最終的に停止条件付所有権移転としての解釈が採用されたことから、立法過程において言及される可能性がある部分としては、総則の条件理論、債務法各論の売買、及び物権法の所有権移転の部分が考えられる。また非占有質との関連から、質権の規定を設ける際にも何らかの言及が予想される。したがって本書では、これらの点を中心に検討を進めていく。

二　留　意　点

所有権留保について、BGBでは停止条件付所有権移転として解釈されることになったが、制定過程では前提となる理論との関係から様々に論じられている。

まず、売買契約については債権契約（行為）と物権契約（行為）が峻別され、所有権の移転のためには所有権を移転するという物権的合意と目的物の引渡しが法律要件とされている。そして停止条件付所有権移転とは、物権的合意において代金完済を内容とする停止条件が付加されていると考えられている。したがって、債権契約は有効に成立している当事者に債権的な権原（所有権移転請求権、代金支払請求権等）が発生している。さらに物権契約も有効に成立しているが、物権の移転という効果の発生のみが条件の成就により完了することになる。

次に、条件理論については、条件成就の効力についてどのように考えるのかが問題となる。即ち、条件の成就に債権的な効力しかないとするならば、条件成就により債権的な権原が発生し、その権原に基づいて当事者は相手方に履行を請求できるに過ぎないことになる。ところが条件の成就に物権的な効力があるとすると、条件成就の時点で当事者の新たな行為を何ら必要とすることなく、条件成就により物権の変動が自動的に発生することになる。特に債権と物権を峻別した場合には、既に債権契約の時点で債権的な権原が発生しているので、物権契約に付加された条件の効力に物権効がないとするならば、物権契約への条件付加はほとんど意味がないことになる。

さらに、条件を付加した時点から条件成就までの、いわゆる権利の未確定状態を如何に保護していくかという問題がある。具体的には、例えば停止条件付所有権移転の合意において、条件成就前に所有権者である売主が目的物をさらに第三者に譲渡した場合、既に条件付所有権移転の合意をした買主の保護を如何に図るのかという問題である。

この場合に対処するために、まずフランス法のように条件成就の効力につき条件を合意した時点に遡及させることが考えられる。即ち、権利の未確定状態の間に行われた売主によるさらなる処分行為は、条件成就により無権利者の処分となり無効となるのである。次に条件成就に遡及効を認めず、未確定状態自体を保護する方法が考えられる。例えば、いわゆる買主の期待権という形で条件付権利者を保護し、売主による目的物の第三者へのさらなる譲渡は、買主の権利に対抗できないとするものである（ＢＧＢはこの方式を採っている）。

なお、所有権留保の目的物については、理論的には不動産も可能であり、ラント法でも規定されていたことは既に前章で述べた。実際にＢＧＢ制定の一連の過程において不動産に関する記述もみられる(3)。もっとも、ＢＧＢでは不動産の Auflassung に条件を付けることが禁止されることとなり、問題になるのは登記・登録のない動産であることから、本書ではこれらを中心に言及する。

第二節　部分草案の規定

一　総則法部分草案（条件）(4)

第五一条「停止条件の未確定の間、条件付負担者及びその相続人は、法律行為に関して、無条件の法律行為と同様の内容に拘束される。

法律行為により生存中に打ち明けられた見込み（das bedingte Recht）は、見込みにおいて立てられた権利が相続可能なものである限り、相続される。

見込みにおいて立てられた権利の実現を喪失又は重大に損うおそれがあるときは、条件付権原者は、反対給付の担保供与又は担保設定を請求できる。条件成就の可能性が少ないという配慮と共に、裁判官の自由裁量により現在の財産の一部として求められる保護の考慮において、条件付権利が考慮されないときは、この請求は、確立しない。」

第五五条「停止条件不確定の間、所有権について条件が約された動産が条件付権原者に与えられたときは、疑わしい場合、条件付所有権移転とみなされる。所有権が条件付で引き渡され、又は所有権に〈条件が〉約された不動産が不確定の間に与えられたときは、疑わしい場合、果実は、物と分離したら直ちに条件付権原者に帰属し、かつ、条件が履行された際は留まる。」

第六〇条「法律行為により、生存中に所有権が解除条件の下で引き渡されたときは、条件の履行の際、条件付義務者に対する人的請求のみが条件付権原者に生じる。（以下省略）」

(1)　停止条件

まず、停止条件成否未定の間の問題について総則法部分草案第五一条に規定され、相続については既に拘束されていた。即ち、条件成就について遡及効を付与するのではなく、成就までの未確定状態の保護が選択されたのである。

また、動産の所有権移転に条件が付加された場合の取扱いが第五五条に規定された理由として、「所有権について条件が約された目的物が条件未成就の間に引き渡され、条件が当事者の意図にも拘らず停止条件とみなされるときは、法律関係は、引渡しという多義的な事実により定められ、その場合、法律行為を行った者の明確に表示された又は状況から推察される意思に従うことになる。この場合に拠所となるものがないときは、当事者の意図が所有権の条件付移転であるという〝causa praecedens（先行する原因）〟を考慮しなければならない」と述べられていた。これは、後述する物権法部分草案第一三七条とは異なる内容の条文案であったが、起草者であるGebhardは、この差異を自覚し自ら草案中で言及していた。

なお、総則法部分草案では、目的物の所有権と法的占有は譲渡人に留まり取得者は所持のみを取得すること、所有権移転は条件の履行によって初めて完成することについて、プロイセン一般ラント法の内容が参照されていた。

(2)　解除条件

次に、解除条件については、やはり相続等を規定するものであると思われるが、条件の成就に物権的効力がなく、単なる請求権として規定されていた。この点は、成立したＢＧＢとは異なるものであるが、むしろ当時の見解からは妥当なものであったようである。(5)

二　物権法部分草案（所有権移転及び質権）(6)

(1)　所有権移転

第一三七条「所有権移転に停止条件が付加されたときは、物の所有権は、引渡しと同時に取得者に移転する。所有権移転に解除条件が付加されたときは、物の所有権は、条件の成就により譲渡人に復帰しない。」

所有権留保に関連するものとして、動産売買の所有権移転に条件が付加された場合の効力に関する条文案が規定されていた。

立法の前提として、まず、①物権契約への条件として妥当するのは、物権契約の効果が定められ、その発生により取得者（買主）、譲渡人（売主）のいずれが所有権者であるのかが明確であり、かつ、それと同時に他方の所有権が否定されるような条件のみであること、②無因性、つまり原因となる引渡義務を定める債権契約には影響を及ぼさず、その効果に対してのみ影響を及ぼすことが保持されねばならないこと、③債権契約への条件の付加同様に物権契約にも条件を付加することは可能であり、両者は完全に独立である、という原則が明確に意識されている。もっとも、前章でみたように各ラント法典においては、物権契約への条件の付加が物権の形成に関するものであり、かつ、譲渡された目的物の返還請求権を設定するに過ぎないときは、物権契約への条件の付加は概して否定され、多くの場合、返還請求権の発生という法的条件（契約解除）の下で履行がなされていたこともまた自覚されていた。

次に、新しい立法は普通法及び各ラントの立法等を基になされるべきであるとして、このような条件の付加により、引渡しにも拘らず物権的権利が留保される場合に、引き渡された所有権権原が停止条件の成就により初めて所有権になるのか、又は、取得者（買主）の拘束（Gebundenheit）により物権的効力を有する解除権が生じるだけなのかという問題が提起されている。この問題についてJohowは、譲渡人（売主）が所有権を留保しつつ取得者（買主）が直接に目的物を占有するとすれば、この状態は、占有から権利を推測する第三者において脅威となることを指摘し、そしてこの脅威は、目的物が賃借や寄託等の形式を使って引き渡され、取得者（買主）が他主占有の自覚を持って使用するとしても消えることはないと主張している。

以上の前提に基づき、Johowは、引渡における条件付加をどのように制限するのかについては、条件の付加を引渡意思の否定としてではなく、“verba factis contraria（言葉と行為の相反）”として、部分草案で規定しなければならないと考えていた。

このJohowの部分草案については、物権契約への条件付加自体は理論的に可能なことを前提にしつつ、現実において想定される危険に対して、その効力をどう制限すべきかという判断が出発点になっていると考えられる。提案された第一三七条は、所有権移転のための物権契約への条件付加に関して、その効力を明確に否定している。これは、部分草案自体が普通法及び各ラント法の集積であり、その集大成とも考えられることからすると、むしろ当然であるといえよう。

まず、引渡しについて、目的物が取得者（買主）に引き渡された場合には、取得者（買主）の占有意思から不適切な権利状態が発生してしまう。そこで譲渡人（売主）は、取得者（買主）が自らの物として取り扱うことを認めないことを補強するためにも、目的物に関する権利を調達するために占有者となる必要がある。つまり今日の見解からすると、譲渡人（売主）が間接の自主占有者であり、取得者（買主）は直接の他主占有者とならなければならないと考えられていた。

この占有関係について、当時は通常の方法として、取得者（買主）は何ら占有を得るものではないが、条件が成就すると同時に直接占有であり、かつ、それまでは他主占有していたことになるという形態が採られていた。したがって、実際上の必要から先行する事実上の引渡しのためには、容仮占有又は賃貸等が必要であった。そしてこのような状態を前提として、その後の所有権移転のための引渡しは、既に買主が占有していることから、簡易引渡により可能であると考えられていた。(7) 即ち、所有権移転の物権的合意に条件を付けるのではなく、その意思自体を表示しないでおくのである。

Johowはこの見解に対して、部分草案はこのような方法の承認は所有権移転については何の意味もなく、簡易引渡は単に目的物の引渡しという以上の意味を持たないと指摘している。また、簡易引渡のための意思表示については所有者（売主）に委ねられることになり、譲渡人（売主）の所有権は何ら拘束されることにはならない。そうすると、条件の成就は所有権の移転をもたらすというSavignyのような見解は、不当なものとなってしまう。そしてこの不当性は取得者（買主）が代理人として他人の占有を行使し、かつ、取得者（買主）もそう考える場合にのみ生じると考えられることから、部分草案では、条件が付加された場合の賃貸等による目的物の給付を所有権移転における引渡しとしてみなすことは考えないとしている。もちろん、一定期間の賃貸又は寄託とすることも可能であるが、これらは売買契約の付随契約としてなされること、さらに取得者（買主）が賃貸又は寄託契約による返還義務に屈しつつ同時に所有権の移転を求めるべきであるとは考えられないことを理由に、部分草案の立場としては採用できないとしている。

端的には、既に取得者（買主）に占有を引き渡した目的物については、その所有権を移転させるにあたり、条件の付加はできないのではないかという疑問から、Johow は、条件の効果を問題視していると考えられる。

次に、Johow は、所有権移転に条件が付加された場合、どのような効力が付与されるべきか検討している。

①　条件の物権的効力を完全に承認する場合

この場合、条件未確定の間の宙に浮いた権利状態は、理論的には困難を伴うものの、条件の付加により一応確定されることになる。その際 Johow は、取得者（買主）の下にある目的物は、いずれが所有者か決するまで、“Sequestration（係争物）”として保管されることになると解していた。そして、この先行する条件付引渡の最大の適用範囲は、解除条件であれ停止条件であれ、現段階では pactum reservati dominii にあると認定している。

しかし既にみたように、条件付引渡を完全に承認することは、主な適用範囲である担保制度において不当なものとして、条件付引渡の完全な排除に至るまで多くの立法において取り除かれていたことを理由として、Johow は、この立場には消極的であった。

②　解除条件に関する物権的効力を制限する場合

Johow は、Windscheid の見解を引用し、「解除条件は、作成者の意味において意思表示が疑わしいときは、拒まれた停止条件以外の意義を持たない。そしてこの場合、何の効力も生じない」としている。即ち、意図されているのが停止条件か解除条件かという問題は意思の問題であり、この条件の両方の種類は、肯定としても否定としても形成し得ることを指摘していた。そしてこのことから、解除条件には物権的効力を与えない、即ち一定の物権的効力、例えば物権的解除効又はその他の権利状態の任意の定立を排除するという強制規定は、全く意味がないことになる。そのため Johow は、譲渡人（売主）が条件を否定的に定立することも可能なことから、条件を停止条件として契約するであろうと述べている。即ち、「履行が遅滞したら解除する条件で引き渡す」という代わりに「履行が遅滞しなければ移転する条件で引き渡す」とすることも可能なのである。

Johow は、まず成文規定の合目的形成から目を転じなければならないとして、解除条件についてのみ物権的効力を排除するならば、これは強行規定ではあり得なくなると主張した。それ故、部分草案では、このような規定では所有権留保と結合した危険に対する保護手段を見出し得ないと述べている。

③　債権担保を目的とする所有権留保を制限する場合

この立場は、一定内容の条件――例えば債権を担保するために所有権は移転又は留保される――については、物権契約ではその効力が認められないという規定で対応するものである。このような規定の動機は、所有権を留保する譲渡人（売主）は、質権の要件を満たすことなく、質権の留保（設定）と同様の目的及び効果を享受することに対する警戒であった。

しかし Johow は、このような意図の所有権留保が無効であるとするためには、質権規定と関係させるための引渡理論による特別の定めが必要であるとしている。なぜなら、所有権留保は質権の留保（設定）と解釈されるときに初めて、以上の批判を該当させることができるからである。したがって、同価値とされる所有権留保においても、質権の場合と同様の強行規定を改めて規定する必要があると考えていた。

もっとも Johow は、法律行為一般については承認しつつ、特定の目的、即ち所有権留保という一定の方法を無効にするという制限が正当か否かは、なお疑問であると述べている。

④　引渡しにおいて所有権留保を禁止する場合

動産に関する条件付引渡において、他の物権原則及び実際の担保と調和しない権利を他人の占有下にある物に作り出すための法律行為がなされたときは、その行為自体を否定する法を作るか否か問題となる。この問題についてJohowは、法律行為による私的処分を一般的には有効としながら、特定の場合に無効とするのは困難であるとしている。しかし、現実に応じた個々の条件付引渡の利用目的に関する立法を行うことは、所有権留保（条件付引渡）のような不明瞭な状態を容易く、かつ、多くの場合は即座に説明しやすくなると述べている。また、所有権留保以外の適用の場合は、実際には僅かしかないことも理由として挙げていた。

Johowは担保目的の条件付引渡にのみ妥当する特別の考慮をしなければならないとして、以上の検討から、次のように判断した。

第一に、占有関係について、さしあたり一方又は他方の所有権という見解を肯定したとしても、条件付引渡には事実上、所有権の帰属が不確定のときが生じる。第二に、当事者の意思については、所有権を留保するという意思は第三者にとっては不知のものであり、かつ、占有の引渡しという状態から導き出される所有権の移転を肯定する意思とは反対のものである。このような過程は、理解不能な矛盾に満ちた行程であるから、停止条件の付加は所有権移転と矛盾する。したがって、結論として、条件付引渡と所有権移転意思は、一致しない。

もっともJohowは、所有権移転のための引渡しへの条件付加を否定するという判断の欠点として、処分の自由が減少することであると自覚していた。しかしながら、将来の不確定要素を計算した現時点での法律行為を承認する必要は、配慮が必要な限度において、債務法及び相続法でのみ承認されるのであり、物権法では限定的にのみ考慮されるべきであると主張している。

結論として、Johowは、所有権移転への条件の付加は、目的物の取戻し又は反対給付確保のための担保対策であり、このような担保は総ての第三者を危険にするので、立法的には限定的な利益は全体的利益に譲歩しなければならないと述べている。なお、物権法の部分草案においては善意取得の規定が存在しないことに留意する必要がある。

以上のような検討の結果、所有権移転に条件が付加された場合に占有を得た取得者（買主）が見せかけの所有権を作り出すときは、現実において危険であることから、物権契約の効力が不確実になってはならないとして、実際に表示された意思（所有権の移転）が単なる文言（所有権の留保）に優先すべきであると判断された。即ち、所有権移転に関する物権契約において付加された条件の効力を認めないことが選択されたのである。その結果、売買契約に基づき所有権移転が合意され、かつ、目的物が取得者（買主）に引き渡された場合には、所有権移転に停止条件が付けられたとしても所有権が移転することになる。したがって、所有と占有が一致することになり、Johowが危惧した第三者を危険な状態に置くおそれは生じないことになる。(8)

もっとも、このような部分草案におけるJohowの判断に対しては、既にSchubertによって、所有権と占有を同一視し、所有権を法的ではなく事実的な関係として捉えていたことが指摘されている。(9) 即ち、条件付所有権譲渡（bedingte Übereignung）と条件付移転（bedingte Übertragung）が同じことと認識され、評価されているのである。但し、所有権と占有の関連、特に条件との関係については、改めて根本的に検討する必要があり、後の委員会の議論においてもこの点に対する疑問が述べられている。

(2)　質　権(10)

第四三五条「①　質物の引渡しについては、引渡しを用いた占有の取得に関する規定を準用する。但し、目的物が質権設定者の支配にあるときは、質権は生じない。質入は、特に次の場合は有効ではない。

一．質入された物が今後も質物として債権者のために自らの支配に所持されることを所有者が表示すること。

二．譲渡人が物を自らの支配に置かないときに、物の譲渡の際、質権を留保すること。

②　省略」

所有権留保については、既にみたように質権との関連性が強く意識されていたのは明らかである。したがって、質権の条文制定過程において、所有権留保との関連について何らかの言及がなされていたことが予想される。ここでは、所有権留保に関連すると思われる議論に限定して触れる。

物権法部分草案第四三五条は、占有改定による質権設定を認めないものであり、その第一項第一号が譲渡担保、第二号が所有権留保との関連を想起させる。また、従来のラント法の中には、所有権留保を質権の留保と構成していたものもあり、所有権留保の合意を担保「権」の設定と捉える場合には、特に本条との関連が考えられることになる。

この第一項第二号の規定理由として Johow は、従来のラント法で占有質の原則に反するものが一般に禁止されていたのは、取得者（買主）が質権の留保を承認することは質入の特殊な形態に他ならないからであると説明している。即ち、法的要素の分析によると、このような質権留保の合意の中に、譲渡人（売主）が行為（弁済）を条件として売買代金のために物を質入させる、取得者（買主）が物を売買代金のために質入する、譲渡人（売主）が物の質入を受け入れる、ということが見て取れると述べている。

以上のことを根拠にして Johow は、質権留保の際には取得者（買主）は同時に質権設定者とみなされるべきであるとして、目的物が質権設定者（買主）の支配にあるときには質権が生じないことを草案において特に定めたのである。

第三節　部分草案の討議及びBGB第一草案

一　第一委員会での討議(11)

(1)　所有権移転

以上のような部分草案を受けて議論された結果、ＢＧＢでは、総則法部分草案同様に条件付所有権移転が承認されることとなった。したがって、これを承認していなかった物権法部分草案に関して、如何なる議論が展開されたのかを探ることが有益であると思われる。

第一委員会では、物権法部分草案第一三七条の規定に対して、以下の三点が提案された。

① **Mandry**（ロマニストの教授・ヴェルテンベルク）代案として、「所有権移転の際、請求権の担保を確保するために所有権は取得者（買主）に即座に移転しないこと、又は譲渡人に再び復帰することが合意されたときは、そのような合意は、物権的効力を有しないこと」を提案。

② **Weber**（ドレスデン上級控訴裁判所長官・ザクセン）第一項「停止条件」の後に「又は始期として将来の一定の時期」の追加、並びに第二項「解除条件」の後に「又は終期」及び「条件の成就」の後に「終期」の追加。

③ **Planck**（ツェッレ上級控訴裁判所判事・プロイセン・家族法部分草案担当者）第一三七条及び一三八条（期限を定めた所有権移転）の削除。あるいは、「（停止）条件又は（始）期限の付加の下での所有権の移転は、無効である」のような規定に変更。

これらの提案に対しては、第一委員会での討議により、「停止条件付所有権移転でもなく解除条件付所有権移転の考慮でもない別の規定を受け入れ、第一三七条は削除」し、「動産質の検討において、占有質の設定に関する規定を回避するための条件付所有権移転の使用が、必然的に対立するか否かを特別規定の設置により証明するという保留の下で、提案①を拒む」ことが裁決された。

結論としては、所有権移転への条件の効力を否定する部分草案第一三七条と反対に、物権契約における条件の付加及びその効力を承認することが、第一委員会により決定された。具体的には、以下のように討議された。

物権法部分草案第一三七条のような規定が定められないときは、確かに所有権移転契約には条件が付加されるおそれがある。しかし、条件に関する規定から、問題を生じることのない効果が発生すると考えられる。したがって、占有を与えつつ所有権の移転に条件を付加することはできないのではないかというJohowの疑問に対して、委員会では、譲渡人（売主）は占有者であり続け、かつ、取得者（買主）は自らの側で条件を受け入れて占有の引渡しを受けた単なる所持人でしかないことは、停止条件の意味に該当するので問題はないと判断された。

もっとも、これに対しては、占有移転は法律行為か否か、条件の付加になじみやすいか、占有の事実上の性質は条件付占有を許容するか否か、という見解が対立することになる。また占有取得は、準法律行為として法律行為に関する規定の適用範囲にあるのか否か、さらに特に占有引渡は契約として扱われるべきか否かという疑問もある。このような点について問題となることが述べられたが、結局、委員会では沈黙することが選ばれた。いずれにせよ、このような疑問に教義と実務が賛成すべきとしても、停止条件付引渡のための特別の規定は必要ないと判断されたのである。

しかしながら、条件付所有権移転に関して草案で成文化すべきか否か、及び成文化するとしても条件は付加できないとして扱われる方法で行うか、という問題がなお論じられた。この点につき物権法部分草案は、占有と所有について可能な限り同一に帰すようにし、条件付権原のみによる占有者の不確実な所有権を回避することを追求していた。また、条件付所有権移転の利用は、質権の規定を回避するものであることも指摘していた。しかし、第一委員会は、これらの物権法部分草案の指摘は正当であるが、条件付所有権移転を有効としながら、法律行為の私的自治を物権法部分草案第一三七条のような方法で制限するのは、やはり疑問であると考えた。また、部分草案のような債権的な拘束では、現実の必要性に対して十分ではないとも判断している。

さらに委員会では、担保目的ではない条件付引渡はよくみられ、とりわけ債権的原因に付加された条件は、しばしば相応する物権契約における条件付引渡の原因をもたらすとしている。この点につき部分草案は、債権と物権は分離せられないので、なお物権でも相変わらず条件付けるということを原則として認めつつ、予想される条件付引渡、特に所有権留保の頻繁さから、その弊害が現実に生じるとして、条件付所有権移転を承認しなかったのであった。

しかし第一委員会は、その場合にも当事者の意図により適法でない方法が強制され得ることも認識していた。それ故、物権法部分草案の提案は承認されなかったのである。但し、第三者が混乱させせられるという物権法部分草案の考慮については、第一委員会により、物権法部分草案と反対の方向、即ち善意者の所有権取得を広く保護することで配慮されることとなった。

なお、条件付所有権移転の締結により動産質に関する一定の規定を回避することのみを防止するための規定（部分草案第四三五条、四五〇条）[12]については、譲渡担保契約にも該当することを理由に、ここで言及することは適していないと判断された。この問題は、後の第二委員会においても議論されている。

(2)　質　権[13]

第一委員会の議論において、Johow は、提案した部分草案第四三五条の規定の変更を自ら求め、質権設定のための目的物の引渡しを規定する部分草案第四三四条と併せた簡素な規定を提案している。この新たに提案された条文においては、先の第一項第二号の内容は省略されており、質権の留保との関連性を直接に感じさせる規定にはなっていなかった。

また、条件付所有権移転と関係する討議はなされておらず、所有権移転の討議において保留された「占有質の設定に関する規定を回避するための条件付所有権移転の使用が、必然的に対立するか否かを特別規定の設置により証明する」という問題（本書五五頁）については、特別規定が設けられなかったとの結論しか明らかにされていない。

二　第一草案

第一草案では所有権留保に関係する直接の規定が設けられなかったものの、第一草案理由書においては、売買及び所有権移転を論じる中で所有権留保に関して記述されている。

(1)　売　買[14]

まず売買契約の際の明確な所有権留保（pactum reservati dominii）の合意は、留保により物権の譲渡行為に影響を及ぼすことから、物権法の問題であるとされている。

理由書では、この所有権留保は債権担保目的から古くより当然に承認され、又は少なくとも質権の留保とされてきたが、当事者が具体的に（債権的）質権権原（Verpfandrechtstitel）を合意したときは、買主は、物権の原則（占有質）に基づき質権設定のため自己に引き渡された物を売主に対し提供する（債権的）義務を負うのは明らかであるとしている。そして、このような合意が場合によっては所有権の留保という合意において見出されるか否かという問題については、これまでの理論においては明らかにされていないことを指摘している。この点がまさに明らかにされなければならないのだが、草案においてもこれ以上は検討されていない。

さらに第一草案では、物権的法律行為に関してはっきりしないときは、留保が解除条件なのか又は停止条件なのか、争いが生じることを既に指摘している。そして後に第二草案において同様の指摘から解釈規定が設けられることになるのである。しかし第一草案では、この争いは債務法に関するものではないとして、やはり物権法での議論に解決を委ねている。

もっとも条件の効力については、個々の留保の事例において債権契約を条件付けるものではなく、ただ物権的法律行為である所有権の移転に影響を与え得るのみであると明確に述べている。また、このことを受け入れるか否かという問題は、当事者が実際に所有権の留保ではなく第一草案第四二六条以降及び四三六条（いずれも解除に関する規定）を基準として、債権契約として意図することと併存すると指摘されていた。即ち、契約解除との関係を示唆しつつ、「物権」の問題であることが認識されていたのである。

なお理由書では、所有権留保の合意が認められる契約対象の列挙は不必要であり、法的な制限は、草案の一般規定から明らかになるとされていた[15]。

(2)　所有権移転

では問題の場であるとされた物権法では、どのように議論されたのであろうか[16]。物権法においては、動産の所有権の取得に関する議論の中で引渡しとの関連から所有権留保について言及されている。

まず、部分草案と異なり第一草案に条件及び期限付所有権移転に関して規定されなかったことについては、第一草案において採用された原則からすると、占有引渡の必要性又は所有権の概念から何か特別の配慮が要請されない限り、有効な条件の付加又は期限の定めは排除されないからであると説明されている。

既にみたように、条件付所有権移転に関しては、これまでに一定の立法において成文による制限がみられたが、この点に関して理由書は、多くの場合、根本的には質権目的で利用される所有権留保を対象としていること、さらにはこの質権目的の利用から目的物引渡の際の所有権留保が無効とされていたと解している。しかしながら理由書では、担保を調達すべき者が自らの満足が満たされない場合に所有者となり、又は所有者であり続けるというのが契約当事者の意思であるのは明らかであると認定している。但し、その際に目的物価格と残代金債権額という関係を考慮すると、質権者同様の方法で債権的に制限されるべきであると考えられていた。もっとも、草案では、担保権者に有効な条件の下で所有権を帰属させるのか、又は、質権的な担保のみがその目的とされ、それ故に同様の権利が設定されるのかという問題は、個別の場合においてのみ調査が可能であるとしている。

結局、第一草案では、担保供与の目的というだけでは条件付所有権移転を禁止する十分な根拠を認められないと結論づけている。その理由として、条件付所有権移転において質権設定者（買主）の地位を悪化させる質権契約を見出しても、例えば流質契約の禁止等とは事態が異なることも指摘している。

ところで、権利の未確定状態が心配される一定の困難な状態を防止するためには、目的による規制ではなく、条件付所有権移転を一般に認めない方が望ましいのではないかとの疑問が生じる。この問題を解決するためには、占有移転と停止条件の付加は両立せず、第一草案とは異なるがプロイセン及びザクセン法のように、債権的効力のみを有する解除条件とし、物権契約への条件付加は法律（理論）上可能ではあるが承認されないとする必要がある。しかしながら、たとえ停止条件の付加を否定したとしても、第一草案は解除条件の成就についても物権的効力を認めていた（第一草案第一二九、一三五条）。それ故に懸念される権利の未確定状態を防止するには、さらに当事者の意思に反して解除条件の成就は物権的ではなく債権的な効力のみを有すると定めなければならないことになる。ところが第一草案では、このような物権効の排除は規定されなかった。いずれの条件が付加された所有権移転も承認されたのである。

さらに理由書では、このような権利の未確定状態を防止するための規定に対する実際的必要性の根拠は、存在しないと判断されている。このような判断からは、権利の未確定時期には、占有の引渡しの必要性から占有と所有の不一致という結果になるかもしれない。そしてそれは、条件付権原者に関わった第三者に対して、一定の不確定が生じることも明らかである。しかし第一草案では、条件付所有権移転は、他方において実際上の利益に資するものであると判断された。その理由として、条件の付加を認めることは、それが所有権の問題に関して影響を及ぼす未来の不確定の事件であっても、当事者が物権契約そのものを延期する必要がなく、かつ、反対に、希望する担保された状態を調達できるからであるとしている。また、条件付移転を必要とする実際上の利益に関連して、同じような確定困難な状態は法律により定められる法律関係、例えば取消や代理権なしに行われた代理による契約締結等によっても引き起こされ、避けることができないと述べている。

次に、これも既に部分草案で提起されていた疑問であるが、条件の付加は占有を移転する必要性にどの程度調和するのかという問題がある。即ち、先履行として目的物の占有を移転する場合、所有権の移転に条件を付加することがこの目的を達成するための方法として適切か否かということである。

この点につき理由書は、解除条件については占有と所有が一致するから基本的に問題が生じないとしている。しかし停止条件については、占有を先だって許容することが停止条件の性質及び一定の矛盾を含む当事者の意向から生じてしまうので、事態は異なるとしている。草案では、特に当事者の意思を、占有の変更と共に契約の完成が条件の成就まで延期されることであると考えていた。

ところで、担保のための停止条件付所有権移転と同様の効果を達成する手段としては、目的物を所持させせつつ、条件の成就により契約の申込が黙示で当然になされるという方法で拘束される可能性も考えられる。債権契約である売買契約自体を条件に係らしめるのである。したがって草案では、仮に占有の本質から停止条件付所有権移転を不動産の場合（第一草案第八七〇条：BGB第九二五条：Auflassungへの条件又は期限の付加は無効）と同様に排除したとしても、実際上の担保の目的は解除条件及び契約申込を拘束する方法で果すことができることから、問題はそれほど生じないとも考えられていた。もっともここでは、それ以上の本格的な検討はなされていない。

(3)　質　権

質権に関連しては、委員会の議論の結果、占有改定による引渡しでは質権は設定できないことが第一草案第一一四七条に規定された[17]。理由書においては、占有質の原則から占有改定による目的物の引渡しを否定したことが述べられている。さらに、承認した場合には、実際上の危険が密かに、とりわけ破産手続を潜脱するような質権を作り出すのに利用されることが指摘され、刑法的にも問題になると指摘されていた。

第四節　鑑定意見（Gutachten）

第一草案において直接言及する条文が制定されなかったものの、所有権留保に対しては、売買及び所有権取得に必要とされた引渡しとの観点から意見が寄せられた。また、質権及び動産抵当の観点からも多数の指摘がなされている。ここでは、それらの中から司法省により公刊されたものを挙げる[18]。

なお、一部の見解に対しては、経済的弱者の保護に関するものであったことが指摘されている[19]。もっとも、この点は、割賦販売法という形でＢＧＢ制定前にある程度解決されるに至っている。

一　売 買 契 約

第一草案においては、即時の一括払による売買を念頭に置いた規定しかなく、代金が分割される場合の規定が必要ではないかと指摘されていた。

例えば、ケムニッツ商業会議所は、分割行為について割賦払を用いた契約による高利貸的搾取を規制する規定をＢ

ＧＢに設けるよう提案した。これに対して、ドレスデンの貧困者・乞食に対する協会の理事は、警察の取締で十分であると主張した。(20)

二　停止条件付所有権移転(21)

① **Bingner**「理由書の停止条件及び始期に関する考察（Motive Band Ⅲ. S. 338）については、根拠となっている有力な実際上の必要は認められない。可能とされる pactum reservati domini は、実務では必要ない。売主は所有権移転を合意しなくても、単に目的物を貸与すれば十分である。条件付引渡を行ったならば、それにより債権と物権行為を峻別するシステムの長所が過大に損われ、不明確な権利状態を助長するからである。したがって、所有権移転においては、条件及び期限の定めを完全に排除する規定が望まれる。その際に第一草案第八七〇条（ＢＧＢ九二五条・Auflassung への条件又は期限の付加は無効）との違いとしては、事実上発生した引渡を無効とするのではなく、条件又は期限の付加自体が禁止されなければならない。」

Bingner は次の代案を提案している。

第八七四ａ条「所有権移転の際の（停止若しくは解除）条件又は（始若しくは終）期の付加は、無効とする。」

② **G. A. Leist**「条件付所有権移転を承認することには問題がある。なぜなら、停止条件の場合、引渡し（Tradition）は、債権的引渡義務を所有権移転のための有効な引渡しから外見上区別した上で、取得者（買主）を物の支配者に置くという目的を達成できないからである。また解除条件の場合も、その付加が停止条件と同じ内容として把握されるときは、同じことになる。これに対して、引渡しの中に譲渡意思（Übertragungswillens）を認めるとしても、条件付加を承認することは、なお疑問である。

さらに、条件成就に物権的効力を伴う条件付所有権移転は、引渡原則及び第三者が知ることのできない条件付当事者の予約（条件付権利）を考慮して、完全に削除すべきか否かという点について、規定を設ける実際上の必要がないと理由書では認定されているが、この問題は、法実務において条件付所有権移転が必要か否かにより決定されるはずである。もっともこの疑問に対する解答は、所有権の留保において意図されている債権者の満足の要請に他の方法が十分であるときには容易となることから、この点で草案は補われるべきである。しかし、この点につき草案は、売却した物の売買代金を担保するための債権者による所持を伴わない物的担保を認めていない。したがって、結論として、債権を担保するための条件付所有権移転は、理由書第三二七、八二一頁で承認されているのと反対に、質権に関する規定との関連を理由とする動産抵当及び失権約款（lex commissoria）の禁止に屈するものである。[22]

しかし、担保の性質としては、担保目的物への法的な追及権、即ち一定期間に制限された法定質権なのか、又は質権に関する規定に拘束されることのない契約に基づく質権なのかは、決定することができない。」

③　**Cosack**「解除条件及び期限の設置については、プロイセン法同様に物権的ではなく債権的効力のみが与えられるべきである。」

④　**Rieß**「停止条件付引渡に対して草案が述べた見解を擁護する。実際には売主の唯一の担保である所有権留保の形式による停止条件付所有権移転を認めないと困るということが、その根拠である。」

⑤　**Hachenburg**「売買に関して、分割払について規定されなかったことに対して異議を唱える。特に所有権留保については、その弊害のために規定を設けるべきである。さらに承認するとしても、所有権留保は契約の解除として効力を有すること、及び売主による既払分の返還が義務付けられるべきである。停止条件付所有権移転を許容することは、根拠のない考えである。」

⑥　**Rocholl**「理由書と反対に、条文を置くことは正当で必要的である。」

対抗草案において、条件付所有権移転に関する規定である第八七六条を提案している。

「所有権の移転は、停止又は解除条件、始又は終期の付加の下で行うことができる。停止条件又は始期の発生前、同様に解除条件の成就前又は終期の到来後の（宙に浮いた）状態の間は、取得者は、譲渡した所有者の代理人としての所持人とみなされる。」

三　質権との関連(23)

⑦ **Gierke**「草案は形式的である。なぜなら、第一草案第一一六七条（BGB第一二二九条・流質契約の禁止）では、質権契約の際、lex commissoria が禁止されているにも拘らず(24)、『重要な実際の利益（Motive Band Ⅲ. S. 337, 338.）』を根拠として、単に担保目的のために物権効付の条件付所有権移転を承認するからである。(25)」

⑧ **Bähr**「これまで占有改定による質権設定が否定されていたのは、実際上の担保が仮装された質権によって損われてはならないということが不可避の前提であった。ところが、草案では、債権を担保するための条件付所有権移転について、仮装の行為（Simulirtes Geschäft）がない限り異議を唱えられていない。それどころか、法の目的をくじくおそれがあるので〝fraus legis（法を欺くこと）〟の概念の下で禁止されるべきであるにも拘らず、そのような行為は仮装ではなく有効であるとされている。したがって、債権を担保するための条件付所有権移転を禁止しないならば、むしろ動産抵当を承認した方がよい。なぜなら、実際上の利益に広く妥当し、かつ、lex commissoria が禁止されるならば、担保のために利用される目的物は、単に債権者の所有物にされてしまうからである。

さらに、他人に物を売り、かつ引き渡した者は、残代金のための優先権を条項として約定させる権原を有するか否かということが問題となるが、このような優先権は必要である。そしてその際には、既に得た財産ではなく、制限の下で財産の一部にのみ担保を設定することが望ましい。しかし、法律の文言によると質権の留保も動産抵当の禁止に該当してしまうので、同様の場合に質権の設定を所有権留保に代えることになってしまう。

ところが、質権の設定を所有権留保に代えることは、質権留保の形式の担保と比較して当事者にとって大きな不利となる。いわゆる所有権留保付の分割払が濫用されるおそれがあるからである。債権回収の場面において、まだ多くの残代金が残っているとき、売主は、留保してある所有権に基づき目的物を取り戻し、買主に目的物を返還しないだけでなく既払代金も返還しないということがしばしばみられる。もっとも、この点については、目的物の消耗に対する相応の補償を差し引いた上で、履行された分割代金を返還したときにのみ、売主による目的物の取り戻しを認めるということも考えられる。しかし、これは的を射ていない。なぜなら、消耗の額の算定に関しては、かなりの争いが生じざるを得ないからである。」

以上から Bähr は、法律が所有権留保の意義を質権とし、さらに動産抵当の禁止を緩和する限りにおいて、買主に引き渡した目的物への質権の留保を最初から広く認めることで、弊害を取り除くことができるとして、具体的な条文を提案していた。

「動産の質権は、物の占有の移転の下でのみ設定することができる。

債権の担保のために、債務者の物を買戻の留保の下で、物の占有を譲渡人に委ねたままで債権者に譲渡したときは、その法律行為は、占有を移転しない質権の設定同様に当然に無効となる。

例外として、動産の譲渡人は、買主に目的物の占有を移転しても、残代金の担保のためにその物に質権を留保することができる。

同様の場合において、譲渡人が売買代金の担保のためにその物の所有権を留保したときは、そのような留保は、留保された質権としてのみ有効である。」

⑨　**カッセル商工会議所**　「動産抵当を禁じた場合には同様の目的を果すような行為を追求させることになり、買戻付売買の形式が用いられることから、法が定めた法律行為をこのような形で明白に回避することは、ＢＧＢにおいて承認されないことを望む。そして、経済的弱者の利益となる売主の物権的担保の要請を現実の実務が有効とするのであれば、所有権留保の承認よりも、Bähr 同様に動産抵当の禁止を緩和する方が、濫用の危険は遥かに少ない。」

第五節　ＢＧＢ第二草案

一　債務法（ＢＧＢ第四五五条）[26]

(1)　第二委員会での議論

第二委員会の検討において、新たに第四七五ａ条として所有権留保に関する規定が提案され、その議論の中で二つの条文案が提示されていた。

①　**Dittmar**（省参事官・ダルムシュタット）「動産の売主が売買契約から生じる自らの請求権の担保のためにその物の所有権を留保した場合、その物が買主へ引き渡されているときは、不履行による契約の解除を留保したものとみなす」（但し第八七四ａ条として「所有権移転の際の条件の付加は、無効である」との規定が受け入れられた場合[27]）。

②　**Jacubezky**（上級参事官・バイエルン）「動産売却の際、売主が売買代金の支払まで買主に引き渡された物の所有権を自らに留保した場合において、疑わしいときは、所有権は、売買代金の完全な支払という停止条件の下で買主に移転し、かつ、売主は、買主遅滞の場合に契約を解除するということが受け入れられなければならない」（但し副提案は停止条件に代えて解除条件とする）。

結果的には、①ではなく②が受け入れられた。なお、これらの提案の趣旨は、買主に引き渡された目的物の所有権を売主が残代金のために留保した場合の権利状態に関する草案の不明瞭性を埋めるものであった。①は、所有権留保を買主不履行時の売主の契約解除の留保とみなす裁定規定（Dispositivvorschrift）であり、所有権移転の際に付加された条件が有効か否かという物権の審議において解決されるべき疑問を暫定的に排斥するものである。これに対して、②は、はっきりしない場合の解釈規定（Auslegungsregel）であり、売買代金の完全な支払という停止条件の下で所有権が移転するという物権的意義を留保に付け足し、かつ、買主が遅滞する限り契約を解除できることを明らかにしている。また、②の副提案では、所有権留保の物権的効力に関して提案とは反対の推定、即ち、所有権は解除条件的に買主に移転することが主張されていた。

実際上への必要を配慮して、これらの提案された規定により草案が補われることは、重要な意義がある。なぜなら、当事者は、売買契約において、引き渡された物の所有権を売買債務の弁済まで留保するということのみを合意すればよく、その意味や射程を言及することまでは求められないのが通常だからである。しかし、これでは契約の内容からは、何も明らかにすることができない。したがって、当事者意思の不完全性は、裁定規範よりも解釈規定の設置により改善されることになる。そして、このこと、即ち、当事者が内容について明確な合意をしていない場合を補完することが、第二委員会で所有権留保に関する規定が設置された根本的な理由であった。したがって、これまでの所有権留保の本質を巡る議論とは異なること、さらにそれを解決するための根本的な定義付けを目的としていないことは明らかである。

しかし、所有権留保の実際の意義が問題となることは委員会でも意識され、所有権が留保された場合の所有権移転に関する物権的効果と契約への影響という債権的側面を分けて考えなければならないと意識されていた。もっとも、物権の意義は物権の審議においてなされるべきであるとして、債権の検討においては、やはり立ち入らないとされた。但し、既に物権法部分草案において、主に条件付移転はそれ自身矛盾を含むという見解の十分な根拠が示されていたので、第二委員会では、最終的にこの問題に対する判断として、これを適正とするか否かであると考えられていた。したがって、物権法の検討の結果として、所有権移転の際の条件の付加が物権法部分草案のように禁じられたとしても、これは立法的立場からはなお正当であると解されていた。また、この点について第二委員会は、ヴェルテンベルク担保法第一六条[28]を挙げつつ、このような規定による効果の不都合な点は明らかではないとして、むしろ、このように解する方が事物の本性（Natur der Sache）に相応するとも述べている。

さらに第二委員会は、動産については自らが占有するときにのみ債権者の担保として利用できるとする法規定を定めるならば、債権者が債務者に目的物を引き渡すことにより債権者はその物を担保に採ることはできなくなるはずであり、したがってこの場合には、所有権は債権者へ返還されることはないということも、また受け入れなければならないと指摘している。

確かに、所有権移転の際の条件の付加を禁止することは、以前には広く行われていた。これに対して第二委員会では、売買代金が完全にかつ適時に支払われるという所有権移転の際に締結される条件は、完全に正当なものであると判断された。

⑵　第二委員会の決定

第二委員会の決定は以下の理由による。

まず、動産売買において売買代金の支払まで売主が自らに目的物の所有権を留保した場合、引き渡された目的物に関する効果を法律に詳細に規定する必要があるという認識が前提となっている。そして、契約締結時に取り決められる必要があるのだが、現実には争いや疑惑が生じるような不精密で不備のあるものがしばしばみられることから、所有権留保の合意についても第二草案第四六七ａ条（ＢＧＢ第四五四条[29]）が錯誤的な方法で適用されることを防止するために、特別の規定が必要であると考えられた。しかし、当事者の意思は既に契約の内容から確実な程度まで導き出され得るから、契約における不十分な表現を解釈規定の設置により補うことで十分であると判断されたのである。

以上の点から第二委員会は、①の提案は、ただ売買契約から生じる留保の債権的効力を定めるのみで物権的効力を配慮していないことから、不十分であるとして退けた。即ち、①の規定では、不明瞭な状況については扱い得ないと判断されたのである。

また、第一草案の規定により動産の条件付所有権移転は承認されることが出発点となっていることから、委員会は、動産の条件付所有権移転の問題について後に異なる決定がなされるならば、本条においても変更の必要があると認識していた。

しかしながら、第二委員会は留保の物権的意義に関しても若干言及しており、支払ができなくなった買主に対する損失を防ぐために、売却した目的物の所有権を売買債務の終了まで留保するという売主の意図について、誤解してはならないとしている。とりわけ提案された規定が同様に適用されるべき範囲であり、経済的には不可欠に行われざるを得ない代金分割行為については、売主に売買目的物の所有権が完全な支払まで留まらないならば、売主は売買という行為そのものに全く応じないであろうということを認識しなければならないとしている。また、法がこのような売主の権原ある要求に応じないときは、現実には別の打開策、例えば目的物を賃貸借の締結により引き渡す等の方法が見出されなければならなくなると指摘している。即ち、所有権の留保を承認しなければ、改善しようと努力されている経済的弱者である買主の地位は、さらに悪化することになると危惧されたのである。

したがって、以上のような判断に応じた解釈規定が与えられなければならない場合、契約の意味に最大限に合致するのは、解除条件ではなく停止条件付所有権移転ということになる。そしてこのように解するならば、目的物が買主の占有にあるという状況において、②の副提案のように所有権移転を解除条件としたときには、はっきりしない場合の手がかりを何も得ることはできないとされたのである。

以上から、即時取戻しを可能とする権利関係を明確化するための停止条件であり、法定解除権の喪失に関する条文（ＢＧＢ第四五四条）の適用がないことを明確化するための解除権（さらに即時という点から期間設置不要の特別の解除権）が解釈規定の存在理由である。

二　物　権　法(30)

物権法に関する議論では、これまで同様に動産の所有権移転における引渡しに関連して言及されており、第二委員会は、債権を担保するための返還請求（Kondiktion）が用いられた所有権移転の合意について検討している。

第八七四ａ条第二項「譲渡により債権の担保を取得者に提供させる事情が明らかなときは、これ〈占有改定により現実の引渡しに代える〉を適用しない。」

これは、第二草案第八七四条において動産の所有権移転には合意と引渡しが必要であるとされていたが、譲渡人が占有を継続する場合、引渡しは占有改定で代えることを認める内容の第八七四ａ条に関連して提案されたものである。この提案は、むしろ譲渡担保が念頭に置かれていると考えられる。そしてこの関連において、所有権留保についても若干言及されていた。

第二委員会の結論としては、このような条文は規定できないということであった。

まず、第二委員会においても、債務者（譲渡担保設定者）が自らに目的物の占有を留めつつ、債権者（譲渡担保権者）に対し債権の担保を提供するために占有改定を用いて動産の所有権移転を行うことが、現実にかなり濫用されているのは確かであると認定されている。これは自らに占有を留めた動産への質権設定であり、債権者に目的物を引き渡す必要があるという規定（ＢＧＢ第一二〇五条）を回避するものである以上、動産に関する抵当は認められないという原則から、立法者は、債権担保のためのこのような方式の所有権移転の合意に反対しなければならないとしていた。このような方式が利用された場合、別の債権者が債務者（譲渡担保設定者）の信用能力について誤解を招くようなこと等が考えられるからである。

また、裁判においては虚偽表示（Simulation）の観点の下であれ、法律を回避（fraudem legis）する行為の観点の下であれ、そのような所有権移転の合意を現行法に基づいて無効とすることにかなり努力されていると委員会では評価しつつも、ライヒ裁判所の様々な判断は、先述の疑問に関する解決を与えるものではないとしている。したがって委員会は、このような司法の現状からも、不適切な状態を立法によって終了させる必要があると考えていた。

もっとも、この提案された規定では、目的物が現実に引き渡された後に、直ちに譲渡人（譲渡担保設定者）に貸借等を理由にして返還された場合に回避されてしまうことになる。したがって、第二草案第一一九一条[31]に該当するような規定を置かない限り、本条の目的を達成することはできないと考えられていた。もっとも、このような場合はあまり現実的ではないことから、提案された規定の趣旨を全うするには、この規定で十分であると一応の評価はなされていた。その反面、提案された規定から生じる問題として、例えば譲渡人（譲渡担保設定者）が占有改定による合意後に取得者（譲渡担保権者）に現実に物を引き渡した場合等があることも指摘されている。

さらに別の側面として、このような所有権移転の合意は間違いなく仮装の行為（Simulierte Geschäfte）であることが強調されている。即ち、このような合意は取得者（譲渡担保権者）への物的担保の設定であり、当事者の真の意思は、譲渡人（譲渡担保設定者）が占有を継続し、かつ、動産についての担保権を締結することに他ならないのだが、実際には買戻しの留保という法形式に隠されてしまうからである。だが、第二委員会は、このような合意はまさに所有権そのもの（rechtlich Eigentum）を移転し、かつ、取得するという当事者の意思の表明に他ならないと判断している。

ところで、この提案された規定は、所有権移転（物権）とその法的根拠（債権）は無関係であるという重要な原則に対する全くの例外規定にもみえる。第二委員会は、このような例外は差し迫った実際上の必要性によってのみ正当とされると考えていた。その上で、本条の場合は、そのような必要性は認められないと判断している。

以上の点から、委員会は、債権の譲渡担保に関して同様の規定が受け入れられないのなら、提案された規定の正当性はほとんどないと結論づけている。

これらの譲渡担保を念頭に置いた討議から、委員の多くは、第一草案理由書第三巻三三八頁（本書五九頁）において停止条件付所有権移転の可能性に対立して提案された考察は、根拠があるとは認められないと認定した。この認定に対して、その他の委員からの異議は、特になされなかったと記されている。

第六節　ＢＧＢ制定直後の学説の反応

制定されたＢＧＢ第四五五条[32]について、例えばStaudingerコンメンタールの初版では僅か二頁弱の記述であり、既に制定されていた割賦販売法に対応して設けられた規定だと説明されている[33]。当時の出版物においても言及は多くなく、記述される箇所は主に売買及び動産に関する所有権移転であり、また所有権留保はEigentumsvorbehaltよりもpactum reservati dominiiと記されることが多かった。

一　所有権留保の意義

Endemannは、「pactum reservati dominiiは、代金が支払われるまでの有効な法規範としてギリシャ及びローマ法より存在し、フランス法では双務契約に内在する解除条件である。また、相手方が履行しないときは、当事者は遡及効を有しかつ双方に該当する処分を物権的に取り除く"Resiliationsklage（いわゆるlex commissoria tacita：黙示の解除約款）"を有している。」としている[34]。

またCosackは、売買に関する記述の中で、「売買の規定は、契約による変更を受け得る。売主は、買主の履行遅滞の場合のために法的に留保された解除権を契約において確約させる。さらに、この確約は黙示でなされることがあり、それは、動産の売主が売買代金の担保のために物の所有権を留保する場合である。」としている[35]。

このように当時の記述には、ＢＧＢ制定前の状況を受けて、所有権留保の合意は売主の解除権取得であると捉えるものが多かった[36]。所有権留保を債務不履行に因る解除権と捉えた場合、解除権は売買契約に内在されるので、所有権留保が黙示としても成立すると考えられていた点は、当然のことといえよう。

二　ＢＧＢ第四五五条の解釈

Cosackは、ＢＧＢの成立により、所有権留保は解除権の取得ではなく売買目的物の停止条件付所有権移転として理解されることになり、それ故、売主は物権的効力を享受し、買主破産の際には取戻権を有するという利点を挙げている。[37] またEndemannは、買主が所有権を取得し、それを再譲渡することがＢＧＢにより否定されるので、売主の権原ある請求（売買代金請求）への物的な効力の担保として、実際上の信用を損うことのない十分なものであるとしている。[38]

さらに具体的に解説するものとして、Goldmann und Lilienthalは、まず所有権留保の意義を停止条件付所有権移転とした上で、その効力を債権と物権に分けて考察している。債権的な考察の結果、①債権契約は解除可能、②第四五四条は不適用、③債権契約は無条件、④目的物の取戻しは解除権の行使、⑤売主は受け取った代金を返還しなければならない、⑥契約解除なしの取戻しには特別な合意が必要であるとしている。物権的な考察では、①所有権移転は停止条件件の下で生じる、②物の所有者は売主、③買主の先行処分は他人の物の処分となると述べている。[39] また、ＢＧＢの規定では適用外とされた不動産については、ＢＧＢ第九二五条第二項により条件付所有権移転が認められないのであって、当事者間で債権的な取決めとしてなすことは可能であり、所有権返還請求権の仮登記により保護されることも述べていた。[40]

Bermann Babichtは、ＢＧＢへの移行期の問題について検討し、例えばＢＧＢ発効以前の売買契約において所有権留保が合意され新法の下で目的物が引き渡されたような場合は、所有権留保の合意は有効となると述べている。[41]

三　当時の疑問、問題点の指摘

ＢＧＢの規定についてCromeは、条件付所有権移転は買主不履行で成就しないことが確定するのに対し、売買契約は解除の意思表示がなされて初めて解消される点を捉えて、債権と物権の効果が一致していない点を指摘する。さらに当時の判例（RG.7,147）からも、所有権者には清算義務がないことを指摘している。(42)

また、Schmarz は、ＢＧＢ第四五五条は第三六〇条の意味の破棄条項（kassatorische Klausel）の内容を有しているとするのが一般的であるが、第三六〇条と反対に買主の遅滞を要件としているので、これは正確ではないと指摘する。しかし債権的効力は必ずしも物権的効力と同じではないことから、買主遅滞の際、売主は契約を解除することなしに目的物を取り戻すことができるとしている。さらに Schmarz は、所有権留保の実行において、これまでに受け取った反対給付を返還する必要がないとしている。(43) しかしながら、既に一八九四年に割賦販売法が制定されており、当事者の合意又はＢＧＢ第四五五条に基づく権利は修正を受けることになる。具体的な修正は後述するが、修正された場合には Crome 及び Schmarz の指摘は当らないことになる。

この他に、Cosack は、ＢＧＢに対して、ＡＬＲ第二六九条のように、代金支払について期間の定めを要求しなかった点を批判している。(44)

第七節　検　討

一　ＢＧＢ第四五五条に対する評価

ＢＧＢの特徴として、まず、法定解除権の排除を定める規定は適用されず、先履行した売主は法定解除が可能な状態であることを明確化するための解除の規定であり、制定までの解除との本質的な関係ではないこと、次に、失権・解除条件では実際上の強い要請である目的物の即時取戻しの確実性が確保できないという判断が挙げられる。物権的な担保として、質権、所有権の留保、動産抵当が考えられるものの、動産については非占有担保を認めないとの立場から、非占有質又は動産抵当について委員会は否定的であった。むしろ、条件理論から構造は明らかにでき、処分の自由と現実の必要性から担保目的を理由として規制すべきではなく、懸念される第三者の保護は善意取得で対応可能とされた。以上から、当事者が取決めをしていなければ、停止条件付所有権移転と解釈する規定が設けられたのである（即時という点から解除も期間設置不要の特別の解除権）。

制定されたＢＧＢ第四五五条に対する当時の見解は、今日とほぼ同様の見解であり、既にこの時点においても重要な問題点の指摘を伺うことができる。即ち、債権・物権の峻別及びその無因性を厳格に維持するならば、買主遅滞による売買契約の解除と留保されている所有権に基づく返還請求は、何ら関連しないということである。もっとも、所有権移転に関する物権契約に付加される条件が債権関係に基づく売買代金の完済である以上、両方の要素が交錯するために、債権と物権の厳格な峻別を貫徹することは困難であることが予想される。そしてこのことは、既に部分草案の段階から認識されていた。

両者を厳格に分離するならば、先にみたように、残代金債権の担保であるにも拘らず目的物の所有権を留保する結果として生じる不都合、つまり目的物と既払代金の丸取りについて批判されていた。これは、本来は同一の現象である売買を債権・物権に分離したことが原因である。したがって、峻別論を前提としつつ、両者を関連させて処理することはむしろ当然であり、厳格に分離すべきではない。これは、解除権の取得とも把握・構成されることで解消が図られていると解される。さらに、特別の解除権を認めることは、債権レベルで先履行者である売主の特権が承認されていると評価できる（第二編第三章で述べるが債務法改正では特権は否定された）。

また、いわゆる買主の期待権については、立法過程の当初から、拘束（Gebundenheit）という表現がなされおり、これと関連して大島教授は、条件に関する規定の検討において第二委員会の段階で明確な「期待概念」が採用されたとしている。(45)

もっとも、委員会においては、買主の権利から生じる拘束というよりは、自らが締結した契約から生じる自縛的拘束として当然と捉えられていたようである。また、所有権留保を停止条件付所有権移転における当事者の権利関係から検討することは、両者が重なって初めて可能となる。確かに、ＢＧＢ制定以前においても条件の効力について考察する際に停止条件付所有権移転の代表的な事例として、所有権留保の問題が論じられてきた。しかし、条件の成否未定の間の買主の期待については、ＢＧＢでの立法化は回避され、その後の展開に委ねられた(46)。したがって、次章でみるように、ＢＧＢ制定以降、それまでの条件理論の蓄積と結合して当事者の実体的権利の解明が試みられているのである。

二　質権及び譲渡担保との関係

しかしながら、委員会のように解した場合であっても、目的物の占有は買主又は譲渡担保設定者の下に継続し続けるので、所有権を持たない買主又は譲渡担保設定者による目的物の占有を他の債権者は信用できないことに変わりはない。したがって、実際上の要請から停止条件付所有権移転を承認するのであれば、鑑定意見にみられたように論者によっては、非占有担保を認めた方がよいとの主張も首肯し得る。また、動産担保権（換価権）として構成するならば、懸念されたいわゆる丸取りも回避できることになる。

では、何故、価値権・優先弁済権とされなかったのであろうか。これまでの制定過程からは、実質的な理由として、以下の点が指摘できよう。

第一に合意（当事者意思）解釈の問題である。即ち、「代金完済まで所有権を留保する（代金の完済により所有権が移転する）」との合意が質権類似の機能を目論むことは歴史的にも見解として一致している。ところが、目的を達成するために選択された手段は条件付所有権移転であるから、直ちに質権設定の合意と解することはできない。したがって、可能性としては、①理論的考察により停止条件付所有権移転はまさに質権として法律構成されるとの論拠を提示すること、あるいは、②当事者意思をまさに質権設定であると解釈すること、が必要となる。

①については、後述するBlomeyerが占有なき流質権となることを未確定理論を用いて理論的に構成したが、ＢＧ

B制定後の見解であり、見解自体も一般的に受け入れられているわけではない(47)。②については、特に、利用される状況によっては、まさに質権設定と認識できることも考えられる。この問題は、そのような認識が可能なのか、即ち停止条件付所有権移転の合意の中に質権設定の合意が見出せるのかという問題に集約される。この点につき、第一草案理由書は、認識の可能性が「どういう状況であれば見出せるか明らかにされてこなかった」ことを指摘している。また、利用実態における個別調査の必要も指摘されていた。しかし、残念ながら公表されている資料においては、それ以上立ち入られていない。もちろん、質権として解釈可能な状況が確定されたとしても、どのような内容の質権なのかは、Leistが指摘したように問題となる。先行するならば、わが国では以上の問題を抜きにしたまま類推適用を志向しているのである。

第二に整合性の問題である。停止条件付所有権移転を質権設定と構成あるいは解釈できるとしても、他の原則、理論との整合性はどうするのか、例外として承認するかという問題である。

売主が所有権を持つ場合、Bährが指摘するように、確かに、売主による買主の既払分と目的物の丸取りのおそれがある。また、停止条件付所有権移転構成を採った上で清算義務を課したとしても、消耗分の算定が困難となる。損害金やそれまでの利用料に既払分が当てられることも考えられ、買主が本来支払うべき残代金額以上の負担を強いられることにもなりかねない。したがって、残代金のための優先権として質権の留保を初めから承認した方がよいとの判断も十分な説得力を有する。つまり、第一の問題として質権設定として解釈できるならば、例外として、売主は質権を有するとの構成も可能であったはずである。

以上の二点の問題ついて、制定過程では、第一の問題については、当事者の意思はまさに所有権そのものを留保するものであり、所有権留保の合意を質権の留保と解釈するには決め手に欠けると判断された。第二の問題については、停止条件付所有権移転に質権の機能があるのならば、例外として、担保権として規定する必要はないと判断されたと分析できる。特に第一の問題に関しては、既に部分草案の段階でかなり詳細に検討されていた。そこで、委員会は、

Johow の指摘を容れつつ、反対の方向、即ち確かに質権類似の効力があるが、換価権ではなく、目的物を取り戻すための物権として所有権そのものの留保であり、仮装の行為ではない、として概念化したのである。

第三に、以上とは全く別の観点として、政策的に売主に非占有質権たる法定質権を整備するということも考えられる。即ち、解釈として、あるいは整合性から質権とすることは採り得ないとしても、政策的に担保権を与える方法である。そして、このような観点から、ＢＧＢでは占有要件を緩和又は不要とした法定質権が整備されたのである(48)。しかし、残念ながら、動産の売主に関して、何らかの権原を有する可能性は示唆されつつ、この方法が具体的に検討された形跡を見出すことはできなかった(49)。消極的にせよ先履行者への物権レベルでの特権は不要とされた。

質権的な構成が採られなかったことについては、ＢＧＢが教科書的であると非難されていることからも、条件付所有権移転を承認し、さらに占有質の原則を維持するという前提から、構成及び理論的整合性を保つためとも考えられる(50)。また、ＢＧＢでは実際の必要性よりも公示の原則が優先したとも指摘されている(51)。その点では、根本的な検討は回避されたともいえる。

しかし、歴史的経緯からは、合意の意図は、残代金債権を被担保債権として換価権及び優先弁済権を主張する方法ではなく、取戻し、とりわけ買主破産時における手続を要しない目的物の早急な取戻し（引揚げ）、即ち目的物を債務者の財産から分離した上での独占であった。確かに、ＢＧＢ制定過程では明示的には破産の問題が正面から論じられていない。しかし、既に破産法が先行し取戻権の範囲は実体法の問題として投げかけられていたのであるから、まさに実体法の問題として破産時の取戻しがＢＧＢで承認されたことに注意する必要がある（後の改正については第二編）。したがって、残代金債権の回収が最終目的ではあるものの、手段的な意味では、被担保債権は目的物の返還請求権であり、特別の解除権となる。結局、この点から、ＢＧＢにおいては所有権留保を担保権として法律構成することは否定されたといえよう。

小　括

各ラント法典の多くは、当事者間の所有権留保の合意を遡及効のない債権的な解除権と定めていた。したがって物権法部分草案においてもこの見解は踏襲され、動産の条件付所有権移転は排除されるべきであると考えられていた(善意取得の規定がなかった)。しかし、第一委員会の討議においては、一般的に法律行為に条件を付けることが承認されていること、また実際的な利用価値が存在することを理由として、部分草案の規定は採用されなかった(懸念に対しては善意取得の規定で対応する)。

この第一委員会の傾向はその後も引き継がれ、ＢＧＢ第一草案理由書においては、一定目的の場合において効力を制限するという必要性も認められず、代金完済までの予想される不確定な権利状態は取消や無権代理の場合においても発生し得ると説明されている。もちろんこのような見解に対しては様々な意見が寄せられ、多くは条件付所有権移転において物権的効力を承認することへの問題を述べるものであり、売主のための非占有担保権を規定する方が望ましいというものもあった。

しかし、様々な指摘にも拘らず、第二委員会においては、条件付所有権移転が承認された。さらに、所有権留保については、具体的内容が合意されていない場合は解釈の指針が必要であることから、停止条件付所有権移転と解釈する規定が設置されることとなった。解除条件とする提案については、停止条件とする方が実態に即し、かつ、買主の立場を弱体化させないということを理由に退けられた(52)。同時に売主の解除権も規定されているものの、先履行者の法定解除権を排除する第四五四条の適用場面ではないことを明確化するためであり、それまでの本質的な問題に基づいているわけではない。第二委員会の判断について注意が必要なのは、それまでの本質的な議論と異なり、単なる解釈の指針が問題とされた点である。

制定過程においては、所有権留保の性質について、特に質権との関係がかなり意識されていた。代金未回収の売主は優先的に保護されるべきであるとの意図からは、どのような手段にすべきかは検討の余地があった。即ち、非占有質権、法定質権、及び動産抵当権として規律していくことも考えられるからである。しかし、質権設定の合意が見出せるか否かという問題設定がされつつも、結局、委員会では当事者の物権的合意を根拠にして「停止条件付所有権移転」という法形式が採用されることとなった。結論としては、立法過程において何らかの形で担保権として規定しようとする動きは、第一草案に対する鑑定意見を除き、見出されなかった。

結局、それまでと異なり債権と物権を峻別する制度を採用したことが、単なる解除権の設定ではなく、物権法レベルでの所有権留保の承認に結びついた。しかし、同時に、物権行為は債権行為の影響を受けないとの立場を採ったことからは、債権レベルの問題と物権レベルの問題を如何に解するかという困難な問題が生じている。したがって、BGBにおいては、必ずしも根本的な問題が解決されたわけではない。

制定過程において、所有権留保の問題について言及されていた理論的な論点、疑問点の主なものは、以下のようなものであった。

① 先行する目的物の引渡しとその所有権移転への条件の付加は、両立するのか。また、これは意図と行動の矛盾ではないのか。
② 占有の取得は法律行為か準法律行為か。
③ 占有移転は条件の付加になじむのか。占有の性質は条件付占有を許容するのか。
④ 法律行為に条件を付加することを一般に承認しつつ、質権に関する規定を回避する目的であることを理由に条件付所有権移転を制限することは妥当か（質権設定の合意が見出せるのか）。
⑤ 停止条件か又は解除条件かは当事者の意思の問題であるが、規定を定める際にいずれが採用されるべきか。
⑥ 質権設定において引渡しに占有改定を用いることを禁止しつつ、条件付所有権移転を承認することは妥当か。
⑦ 占有質の原則という要件を緩和し、質権又は動産抵当とすることへの現実の必要性があるか。

また、批判にも拘らず、解釈規定として停止条件付所有権移転及び特別の解除権という形式が採用された根拠として挙げられているのは、以下のようなものであった。

①　物権契約において条件を付加することができる。
②　取消や無権代理など権利関係が不確定な事例は他にもある（善意取得で対応する）。
③　解除権による債権的な権利では現実の必要性に十分ではない。
④　自らの満足が満たされない場合には、債権者が所有者であり続けるのが当事者の意思である。
⑤　物権契約そのものが延期されることなく、かつ担保された状態を調達できる。
⑥　特に割賦販売の場合は、買主が売買契約自体に応じてもらえなくなるおそれがある。
⑦　即時取戻しのための権利の明確化という点で停止条件が優れており、ＢＧＢ第四五四条の適用場面とは異なるために解除権の規定を置くことが望ましい（即時という点で期間設置不要の特別の解除権）。

ここまでは、担保的効力と採用された法形式の関係を歴史的に探求してきた。その結果、ＢＧＢ制定においては先履行者への物権レベルでの特権が採用されなかったため、担保的効力の直接的内容は、換価権ではなく「目的物の即時取戻し」のための「物権」の確保であり、採用された法形式は「停止条件付所有権移転・特別の解除権」であった。しかしながら、これで問題が解決されたわけではなく、条件成就前の権利状態等の残された問題が多いこともまた明らかになった。したがって、次章では、ＢＧＢ制定後の展開として学説と判例を検討する。

（1）　本章の内容は、基本的にはこれまでに公表された立法資料を反映するものであり、参照文献を挙げておく。部分草案については、Redaktoren, Allgemeiner Teil Teil2, S. 243, Sachenrecht Teil1, S. 769-786。第一委員会をはじめとする議論については、Beratung, Recht der Schuldverhaltnisse Ⅱ, S. 111f., Sachenrecht Ⅰ, S. 586ff.。第一草案理由書については、Motive, Band Ⅱ, S. 319, Band Ⅲ, 337ff.。鑑定意見については、Gutachten, Band Ⅱ, S. 224f., Band Ⅲ, S. 160f. 380f., Band Ⅵ, S. 371, 563。第二委員会については、Protokolle, Band Ⅱ, S. 1755ff., Band Ⅲ, S. 3687ff.。これまで所有権留保の立法過程に

ついては、米倉明『所有権留保の研究』新青出版（一九九七年一月、初出「流通過程における所有権留保」法学教会雑誌八一巻五号（一九六五年一〇月））二四頁注五、大島和夫『期待権と条件理論』法律文化社（二〇〇五年一〇月、初出「条件理論の歴史的考察」（一九七九年一二月））七九頁、石口修『所有権留保の現代的課題』成文堂（二〇〇六年三月、初出「ドイツ法における所有権留保の対内的関係」エコノミクス第六巻三号（二〇〇二年二月））の第四章に紹介されている。

（2）BGB立法過程自体については、石部雅亮「外国法の学び方―ドイツ法一一・一二」法学セミナー二四〇号（一九七五年六月）一二七頁・同二四二号（一九七五年八月）一五九頁、平田公夫「ラスカー法の成立と準備委員会の設置―ドイツ民法典成立史に向けて（一）・（二）」法學會雑誌三〇巻二号（一九八〇年一一月）二三頁・同三四巻四号（一九八五年三月）九三頁、同「ドイツ民法典を作った人々（一）～（三・完）」岡山大学教育学部研究集録五六号（一九八一年一月）六三頁・同五八号（一九八三年一〇月）二三頁・同六〇号（一九八五年七月）二八一頁、同「ドイツ民法典編纂過程の諸特徴」法學會雑誌四五巻四号（一九九六年三月）一〇一一頁などの文献を参照した。

（3）不動産に関して、その立法経過を若干説明しておく。

まず、部分草案では、不動産の所有権移転のためにはAuflassung及びその登記が必要であると規定されており、条件又は期間が定められたAuflassungは認められていなかった。但し、Auflassungの権利として仮登記するということが考えられていた。

第一草案では、停止条件付Auflassungは承認されなかったものの、解除条件付Auflassungは承認されることになった。停止条件付Auflassungが認められなかった大きな理由として、登記原則と一致しないことが挙げられる。即ち、草案が前提とする登記システムでは、総ての法律行為が登記されない限り、停止条件付Auflassungの場合の正当な所有権という情報を登記簿に保障し得ないからである。所有権の移転が「あったこと」の登記制度では、Auflassungに停止条件又は始期が定められたときは、所有権は条件の成就又は期限の到来により移転する（又はそれまでは移転しない）ということであるから、整合性を保つことができないのである。また、この場合の仮登記の利用もできないとされた。

第一草案第八七一条は、物権法部分草案第一一七条を修正し、解除条件付Auflassungは有効としている。第一草案では、第一二九条が解除条件に明確に物権効を授けていることからも、解除条件としての不動産所有権留保が認められている。この場合は停止条件付Auflassungと異なり、登記簿上も譲受人が所有者として登記されることになり、実体法に合致することから承認されたようである。また委員会は、第三者の保護について、登記簿の所定の場所に解除権を負担として登記することで図ることができるとしている（Motive, Band Ⅲ, S. 318ff.）。

第二草案においては、重要な変更がなされた。委員会では詳細な検討がなされたようであるが、停止条件の内容を解除条件として約定し得るという委員会の判断から、結論としては物権効を持つ不動産所有権留保は承認されないとされた。但し、債権的請求権を保護するために再び仮登記が導入されることとなった。したがって、Übereignungに関する人的請求の仮登記により十分担保されるので、買主は解除条件に基づいて即時に登記しておく必要がなくなった。さらに委員会では、売主は、Auflassungを売買代金が担保された後にすればよいとも考えていた（Protokolle, Band Ⅲ, S. 3618ff.）。

（4） 総則の部分草案を担当したのは、バーデン司法省の参事官のAlbert Gebhard（1832-1907）であった。彼は、フランス法にも通じ国際私法の起草も任されていた。第二委員会においても委員として総則を担当している（平田・前掲「ドイツ民法典を作った人々（二）」二六頁）。

（5） 条件成就による遡及効及び物権効などの問題については、Gottfried Schiemann, Pendenz und Ruckwirkung der Bedingung, 1973, S. 73, Bohlau（以下Pendenzと記す）、大島・前掲書が詳細に検討している。本書もこれに負うところが大きく、史的考察において大島・前掲書は必読である。

（6） 物権法の部分草案を担当したのは、Reinhold Heinrich Sigismund Johow（1823-1904）であった。彼はベルリンの上級裁判所判事であり、第一委員会の議長であったPapeの死後一八八九年九月には議長を引継いでいる。また、物権法と共にドイツ帝国土地登記法草案も起草し（一八八八年）、強制執行法草案（一八八九年）にも決定的に関与していたとされる（平田・前掲「ドイツ民法典を作った人々（二）」二七頁）。以下の記述は、Redaktoren, S. 769-786及びS. 798の内容である。

（7） 代表としてGoldschmidtの見解が引用されている（Redaktoren, Sachenrecht, S. 776）。

（8） Maaßは、物権法部分草案においては失権として構成されたと指摘する（Martin Jürgen Maaß, Die Geschichte des Eigentumsvorbehalts, insbesondere im 18. und 19. Jahrhundert, S. 314ff, 2000, Peter Lang）。

（9） Werner Schubert, Die Entstehung der Vorschriften des BGB über Besitz und Eigentumsübertragung, 1966, S. 148, Walter de Gruyter.

（10） 以下の記述は、Redaktoren, Sachenrecht, S. 1810f. の内容である。

(11) 329. Situng 30. 5. 1884.（Beratung. Sachenrecht. S. 586ff.）による。
(12) 物権法部分草案第四三五条は、既にみたように占有改定に関するものであり、第四五〇条は、債務が支払われない場合に質物の所有権が債権者に帰属するという契約が担保される債権の満期前になされた場合は無効であるとして、いわゆる流質契約の禁止を定めていた。なお三潴博士は、理由書のこの部分の記述から、所有権留保は譲渡された物の上の特別の担保権ではないと主張されている（三潴信三「所有權留保論（承前）」法学協会雑誌三五巻五号（一九一七年五月）六八頁）。
(13) 410. Situng vom 18. 2. 1885（Beratung. Sachenrecht. S. 843f.）.
(14) Motive Band Ⅱ, S. 319.
(15) 第一草案第三四四条以下（ＢＧＢ第三〇六条（不能な給付）以下）を一般規定として挙げている。
(16) Motive Band Ⅲ, S. 337ff.
(17) Motive Band Ⅲ, S. 801f.
(18) 以下の内容は、Gutachten に掲載されているものである。なお各論者の紹介及び直接の文献などは、Gutachten Band Ⅵ 巻末にまとめて掲載されている。
(19) Gottfied Schiemann, Pendenz, S. 135. 大島・前掲書八五頁。
(20) ケムニッツ商業会議所についてはGutachten Band Ⅵ, S. 371に、ドレスデンの貧困者・乞食に対する協会についてはGutachten Band Ⅱ, S. 224f. に記載されている。
(21) ①乃至④についてはGutachten Band Ⅲ, S. 160f. に、⑤及び⑥はGutachten Band Ⅵ, S. 563に掲載されている。
(22) 理由書（Motive Band Ⅲ）三二七頁はＢＧＢ第九二八条（不動産所有権の放棄と先占）に関連して利害を有する第三者の保護を、八二一頁はＢＧＢ一一二九条（流質契約の禁止）に関連して特に占有改定が用いられた解除条件付所有権移転は該当しないことを述べている。
(23) 以下の内容につき、⑦はGutachten Band Ⅲ, S. 381に、⑧及び⑨はGutachten Band Ⅵ, S. 583ff. に掲載されている。
(24) Motive Band Ⅲ, S. 801.
(25) Gutachten Band Ⅲ, S. 380f. Wernick も同様の見解であった。
(26) Protokolle Band Ⅱ, S. 1755ff.

(27)　なお、第二委員会の討議においてDittmarは、①の提案につき「自らの請求権の担保のために」を「売買代金の支払まで」に、及び「不履行により」を「買主が支払を遅滞した場合に」に置換えることを了解したことを表明している。

(28)　Württemb. Pfandentwickelungsgesetz. v. 21. Mai 1828, Art. 16については、第一章第二節を参照。

(29)　BGB第四五四条は、売主が契約を履行し、かつ売買代金を猶予した場合は売主は法定解除権を失うという規定であり、代金支払を猶予した売主が買主の履行遅滞に因り契約を解除することは相反するという考えが基になっているとされている。自ら履行の猶予を認める以上、履行が遅れたことを理由とする解除はできないというローマ法の原則に基づくものである。

(30)　Protokolle Band Ⅲ, S. 3687ff.

(31)　BGB第一二八四条［異なる合意］（債権質に関する条文）

「第一二八一条乃至第一二八三条の規定は、質権者と債権者が別段の合意をしたときは、これを適用しない。」

(32)　帝国議会第一二委員会において、Gröberによって、所有権留保を規定する第四四九条に関連して、第四九九a条が提案された。その内容は、「売主の営業する場所において買主に出されたアルコール飲料の売買に基づく請求は、買主が飲物の提供の時までに同種の以前の債務をその債権者に未だ支払っていないときは、司法上有効なものとなし得ない。このような訴えることのできない請求を履行させる目的の合意、特に債務承認、質及び保証契約は、拘束力の根拠とはならない」というものであった。

一八九六年三月四日のHellerによる報告では、このGröberの提案した第四四九a条は、アルコール中毒の止めどのない広がりを民法の範囲で押えるという必要性に基づくものであると説明された。即ち、前の飲代が未払のときは、売主（店）側に新たな飲代の請求を認めず、またその債権の担保及び保証も司法上認めないという圧力をかけることで、売主に各債権の即時の回収を要求するのである。したがって掛売りは不可能となり、ひいては無制限の飲酒の可能性が減少し、アルコール中毒者が減るということを考えたと思われる。また、この提案は有益な効果を持つオーストリア法を模倣したものであるとされ、Struckmanは、この提案の根拠は承認すべきであると認めていた。しかしこの提案は多数で否決された。その根拠は、提案された規定は実際には実行できないであろうということ、及び他の規定、特に営業取締の種類で補われる方が適切であるとの判断がなされたようである（Beratung. Sachenrecht. S. 112）。

(33)　Staudinger Kommentar zum Bürgerlichen Gesetzbuche Bd. II, 1901, S. 196.

(34) Endemann, Studium des Bürgerlichen Gesetzbuchs, 1898, S. 707. Fn8. Carl Heymanns.
(35) Konrad Cosack, Lehrbuch des deutschen bürgerlichen Rechts, Bd. I, 3Auf. 1901, S. 456. Gustav Fischer.
(36) 同様の記述として、Carl Crome, Deutschen Bürgerlichen Rechts, Bd. II, 1902. S. 412ff., I. E. B. Mohr.。
(37) Konrad Cosack, a. a. O., S. 456.
(38) Endemann, a. a. O., S. 707.
(39) E. Goldmann und L. Lilienthal, Bürgerliche Gesetzbuch, Bd. I, 2Auf. 1903. S. 516f., Franz Dahlen. 同様の記述をするものとして、Otto Georg Schmarz, Das Bürgerliche Recht, Bd. I, 1909. S. 547ff., Carl Heymanns.。
(40) E. Goldmann und L. Lilienthal, a. a. O., S. 516f. ; Carl Crome, a. a. O., S. 412ff. ; Otto Georg Schmarz, a. a. O., S. 547ff.
(41) Bermann Babicht, Bürgerlichen Gesetzbuchs auf zuvor entstandene Rechtsverhältnisse, 1900, S. 247ff., Gustav Fischer.
(42) またCromeは、所有権留保付売買契約とは別に目的物の引渡に関する合意が必要であり、さもなければＢＧＢ第九二条により所有権が移転してしまうとしている（Crome, a. a. O., S. 412ff.）。これは、条件が付いているとはいえ所有権移転の合意と目的物の引渡がなされた以上、所有権移転の要件を満たしてしまうからと考えたようである。
(43) Otto Georg Schmarz, a. a. O., S. 547ff.
(44) Konrad Cosack, a. a. O., S. 456.
(45) Gottfried Schiemann, Pendenz, S. 137. 大島・前掲書八七頁。
(46) Gottfried Schiemann, Pendenz, S. 138. 大島・前掲書一〇〇頁。
(47) Arwed Blomeyer, Studien zur Bedingungslehre, 1938/39, de Gruter; Eigentumsvorbehalt und gutgläubiger Erwerb, AcP 153（1954）S. 23; Die Rechtsstellung des Vorbehaltskäufers, AcP 162（1963）S. 1939.
(48) ＢＧＢは占有質の原則を採用しているものの、政策的に一定の配慮が必要であると認められる場合には、法が自らこの占有要件を緩和又は不要とした質権である法定質権を認めている。わが国の民法典の賃貸借、旅店等に関する動産の先取特権は以上のような法定質権として規定されたものとされている（柚木馨＝高木多喜男『担保物権法［第三版］』（一九八二年九月）四二頁）。
(49) 法定質権の規定は、社会的要請から占有質の要件を緩和することで規定されたものの、一般に何らかの形で債権者の支配圏にある動産に認められることで、公示の原則を維持することに努めていると解されている。例えば、旅店にある債務者の荷物などがよい例である。売買においては、目的物が明らかに買主の支配下に入ってしまうことから、占有の要件を緩和あるいは不要とする法定質として規定することは困難であったと予想される。

(50) 動産売買の売主のための法定質権がＢＧＢ及び特別法において規定されなかった以上、売主の売買代金回収の手段としては、代金債権に基づく差押を提起して、強制執行を求めることになる（ZPO § 803）。それにより売主は、差押による質権を得て、法律行為に基づく占有質同様の保護を得るが、破産の場合については、同様の保護は与えられないと規定されている（ZPO § 804）。

この点につき、破産法第四九条第一項第二号は、法定質権及び差押による質権について法律行為による質権者と同様にすると規定しているが、この規定により占有質を与えられるのではなく他の債権者に対する関係において占有質権者と同様の地位を受けることができるのみと解されている。また、破産法を改正し成立した倒産法においても、第五〇条により差押えによる質権及び法定質権は法律行為による質権と同様とすることが規定されている。

(51) U. Hübner, Zur dogmatischen Einodnung der Rechtsposition des Vorbehaltkäufers, NJW 1980, S. 731.

(52) 前提である当時の経済状態を無視して検討することはできないが、第二委員会に対する評価としては、買主の保護を考慮してはいるものの、客観的にはやはり売主の側によっているとされる（大島・前掲書八六頁）。

第三章　ＢＧＢ制定以降

前章までは、そもそも解除（条件）か停止条件か等、法律構成に関してラント法やＢＧＢ制定過程における議論を確認した。本章では、ＢＧＢで採用された「目的物の取戻し」のための「物権」を確保する手段としての「停止条件付所有権移転」及び特別の解除権という点を前提に、停止条件とした場合の問題、特にＢＧＢ制定過程において保留された条件成就（代金完済）前の権利状態につき、学説と判例を基に当事者の実体的権利がどのように捉えられているのかを明らかにする。(1)

第一節　学説の展開

一　条件理論との関係

(1)　「期待」と「条件に係る将来の権利」の関係

所有権留保を停止条件付所有権移転として構成するならば、条件付法律行為に関する考察を踏まえた上で、所有権留保に関する見解に触れる必要がある。なぜならば、条件に関する考察なしに所有権留保の学説のみを検討したならば、ただ単に「条件について特殊な見方をしている説である」との単純な結論に達しかねないからである。また、本書の視点からも、採用された法形式に内在される効力の基礎として、条件付法律行為の問題は避けて通ることはできない。

では、条件理論において何が問題とされているのか。ＢＧＢ第一五八条[2]によると、停止条件付法律行為においては、条件が成就するまでは譲渡人に権利が帰属している。したがって条件成就前の譲渡人が第三者に対してなした処分（中間処分）は、権利者の処分として有効となる。しかし、一方でＢＧＢ第一六一条は、このような譲渡人の中間処分は条件が成就すると無効になると規定している。この二つの条文は、どのように解すべきなのであろうか。

このＢＧＢ第一六一条に対する第一草案の見解では、「普通法の通説に従ったものであり、中間処分が後で無効になるのは、条件付権利状態において、譲渡人の処分権に一定の拘束が存在するからである」とされていた[3]。それならば、譲渡人に存在する拘束とは、どのようなものであろうか。条件付権利についてはローマ法以来の長い論争がありＢＧＢ制定当時の普通法学上の概念の範囲内で立法化が行われたわけであるが、ＢＧＢでは両規定の関係は明らかにされていなかった。

また、それまでラント法で否定されていた所有権留保の規定がＢＧＢに設けられたことから、買主には、条件が成就するまでの間、条件を成就させることにより所有権が取得できるという期待が存在するとされることになった。しかし、この買主の期待については、条件理論との関係から、ある疑問が生じる。それは、この期待と条件成就により取得される権利との関係である。つまり、この期待がやがて実現して所有権となるのか、あるいは期待は成就（所有権の移転が実現）すれば消滅するのかということである。即ち、期待とその実現後の権利との関係において、連続性、同質性があるのかということである。この問題は、ローマ以降議論されてきた問題であり、「期待」と「条件に係る将来の権利」を別のものとして捉えるか、又は同じものとして捉えるかで、大きく見解が分かれている。

学説では、ＢＧＢ制定前から「期待」と「条件に係る将来の権利」の効力を一体として捉える傾向が強くなり、その後、この両者の関係の捉え方について、大きく分けると歴史的に三つの考え方が存在した。第一は「条件成就の際に本来の権利が遡及する効果である」とするフランス民法の考え方、第二は「期待は将来取得される権利そのものであり、ただその存在が未確定で十分に知られていないだけである」とする考え方、第三は「期待は将来取得される権利の前段階効力である」とする考え方である。[4] ＢＧＢ及びその影響を強く受けたわが国においては、第一の条件の成就による遡及という考え方は採用されていない。したがって、本書では第二、第三の考え方を中心に検討する。

条件理論についても根本的な検討を要するが、これらの条件についての研究は、既に詳細なものが存在している。[5] そこで、ドイツ普通法以降の条件付法律行為の効力に関する見解については、これらの研究を基に検討する。

(2)　一九世紀の学説の展開

今日では、ローマにおける条件の成就による遡及効という考えはBartolosの作り出したものであるということが承認されている。しかし普通法の時代には、遡及効がローマ法源から引き出せると信じられており、また非占有質や所有権留保における中間処分を排除するために、便利なものとして利用されていた。

①　W. Sell (1839)[6]

「物権的合意 (Einigung) が条件成就前に一定の拘束を生み出し、中間処分があれば損害賠償責任を問える。さらに条件成就による遡及効によって、中間処分は無効にされる。」

Sellは、債権行為 (義務負担行為) と無因の物権行為を峻別した。これにより、売買法に分離主義 (Trennungsprinzip) が持込まれることとなった。[7]

一九世紀前半までの学説では、条件成就前の効力について、基本的には条件成就による遡及効で捉えられていた。条件成就の際に発生する法的効果の基礎を条件成就それ自体にではなく、法律効果の着手時に既に付与されている意思表示に求め、それ故に法的効果は意思表示付与の時点まで遡及すべきであるとされていたのである。また、ドイツ同様にローマからの継受を受けたフランスにおいては、Pothierにより、この遡及効が有力に主張され、それがフランス民法典に第一一七九条として採用されることとなった。[8]

一九世紀後半になると遡及効について根本的に検討され始めた。そしてこの議論が、ＢＧＢ成立過程に、具体的には遡及効概念の否定として、大きな影響を与えた。

② **B. Windscheid**（1851）[9]

「条件の規律は、理論的に表現された当事者の意思によってのみ決定されるべきである。したがって、当事者の"wenn"という意思表示の内容確定が重要である。"wenn"の内容は、条件的意味のものと、時間的意味のものに分けられる。前者は希望が中心であり遡及効と結びつけることができるが、後者は法律行為の効力に期限を付けることが内容であり、遡及効とは結びつかない。ローマ法源の正しい認識によると、条件は期限に類似した時間的意味で捉えられていたので、停止条件は如何なる遡及効も持たない。」

このWindscheidの見解がBGB第一五八条の基になった。しかし、遡及効の否定により、改めて中間処分の効力を説明する必要があった。この点についてWindscheidは、契約当事者の意思表示により、直ちに債権的拘束力が生じ、これによって解除も許されなくなるとした。しかし、この意思の拘束（Gebundenheit des Willens）だけでは、中間処分がなぜ無効になるのか説明できない。結局この点をWindscheidは、説明することができなかった。依拠していた学説編纂（Digesta）に矛盾があったためである。[10] したがって、ローマ法源からは、条件付処分の規律が引き出せないこととなった。

③ **H. Fitting**（1856）[11]

Fittingは、伝統的遡及効概念（Rückwirkung）ではなく、新たな遡及効概念（Rückziehung）を追究し、それは当事者の意思の結果ではなく、一つの法則であるとした。

「条件成就は、条件付法律行為の効力を発生させるのではなく、条件付法律行為によって既に発生した諸権利を認識させるに過ぎない。遡及効とは、このような条件成就という後の事件が、それまでの法律関係を支配していた不確かさを取り除くことを指す。条件成就前の法律行為の効力と、条件成就後の効力は一体のものである。」

さらにFittingは、遡及効（Ruckziehung）に似た前段階効（Vorwirkung）という概念を創設した。

「遡及効の場合に条件付法律行為は、行為締結のときから直ちに効力を発生させるが、前段階効の場合には、条件が成就して初めて発生する。しかし前段階効においても、条件成就前に、"Gebundenheit der Sache（物の拘束）"が存在し、それが中間処分を無効にする。」

この前段階効は、まさしく条件付権利の条件成就前の姿であり、またこの遡及効概念も後の未確定理論と異ならないともされている。(12)

④　**R. v. Jhering**（1865）(13)

Jheringは、要件事実の存在と法的効力の発生は同時でなければならないという同時性の原則（Grundsatz der Simultanität）をローマ法源の中に発見し、条件付債務においてもこの原則が貫かれていると考えた。

「条件付債務においては、要件事実は順次発生し、条件成就により全要件事実が完成し、そこで法律行為が完了し、法的効力が生じるのである。これを法律行為の順次的発生（sukzessiven Entstehung des Rechtsgeschäfts）と呼ぶ。この全要件事実が完成するまでの中間段階においても、条件付法律行為に一定の効力を認める。また、権利には、一般に積極的側面と消極的側面が存在する。積極的側面は、いずれ権利者のための権利となるような法的地位であり、権利者にとってその諸効力が権利の積極的効力となる。消極的側面とは、権利者のための権利の効果である。積極的側面が一時存在しない場合に、無傷の権利の存続を保証し、後の権利の取得を可能にさせることが、消極的側面の役割である。したがって、積極的効力のない消極的効力は、未だに権利主体の存在しない、物の拘束の状態である。」

Jheringは、生成中の権利が権利の消極的効力を持つと考え、中間効力と条件成就後の効力との一体化を目指したのである。(14)もっとも、権利の消極的効力と条件成就後の権利の関係については、あまり明らかにされていない。

⑤　**L. Enneccerus**（1899）(15)

ＢＧＢの成立期において、中間効力と将来の権利の一体性化をより進めたのが、未確定理論（Pendenz Theorie）である。(16)

「条件付法律行為は、直ちに法的効果を発生させるが、その法的効果の本来の性質は未だ不確かであって、条件成就によって初めてそれが確かなものとして認識される。取得した権利は、そのときまでは未確定である。この理論の前提は、同時性の原則と法的効力の原因を意思と捉える見方である。しかし法的効力の原因は、ローマ法では法律であり、現代においても法律行為上の効果の排他的な効力は、実定法に基づくものである。したがって、拘束力のある中間期間の存在は、法律上の規定の結果となる。」

Enneccerus は、この説明のために取得権（Erwerbsberechtigung）理論を展開した。

「ローマにおいては、同時性の原則が貫徹されておらず、法律行為のときから効果発生のときまで、未確定ではない内容の確定した法関係が存在し得た。この取得権は、ある権利の取得が特定の人にとって確実であるが、ただ取得の時点だけが不確実の場合に発生し、物権的権利と債権的権利の間の独自の地位を占める。」

以上の条件に関する有力な見解は、条件成就前の効力を単に法律の規定があるから生じるのではなく条件付法律行為自体の効力とみて、Fitting の「物の拘束」、Jhering の「消極的効力」、Enneccerus の「取得権」という形で中間処分に対する効力が構成された。これらの議論により、停止条件付法律行為は、ＢＧＢ第一五八条により条件成就のときから確定した効力を有するが、条件成就前においても法は一定の効力を予定する（ＢＧＢ第一六〇条以下）ことになったのである。

そして、いわゆる期待権については、「単に権利の潜在的効力（Passive Wirkung）（Jhering）」、「制限物権を利用権、価値権、取得権（Erwerbsrecht）に分け、期待権は物権的先買権（dingliches Vorkaufsrecht）と共に取得権に属する物的取得権であり形成権である（Enneccerus）」、「権利性を否定し、期待者の規範に対する関係に解消する（Würdinger）」、「さらにそれが転化する完全権の性質に応じる（Tuhr）」等と考えられていた(17)。

このような状況において、ＢＧＢ第二草案において、第二委員会が理論上の基礎なしに経済的現実から「期待」という概念を用いたために、この問題は「期待権とは何か」という形で進められることとなった。そして、その格好の例題として所有権留保が問題の場とされた。

二　所有権留保

所有権留保を停止条件付所有権移転として構成する場合、以上の条件に関する理論を踏まえる必要がある。同時に、立法論をはじめとして、各論者により主張の意図・趣旨が異なるため、総てを同一に論じられないことも意識しなければならない。

ＢＧＢ制定過程において明らかにされなかったことからも、これまで学説が特に関心を寄せている問題は、条件成就前（代金完済前）の買主の状態であった。この買主の状態、いわゆる期待権については基本的に権利性が承認されており、学説の問題は、期待（権）の物権性の有無に集中している。もっとも、物権性を承認する際には、特に物権法定主義との関係が問題になる。さらに、既に買主に所有権が帰属するという見解、又は期待（権）の本質を所有権であるとする見解についても、それ自体をどう評価するかという問題もある。

学説については、所有権の帰属に関する実質的な考え方を基準にして、買主の有する期待に対する考え方、物権性の問題について言及した後に、分析を行う[18]。

(1)　所有権は売主に帰属する（停止条件付所有権移転）

これらの見解は、所有権留保は停止条件付所有権移転であり、買主は条件の成就まで期待（権）を持つに過ぎないとするものである。物権行為が認識されて以降の多くはこの考え方からの見解であり、通説・判例の見解であると考えられている。しかし、買主の条件成就前の状態である期待（権）の実体が何であるかについては、様々に論じられている。

①　**K. Larenz**（1956）[19]

「条件成就前の権利を保護するＢＧＢ第一六〇条は、債権本体の効力ではなく、契約上又は法定の付随義務を規定したもので、その義務は本来的給付義務に対する準備義務又は保護義務である。物権的期待権概念を否定する条件付処分においては、条件成就までは譲渡人が権利者である。したがって、中間期間においてなされた譲受人のさらなる処分は無効であるが、ＢＧＢ第一八五条第二項の追完によって有効となり得る。譲渡人の中間処分を無効にするＢＧＢ第一六一条第一項は、譲渡人の処分権を制限する規定に過ぎず、期待権は譲渡人が服する法的拘束の裏返しに過ぎない。

期待権の法的性質は、条件が成就した際に売主又は所有者のさらなる処分に対して所有権の取得を確保するものである（ＢＧＢ第一六一条）。買主は、条件の成就により当然に所有権を直接に取得する。所有権を取得する期待を確保するものであり、この期待には目下の所有権原、特に売買契約から解放された物権的な占有権、及び所有権に対する処分権原はない。したがって、物に対する支配権原はなく、所有権又は他人の物への制限された物権でもなく、何ら物権ではない[20]。もっとも、第三者に対する保護された地位ということからは既得又は帰属権（Erwerbs-oder Anfallsrecht）であり、ＢＧＢ第八二三条第一項から絶対的な権利である。また、売買契約による条件に依存する点で弱く、物権効はあるが物権ではないという点で、存立が必然的に債権的基礎にある。経済的には、当事者の財産において、反対給付により購入された将来の所有権の現在の価値である。これは現時点で利用可能である。所有権ではないが期待権として譲渡・負担し得る。期待権への負担は、条件成就により物の所有権に継続する[21]。」

② **W. Flume**（1962）[22]

「期待権は所有権に発展するものではなく、条件付処分行為は独自の期待権を形成するものではない。それは当事者の処分行為による権利の取得自体そのものであり、期待権を得させるものではない[23]。条件成就によって所有権が移転し、買主は目的物を占有し利用することができるという法的地位（Rechtsposition）である。これは、条件成就前の条件付所有権取得者の前効（Vorwirkungen）の概念的集積に他ならない[24]。

買主の権利状態は、ＢＧＢ第一六〇、一六一条、及び個々の検討により決められ、期待権として呼ぶことができよう。内容は現在の占有及び利用権であり、第三者に対しても保護される。しかし、このような権利状態をある概念又はある一般規定で把握することは不可能である。また、物権法体系に持ち込むことは実際には何ら問題にならない。確かに前段階（Vorstufe）かもしれないが、しかし、そのような形成は獲得できない。まず、我々の法体系において採用されている「自己」と「他」の物という区別をやめなければならないからである。むしろ、留保買主の所有権取得は売買代金の完全な支払が重要なのである。期待権を所有権と本質は同じであるがマイナスのものという内容を条件付所有権移転の時点に与えることは、やめなければならない。条件成就により所有権取得が保障されている法状態は、目的物に対する現下の所有者の支配権能とは比較が不可能なのである。(25)」

③　**R. Serick**（1963）

「期待は権利の前段階効であり、所有権規定の全面的な準用を認める。物権のメルクマールは原因行為からの独立性（Unabhängigkeit）であるが、期待権は、原因行為である債権契約の消滅により消滅するから独立性を欠く以上、物権ではなく、債権的物権（ein schldrechtrich-dingliches Recht）、即ち、債権的従属性を伴った物権である。(26)」

「留保売主は、実行において目的物を取り戻せば代金請求権を失い、破産の際には取戻権を有する。これは質権では達成することはできない。さらに換価の際についてみると留保している所有権は元々売主の物であるのに対し、Sicherungseigentumer（担保所有権者：通常は譲渡担保権者のこと）の場合は、元々他人の物であり、他人の物の質権として把握し得る。(27)」

④　**B. Kupisch**（1976）(28)

「期待権が譲渡され、又はその上に担保権の設定がなされていると支配的見解が判断している場面では、将来取得されるべき所有権等の処分がなされていると判断すべきであり、多重に処分されているときは、処分行為の先後によって判断する。(29)」

⑤　**U. Huber**（1987）(30)

「Sicherungseigentum は契約による非占有質権として機能しているが、所有権留保は、非占有質権ではなく、その機能もない。確かに一時そのような構成が提唱されたが、大勢を占めるに至らなかった。このことは、伝統と司法による概念の形成という単なる根拠（理由）に基づくのではなく、深くそして多くの考察により得られたことを理由とする。所有権留保の法律制度及び法によるその受入れは、非占有の Sicherungseigentum の法律制度及び判決並びに教義における承認とは、全く別の法的評価による。[31]」

⑥ **W. Krüger**（1994）[32]

「必ずしも適切ではない状態を説明するのに、期待権が用いられ、魅力的な概念への巧妙な言換えがなされた。」

Krüger の見解については第二節の判例の検討において触れるが、期待権の多重的な利用関係については、「時間的先後関係」での処理ではないかとしている。

(2)　所有権は実質的には売主・買主双方に帰属している

⑦ **A. v. Tuhr**（1910）[33]

「法律行為と条件は、統一的な全体的要件事実を構成し、それは多くの法的事実からなる。これらの事実の個々は、発生すれば直ちに同時性の原則に従って法的効力を得る。同時にそれぞれの要件事実部分は、全体的要件事実の一つの発展段階であり、それ故にその要件事実部分は、将来の完全な効力の一つの前段階効を生じさせる。この前段階効によって生じる期待は、消極的側面としてその時々に該当する客体の拘束を持つのである。停止条件付権利移転においては、条件成就によって完全な権利移転が発生するが、条件付法律行為によって、その前でも権利の内容が当事者に分割される。譲受人は、直ちに譲渡人の権利から分かれた期待を得る。その期待は、条件成就の際に完全権に変わる。他方、譲渡人の権利は期待権の分離によって縮小された権利であって、条件成就により法律上当然に消滅する。つまり、原則として時間に制限されない権能こそ、所有権の本質に属するのである。」

所有権留保については、停止条件付譲渡を設定的移転と同様に捉え、取得者のために譲渡人の所有権から分岐した期待権が発生すると主張する。[34]

「譲渡人に残された権利はなるほど所有権と称し得るが、しかし、期待権の分離によって縮減された権能(Rechtmacht）であり、それは条件成就の場合に法上当然に消滅する。[35]」

⑧　**G. Witte**（1934）[36]

「留保された所有権はSicherungseigentumと同様に把握し得るが、他の構成が与えられない限り慣習法によりそう解される余地がある。しかし、支払額に応じて所有権が移転し、かつ、第一回の支払により共有権になるとすることで解決される。期待権は既得権（Erwerbsrecht）であり、支配権（Herrschaftsrecht）であることは、明らかである。さらに一方の所有権が縮減するのではないかという疑問に対しては、所有権は必然的に他方に移転することにならなければならないといえる。買主は、支払った額においては共有者であり、未払の額については期待権を有する。」

⑨　**E. Letzgus**（1938）[37]

「完全権は、停止条件付所有権と解除条件付所有権に分裂する。したがって、買主は停止条件付所有権を有し、この期待権者の停止条件付所有権は、既に所有権である。[38]」

Letzgusは、期待権は停止条件付所有権であり、所有権の分裂が相次いで時間的に生じるとする。[39] 強制執行による目的物の換価を主張するが、担保思想に進むことは拒否している。

「換価権原が所有権から流失し、その限りにおいて留保所有権が体系的に商人の留置権（ＨＧＢ第三六九条第一項、三七一条）、仲買人の充足権（ＨＧＢ第三九八条）、さらに売主の自助売却権に及ぶ。[40]」

⑩　**F. Baur**（1960）[41]

「ＢＧＢ第四五五条は権利の分割を意味している。売主には所有権の中に潜む担保権と換価権が留保され、留保買主には物の占有と利用権が帰属する。買主の権利は権利の分割及び経済的考察から多くの点において完全権同様の期待権である。[42]」

Baurは、立法されなかったが判例による法創造（Rechtsschöpfung）又は慣習法であるとして、「風車への戦い[43]

(ein Kampf gegen Windmühlen)」としながらも、所有権留保は譲渡担保同様に非占有質であるとする。もっとも、その根拠は権利の分割であり、権利の分割の根拠は経済的な価値の分配（九割払えば九割持つ）であることから、本書では所有権が両者に帰属する見解に分類した。(44)

「確かに売主は所有権を留保し買主は直接占有と利用権原を有するが、外部に対しては買主が所有者である（ようになる)。とりわけ、契約後の所有権留保の合意は譲渡担保に他ならない。(45) 所有権留保は、譲渡担保同様に隠れた質権（heimliches Pfandrecht）である。譲渡担保同様に他の債権者が債務者の外観を信用してしまうという危険があるが、なんといっても法定質（pignus tacitum）の形式で、譲渡担保とは異なりＢＧＢ第四五五条に法的な根拠を有している。(46)」

⑪ **L. Raiser**（1961）(47)

Blomeyer ⑭の見解を評価したが、留保買主を所有権者であるとする考えには、「買主の権利を所有権と認めるか否かは、利益考量によってのみ決定される」として、売主の所有の意思及び実体法上の規定に反することから承認できないとした。また、有期所有権については個人にとって重要ではないとした上で、(48) 期待権概念からではなく期待が生じる法現象の分析から出発し、その内容を確定し、現在の法体系の中で位置づけることを目指した。そして、今日の社会が要求する新しい物権を創設することは物権法定主義に反しないとして、物権的期待権の承認を主張した。

「条件付所有権移転においては、所有権（Ｅ）は、所有権の期待権（Ａ）と所有権から期待権を差し引いたもの（Ｅ－Ａ）に分裂する。この期待権は、将来一本化する所有権の前段階効であり、中間時において譲渡人を物権的に拘束する。取得者は、既に固有の支配権能を有しているので、したがって（Ａ）も（Ｅ－Ａ）も所有権といえることになる。(49)」

以上の見解に基づき、所有権留保は停止条件付所有権移転であることから、買主の期待権は物権であり、目的物の所有権は売主と買主に分割（Teilung）されると構成する。

「一時期、期待と所有は併存し、後に期待は完全権に解消する。期待者の一時的地位は完全権になるか、古い所有権に環流するかであって、両権利は何ら異なる権利内容を有し得るものではない。範囲の点で所有権がより拡張的なものであっても、それは量的差異であって質的差ではない。そこで、所有者と期待者の関係を分割思想から理解し、所有権は期待権の設定によって分裂され、種々の所有権能は期待者と所有者との利益の比較の基に、両権限者に分割されるとするものである。[50]」

したがって、双方は、一つの物に関して部分的所有権（ein Stück Eigentum）を有することになる。しかし、買主の期待権は完全な所有権ではなく、「買主の地位は、実質的には部分所有権であるが、形式的には期待権者の地位である」ということになる。

期待権の物権性については、全面的に承認し、期待権は物権であるとする。

「物権法定主義は、物権法を一九〇〇年の状態に凍結するものではなく、当事者の意思により第三者効を作り出さないように、私的自治を制限するものである。しかし、この原則は、法秩序が規定されていない法律関係において、補充的立法、裁判官による法創造により、第三者効を結合することまで排除するものではない。第三者保護と対抗力が認められている限り、現行法上物権性を認めてさしつかえない。[51]」

(3)　所有権は買主に帰属する

⑫　**H. Lehmann**（1937）[52]

立法論として所有権留保も譲渡担保同様に動産抵当権に改組し、統一的に把握するのが望ましいとして、そのための法規定も述べていた。もっとも、当分の間は、現行規定を維持するとした。[53]

Lehmann の見解は、Schutz 及び Osterind により支持された。素人にも構造が理解される必要があることをその理由としていた。[54]

⑬　**F. Wieaker**（1938）[55]

Lehmann の改革提言を巡る議論において、「留保質権という観念が法発展において現れてきたという状況が判例においてみられることから、法技術的な見地から、実定法の改正においてもこの点は十分考慮されるべきである。」と主張した。

Wieaker の見解も目的物の所有権は買主に移転し、売主には、売買代金を被担保債権とする動産抵当権（Mobiliarhypothek）が帰属すると構成する立法論的な提案であった。[56]

⑭　**A. Blomeyer**（1938）

Blomeyer の見解は、条件付法律行為の条件成就前の効力と、条件成就後の効力の一体性を徹底的に主張する未確定理論（Pendenz Theorie）である。[57]

「債権行為（義務負担行為）に関しては、期限付債権と条件付債権が期限到来前又は条件成就前に有する効力が同質であり、それが本来の債権の効力に他ならない。即ち期限付債権は法律行為のなされた時点で発生し、期限到来の際の支払を目的とする。このように、法律行為における場所や時間の定めは、債務の存在を変更するものではなく、その内容に関わるものである。それ故、期限前の拘束とされてきたものは、債務自体に他ならない。[58]ただ、条件付債権の場合には、期限付債権と異なり、条件とされている要件事実の実現が未確定、即ち当事者にとって知られていないが、条件が成就すれば、予め開始しておいた法的効果が明らかになるのである。したがって、条件付法律行為においても、行為の時点で債務が存在することには変わりがない。

この債権行為（義務負担行為）に関する未確定理論は、物権行為（処分行為）にも当てはまる。さらに、通説は譲渡人を権利者と考えるが、これでは有期所有権（Eigentum auf Zeit）を認めることになる。この有期所有権は、中世では存在し得たとしても、現代では認められない。なぜなら、現代の所有権の本質的特徴は、その内容が負担によって縮められることはあっても、存続期間は無制限である点に存するからである。[59]」

条件付所有権移転において所有権の分割という考え方は既に主張されていたが、それは、時間的に分割されたそれぞれを所有権と認めていた(60)。この場合、双方が解除条件付、停止条件付に所有権を有することになる。しかし、この曖昧さを避けるために、当事者の一方に権利を帰属させる必要があり、物権行為（処分行為）と結合した債権契約においては、契約の進行過程に一致するのが望ましいことになる。また、時間的に存続の限られたものは、もはや所有権といえないと考えるものも現れた(61)。したがって、停止条件付所有権移転（所有権留保）場合には、法律行為がなされた時点で所有権は二つの物権的権利、即ち消滅が予定される売主の解除条件付所有権と取得が予定される買主の停止条件付所有権に分かれ、存続期間及び契約の進行過程から、買主の権利が所有権と解されることになる。

この売主の権利についてBlomeyerは、占有なき流質権（Verfallpfand）であり、売主は、完全な所有権に転化し得る質権を有すると構成している。

「質権の本質は競売代金に対する物上代位である。競売の場合に質権者が代金の上に被担保債権額を持分とする債務者との共有を生じるのは、質権者としての目的物に対する関与が、実は所有権の量的一部に基づくからに他ならない。したがって、所有権の条件付移転の場合においても質権は消失してしまうのではなく変形として現れてくることになる(62)。

所有権留保については質権による負担である。所有権は“ewige Dauer（永遠に継続するもの）”であり、質権は“zeitliche Dauer（一時定期継続する）”に過ぎない。なぜなら所有権はその物が滅失して初めて消滅するのに対し、質権は債権が消滅した時点で消滅するからである。したがって、所有権留保もやはり質権的に確立されるべきである(63)。」

⑮　**A. Georgiades**（1963）(64)

所有権留保を、解除条件付所有権移転と構成する。したがって、条件成就までは、買主に所有権が帰属することになる。

「物権の本質は直接的物支配（unmittelbare Sachherschaft）であり、その特徴は独立性と独自性（Selpstständigkeit）である。しかし、単なる債権でもなく、伝統的な峻別理論のドグマが物権法定主義と結合することにより、物的効力のある現象を物権として理解することを困難にしている。概念的編入をあざ笑う中間的形態である。[65]」

もっともGeorgiadesの見解は、出発点としてRaiser（⑪）の見解に理解を示した上で、同様の効果は解除条件付所有権移転で実現させることができるとして、物権法体系になじまない新しい概念を立てるよりは、現行の法体系に適合させるために解除条件という構成への転化を提案することを目的としていた。Georgiadesは、動産抵当と解することについても一定の理解を示しているが、問題となる点は同じであることも指摘している。

「このような解除条件という構成への転化の可能性は、ＢＧＢ第四五五条制定当時にはそれ以降の発展が予測されていないこと、及び現在の経済状態が制定当時と異なること、並びにその後の判例の展開において見出される。[66]そして最終的には、所有権留保の合意が、個別契約ではなく売主による約款においてなされる場合がほとんどであることから、約款の解釈に影響を及す経済グループの活動が問題である。[67]約款において解除条件と定めることは、ＢＧＢ第四五五条が解釈規定であることからも有効であり、立法による変更を必要とせずに動産抵当への接近が図られることからも、両当事者の権利の明確化と利益を適法な方法で図ることが可能になる。[68]」

⑯　**U. Hübner**（1980）[69]

「通説の期待権に対する見解は精密ではない。これらは、所有権留保の非占有担保（質権）への歴史的及び実務的な展開を模写したものである。占有質原則が実際上いずれにせよ副次的な意義しかなくなった後で、期待権を質権の負担付所有権として把握することは、理論的に有意義でもないか否かという問題を検討する必要がある。」

Hübnerは、Flume、Raiser等の見解を挙げつつ、売主は担保としての利益を有しているので、利用及び処分の必要は買主の利益のために制限され、所有権の属性の多くは買主が有するとして、質権による代金債権担保という構成を主張する。Hübnerは、本見解の対極にあるのは、解除条件付所有権と考えるGeorgiadesのものであるとしている。[70]

⑰　**P. Bülow**（1996）[71]

「担保として所有権を有していても担保目的の制限を受けるが、[72]信用享受者（担保設定者）は所有権が必要であるとしても総ては与えられない。信用享受者は、個別の権能を与信者に引き渡すのである。この引き渡される Teilrecht は、"Verwertungsrecht（換価権）"である。そのほかの権能（利用・処分等）は、信用享受者に残る。このような"Teilrechtabspannung（権能の分割）"によるものは、不動産担保権（抵当権・土地債務・定期金債務）並びに動産及び権利に対する質権である。」

「所有権留保の本質は、自己の物への非占有質権の設定である。質権は、目的物を換価するために所有権の一部を分割し質権者に譲渡するものである。[73]」

三　整理と分析

条件成就による遡及効という考えを採らなかったドイツでは、中間処分の無効を導くために条件成就前の状態を保護する必要があった。しかし、「条件保護は中間権利段階（Zwischenrechtsstadium）の承認から出発するものであり、既存の完全権からは生じない[74]」ことから、ドイツの学説は、期待と条件に係る将来の権利を別個のものと捉える立場（二分説）と期待を将来の権利の条件成就前の形態として捉える立場（一体説）に分かれて展開していった。[75]これが、買主の期待権に関する議論である。

当初は Sell, Windscheid 等の二分説が有力であり、この影響からBGB第一五八条が制定された。しかし一体説の見解、即ち「普通法学においては、各人は他人に帰属する権限によって制限されているが、両者は相俟って独占者となる能力を有していると考えられ、時間的契機（Zeitmoment）が条件不確定の間に生じる共同の権利取得（gemeinsame Mitberechtigung）を説明するための本質的手段とされた[76]」ことから、「時間における一種の共同支配」の承認が可能となり、将来の権利部分と完全権との質的な同列化がなされ、期待は将来の権利部分として把握され、

Fitting, Jhering, Enneccerus, Tuhr, Blomeyer へと結実していった。

しかしながら、既に述べたようにこれらの見解が何を意図したものなのかを十分に認識しておかなければならない。例えば、Blomeyer の意図は「条件成就により法律上当然に所有権が移ることとの矛盾を指摘すること」(77)であり、Raiser の意図は「期待及び期待権について検討し、特に買主の期待権を物権として物権法体系に組み込む」ことであった(78)。また、Lehmann, Wieaker 等は、立法論としての主張である。さらに、その後の見解である Larenz, Flume, Serick 等は、条件理論そのもの自体には踏込まずに、ＢＧＢ第一六一条等の効力は所与のものとして検討している。

Larenz や Flume のような理解は、所有権留保そのものの構造については採用された法形式どおりの理解であり、一見する限り何ら問題はないように思われる。また、Serick の見解は買主の物権的期待権というものを観念するが、次章でみるように現行の各条文の規定からこのような効力を導くことができる。しかしながら、Blomeyer が Flume に対して指摘したように(79)、ＢＧＢ第一六一条自体について如何に説明するのかという点を捉えると、これらの見解はその基盤を失いかねない。

Witte は端的に共有という見解を唱えるが、これは破産手続において主張された見解であり、新たな賛同者はいないとされている(80)。また、停止条件付所有権移転を前提としつつ Baur や Raiser のように実質的には所有権の分割を主張することは、経済的には肯定され、類型的思考により把握することはできる。さらに、移行過程ではなく権能の分割と捉えるならば、Bülow が述べるように質権（担保権）の本質が何かという問題となる。これらに対しては、占有と所有を意識的に分離し、権能の束ではなく全面的支配性や統一性を備えた近代的な所有権概念を前提とする現行法体系との関係をどう調整するのかが問われる。以上の問題は、後述するわが国の学説に対しても妥当するため終章で言及する。

前述のように条件付法律行為における条件成就前の状態については、ＢＧＢ制定後の議論に託されたために具体的に規定されなかったこと、またこれらの説が経済上の要請から買主の地位を独立させるために大きく貢献することから考えると、一定の説得力は存在する。停止条件付所有権移転の前提となる問題である条件理論から考察した結果として、買主に独自の物権を承認する、所有権が分割されている、分割された所有権は質権と所有権である、という見解が提唱されているのであるから、理論的にも耐えられるものであると考えられる。したがって、Blomeyer や Raiser のような見解は、単に現行の条文に反するという理由だけで否定する必要はない。さらに、当事者の権利を明確化するという観点からは、Raiser の見解を現行規定と適合させようとする Georgiades の解除条件とする見解は、BGB立法前の状況やスイス法の規定[81]が解除条件という構成であることからも、評価されるべきである。

停止条件付所有権移転を前提に提唱されている構成をまとめると以下のようになる。

① 先行の原理　買主による処分がなされた場合は期待権ではなく将来の権利の処分がなされている。競合した場合、権利の優劣は処分の先後関係によって決する。売主は移転が予定されている所有権を有し、買主は将来に所有権を得られる状態と考える。

② 期待権理論　所有権は売主に帰属し、現在の買主の状態を固有の（物権的）権利と構成する。双方に帰属する権限によりお互いに制限される。

③ 分割理論　時間における一種の共同支配から将来の権利部分と完全権とに質的に同列化する。現在において既に存在する権利の構造を説明する必要はない。買主の期待権は将来の権利部分として把握される。

④ 未確定理論　効力は行為の時点で発生し追認又は取消しがなされるまで未確定とするものであって、何も効力が生じていないとするものではない。売主は非占有質権、買主は所有権を有すると考える。

⑤ 担保権説　所有権留保は担保権の設定とすべきである。立法論あるいは所有権の量的あるいは質的分割から売主の権利を非占有質権、買主の権利を所有権と考えるものがある。

端的には、買主に独自の権利を認めない先行の原理と認める期待権論、時間的共同と捉える分割理論、分割された売主の権能を非占有担保と捉える未確定理論と担保権説ということになる。

次に、これらの構成間の比較として、Eichenhofer[82]は未確定理論と期待権理論について、譲渡問題・差押問題・保護問題という個別問題に関して、法律適合性・システム適合性・単純性・普遍性・システム形成・相当性という六つの基準から検討している。結論として、システム適合性・単純性・システム形成・相当性において未確定理論が優れているとする。もっともこの検討に対して大島教授は、彼の所有権留保に対する見解がＢＧＢ第一六一条を根拠にして遡及効で捉えるというかなり古い考え方であると思われることから、この検証により優劣を決することは適切でないとの指摘する[83]。また、Rimmelspacher[84]は、期待権論と先行の原理を比較し、双方は大体同じ結論を導くことができるが、権利への強制執行及び破産において先行の原理には限界があり、この場合ＢＧＢ第一六一条が解決の糸口となることから、ここからは期待権を読みとることができるとする[85]。

構成間の比較については、もちろん非占有担保権・動産抵当と構成するものとの間でも行う必要がある。しかしながら、そのような構成については、そもそも解釈が可能か、つまり、質権と所有権の関係をどう捉えるか、所有権につき今日でも「権能の束」との理解を前提とするかが、先決問題である。しかし、この問題は本書の範囲を大きく超えるため、ドイツにおいては、所有権の分割という論拠に基づき担保権として解釈する理論的可能性が追求されている点を明確に指摘するに留める。

なお、ドイツでは譲渡担保との違いについて、以下のように考えられている。まず、譲渡担保が担保期間のみの所有者（Eigentümer auf Zeit）であるのに対し、所有権留保は条件成就までは所有者である（temporärer Eigentümer）。つまり、信託の要素が異なる。また、目的は所有権留保は双務契約の反対給付であり、直接には売主は目的物の返還請求権の担保が目的である（この点は倒産法にも影響する）。つまり、担保権に特徴とされる換価権がない。さらに、解除後は完全な所有者なので担保所有者のように清算金を買主に支払わなくてよい。代金請求権は消滅している[86]。譲渡担保は、ＢＧＢ制定時においては否定的扱を受けたといわれているが、その後、„Sicherungseigentum（担保所有権）"として概念化されるに至っている。

第二節　判例の展開——特に買主の権利及びその利用について

一　判例の展開

次に、条件成就前の当事者の実体的権利を明らかにするために、これまでの裁判例のうち、特に代金完済前の買主の権利状態に注目して、売主の所有権留保を前提として同一目的物につき複数の債権者の権利が競合している事例を検討する[87]。具体的には、①目的物（ないし期待権）に対して複数の担保権が設定された場合いずれの担保が優先するのか、②さらに競合する担保権者の一方が法定質権（先取特権）のときはどうか、③以上を前提に売主が権利主張した場合はどうなるのか、という問題に分けられる。なお、以下の裁判例においては、原告をX、被告をY、売主をV、買主をKとして表示する。

① **RGZ 140, 223**（1933. 4. 4）[88]

［判旨］　買主が設定した譲渡担保の対象は所有権移転請求権であり、譲渡担保権者への直接の所有権移転には留保売主への通知が必要である

［事実］　織物会社Kが織機製造会社Vより織機十台を購入したが、所有権は代金完済までVに留保されていた。被告Yは、それら織機が備え付けられているKの工場に対して強制執行をなし、それによって成立する強制抵当の効力が織機にも及ぶと主張した。ところがKは、それより前に他の債権者である原告Xのために、未だ代金を完済していない十台の織機に譲渡担保を設定していた。即ち、Kの「所有権取得に対する請求権」を譲渡し、織機の代金完済のときに所有権が直接Xに移転すると約していた。Xの被担保債権は未だ弁済されていないが、Vに対する織機の代金は全額支払われた。Xは「織機の所有権は直接自分に移転しており、したがって織機の権利はKの責任財産を構成するものではない」と主張し、ZPO第七七一条による第三者異議を申し立てた。

［判決］　Xの請求棄却

［理由］「織機が不動産の構成部分ではなく単に工場の従物であり、工場所有者の所有物でない以上、Yのための責任財産にならない」としつつ、「留保買主は、無権利者としてではなく、期待権即ち既得の財産権として条件付権利を処分することができるが……留保売主は代金完済まで、なお買主に対し契約義務を負担しており、第三者へ直接に所有権が移転するのは、留保買主が売主に権利の譲渡を通知し、留保売主の異議がないときに限られる」として、本件においてはこの通知を欠くことを理由にして、織機の所有権はKが完済した後もXに移転していないとした。

「現行法は物権法定主義を採り、したがって期待権は決して物権ではない。故に期待権の移転により物権が生じるのは、係る物権に対する期待の移転が物権譲渡のために規定された形式による場合のみである。判例が実際的理由から、留保売主より担保取得者への直接の所有権移転のため——明示的ないし黙示的——通知を受けた留保売主の同意を形式的移転行為の代替物と認めたのは、取引の要請に応じることに他ならない。」

② **BGH NJW 54, 1325**（1954. 5. 24）(89)

［判旨］　所有権移転請求権ではなく先に目的物を差し押えた者が優先する

［事実］　一九五一年一〇月二七日、会社Vは、コンクリートミキサーを会社Kに売却し、代金完済まで所有権を留保した。一九五二年五月二八日、被告Yが、Kの占有するミキサーを差し押さえた。同年七月二四日に原告Xは債務者KがVに対して有する請求権——代金完済後のミキサーの所有権移転を目的とする——を差し押さえ、その差押・移付命令は七月二五日にVに送達された。同月二六日にKは残代金をVに支払い、同月三一日にKに対し差押・移付命令が送達された。さらに同年八月一三日にXは、Kの占有下にある機械自体を差し押さえた（二重差押）。しかしながら、Yは、先になしていた目的物に対する差押えに基づいて執行した。これに対しXは、ZPO第七七一条により第三者異議の訴えを提起し、予備的に第八〇五条の優先弁済の訴えを併合した。

［判決］　Xの請求棄却

［理由］「Xは、目的物に対する所有権を取得しない。ZPO第八二八条によると期待権の差押えは債権その他の財産権に対する差押えで、これにより債権者は、単に期待権上に質権を取得するに止まる。期待権の差押えによっては、期待権も条件成就の場合の所有権も差押債権者に移転しない。即ち、差し押さえられた期待権の移付も期待権又は所有権の移転を生じるものではなく、債務者の権利を自己の名において主張する権限を与えるのみである。……所有権は、条件成就のときに留保買主Kに移転するから、その時に第八〇八条によって、目的物を差し押さえていた債権者が質権を取得する。差押質権者は、目的物が差押時に未だ債務者に属していないときでも、差押時に成立する。したがって、Yは、五月二八日に既に有効な質権をミキサーの上に取得しており、Xの権利に優先する。」

③　**BGHZ 20, 88**（1956. 2. 22）[90]

［判旨］　所有権は期待権の譲渡担保権者へ直接に移転し、留保売主への通知は不要

［事実］　KはVより所有権留保の下で牽引車を購入した（代金は分割払）。その後、Kは自らの消費貸借のための担保として、債権者であるXへ牽引車を引渡した（譲渡担保）。その際、牽引車には所有権留保が付いていることが明示されている。KのVへの代金完済前に、他の債権者であるYが、Kの強制執行可能部分に基づき牽引車を差し押えた。その後Kは代金を完済し、Xは、Sicherungseigentum によりZPO第七七一条の差押えに対する第三者異議を申立てた。控訴審は、Xは負担付所有権のみを得ると判断した。Kの完済により得られるのは、理論的には二次の所有権とされたのである。

［判決］　破棄差戻

［理由］　RGZ 140, 223（①判決）を退けて、「期待権は完全権類似の性質を持つものであり、……留保売主は、権利取得の相手方に利害を持つものではなく、……所有者の同意なくしても直接に譲受人に移転する」として、「Xが期待権を債務者より譲り受けているとき、Yは、差押えによる質権をXの第三者異議を排してまで主張することはできない。差押えは、条件成就のときまで有効ではない」とした。

④　**BGHZ 28, 16**（1958. 6. 24）[91]

［判旨］　期待権と所有権について別異の取扱いをすべきではない

［事実］　被告Y（K）は原告X銀行より信用を受け、Y所有の工場用地、現在その用地上に存在する原料・製品の所有権及び将来土地上に持ち込まれその時々において存在する原料・製品に譲渡担保を設定した。なお契約には「留保付売買に基づいて用地上に現存し又は将来搬入される原料・製品の条件付所有権（期待権）をもYはXに移転する。条件が成就すれば、現存する物については契約締結時に、また将来担保地に搬入される物については搬入時に、所有権が移転するものとする」と定められていた。後にYが目的物が特定されていないとしてこの契約の無効を主張。

［判決］　X勝訴

［理由］　譲渡担保の場合に目的物は特定されなければならないとの見解（RGZ 123, 183）は、「所有権が留保された場合には担保設定者の所有権には属していないので、特定したとみることはできないという考えに基づいている。Yは所有権ではなく期待権しかXに譲渡していないので、目的物がYに属しているか否かによりXは所有権か期待権のいずれかを取得することになり、そのために異なった契約をしなければならないとすれば、契約締結時に担保設定者の所有物と留保目的物との正確な個別化が必要になる。しかし、期待権は所有権の前段階であり、単に量的に少ないものに過ぎず、所有権とは別異の取扱いをすべきではない。」

⑤　**BGHZ 34, 122**（1960. 12. 21）[92]

［判旨］　期待権が請負による質権の対象になるとしても、所有者の返還請求を拒絶することはできない

［事実］　運送営業者KがY（V）より小型バスを購入し、約束手形を振出した。Y（V）は、バスの所有権を留保し自動車証書を渡さなかった。その後Kは、手形の支払を行わなかった。KはXに修繕を依頼しバスを引き渡していたが、Xに対して修理代も支払われないままにKは破産した。Xは、バスを自己の債権の満足に当てるべくY（V）に自動車証書の公付を求めた。これに対しY（V）は、所有権に基づきバスの返還を請求する反訴を提起した。

［判決］　X勝訴

［理由］「原審はＢＧＢ第六四七条に従い請負人としてのXの法定質権が修理されたバスの上に成立するとしたが、これは法律上根拠がない。同条に従えば、請負人が契約に従い目的物を修理したとき、注文者の物の上に質権を取得するのであるが、Xの修理した自動車は注文者Kの所有物ではない。Kは自動車の所有権に対する期待権を取得するが、この期待権は物権ではなく、また対世的な物的権利でもない。ただ効果と意義において真正の制限物権に類似し確かに所有権の前段階である。だが、本件においてXが期待権上にこのような質権を取得するか否かは不明である。けだし、注文者Kが所有者Y（V）に対し代金を完済していないため、Y（V）には期待権上に質権が成立すると否とにかかわらず、目的物に対する返還請求権が帰属することから、このような質権により所有者の返還請求を拒絶することはできないからである。」

以上のように判示されたが、結論としては、ＢＧＢ第一〇〇三条の留置権でXを勝訴させている。(93)

⑥　**BGHZ 35, 85**（1961. 4. 10）

［判旨］　期待権が生じている物は土地債務の対象となる

［事実］　Kは、自らが経営するホテルの備品をVから所有権留保の下で購入した。Kは、購入代金を調達するためにホテルに土地債務を設定し、Yより融資を受けた。その後、Xよりさらに融資を受ける目的で、所有権留保の下にある備品を担保のために譲渡した（譲渡担保）。KはVに代金を完済した。その後、Yにより土地債務に基づく強制競売がなされた際に、ホテルの備品が強制競売の対象になるのか、それともXは所有者として異議申立ができるのかが争われた。

［判決］　X敗訴

［理由］　対象が所有権か期待権かで結論が反対になるのは望ましくないとした上で、「ＢＧＢ第一一二〇条が抵当権の効力が及ぶ従物は債務者の所有に属する物に限っているが……譲渡担保権者が負担なき所有権を取得すると解す

ることは先順位優先の原則に反することになる。期待権は所有権同様の権利であり、所有権の前段階である。期待権上の抵当権や質権は、この期待権を目的物に対する条件付権利として把握するものである。したがって、債権の満足に当てられる客体は期待権が完全権となる限りで、物自体である。契約による期待権の質入が、引渡しによる物の質入に関する規定に従って行われるという構成も、これに一致する。即ち、抵当権の効力が及ぶという従物も期待権ではなく、その上に不動産所有者が所有権取得に対する期待を有している物自体なのである。」

⑦　**BGH NJW 1965, 1475**（1965.5.31）

［判旨］　期待権は用益賃貸借による質権の対象となる

［事実］　子細は不明であるが、おおよそ次のようなものであると思われる。

Kは用益賃借人であり、乳牛を用益地で飼育していたが、一九五八年五月五日に被告Yに乳牛一一頭を譲渡した（後にKの意図を理由に譲渡担保と認定された）。この契約においては、留保売主に対する債務をKに代わってYが弁済することも予定されていたようであり、また実際に弁済されたようである。同年九月二三日に被告Yは、Kのもとから乳牛を取り去った。用益賃貸人である原告Xは、執行官に残代金を払うと売主の所有権留保は脱落しKが所有権を取得することから、用益賃貸による質権の対象となるのであり、また仮に一九五八年五月五日に被告YがKより所有権に関する期待権を取得していたとしても、原告Xの用益賃貸借の質権の負担付権利を取得するに過ぎないと主張した。

［判決］　Yの上告棄却

［理由］「Kが自己の期待を被告（Y）にさらに譲渡したときは、完全権は直接に売主から期待の取得者、即ちKを回避して被告に移転する。しかしながら、所有権留保の下で得られた属具（Inventarstucke）には、原告のために用益賃貸による質権が既に期待権に関して生じている。このような質権は、留保売主の満足とともに売却物に関する質権になる。このように解すると、被告は原告の用益賃貸による質権の負担が付いた所有権を得たことになる。不動

産担保権は期待権について従物として効力が及ぶということは、BGHZ 35, 85（⑥判決）により、言及されている。この原則は、賃貸人及び用益賃貸人の法定質権についても適用されることは、既に先の判例で暗示されている（BGHZ 35, 85, 94; ⑥判決）。不動産担保権者及び法定質権の所持者の利益状態は、これらの点において全く同じである。法定質権と不動産担保権を区別するという根拠は与えられない。[94]……（第三者弁済により）売主の権利を承継したというのは被告の固有の見解であり、これはKからの譲渡担保による所有権の取得である。したがって、売主が被告によって満足を得た場合も、BGHZ 35, 85（⑥判決）における理解を変更しない。」

⑧　**BGHZ 92, 280**（1984. 10. 10）[95]

［判旨］　土地債務の対象となる期待権が放棄されれば改めて譲渡担保を設定できる

［事実］　X銀行は、工場経営者Kに融資をしており、その債権の担保のためにK所有の営業不動産の上に土地債務の設定を受けていた。Kは、複数の供給者から機械と乗物を所有権留保付で購入し、これを当該不動産に設置して営業を続けた。この中には、V商社から購入した三台のトラックもあった。このトラックについてはYが融資し、その担保としてVから所有権の譲渡を受けるという合意が三者間でなされていた。その後Kが破産し、トラックについてはYが換価したが、Xが収益を自己に引き渡すように求めた。

［判決］　Xの上告棄却

［理由］「Kの期待権に土地債務の効力が及ぶため、Yが負担の付かない所有権を取得するためには、期待権の放棄が必要である」として、①Kは期待権を譲渡しておらず未だ保持しているから処分は無権利者の処分ではない、②担保権者の同意は不要、③不動産担保権の従物に対する効力は本来弱いもの、という理由から期待権の放棄を認め、土地債務の対象から外れているとした。

⑨　**BGHZ 117, 200**（1992. 2. 12）

［判旨］　期待権は賃貸借による質権の対象になる

［事実］　家具屋のKは、Xより事務所を借りていた。その後、与信者Yに与信の担保として「総ての商品、特に現在の担保範囲にあるもの及び将来そこにもたらされる家具及びその部品」が譲渡された。この譲渡担保は、具体的にはKに帰属する現在及び将来の権利（所有権・共有権・期待権）であり、現在のものは担保契約締結時に帰属するものであり、将来のものは担保範囲に持込まれた時点で移転するものとされた。その後、賃貸人XはKに対する未決済の賃料を有するにいたり、複数の債権者による強制執行が行われた。与信者YはKの不払により担保範囲の家具から満足を得ようとして、賃貸人X・与信者Yの間で争いとなり、賃貸人Xが優先権を主張し提訴した。与信者Yは、家具が所有権留保付であった場合、期待権との関連として、Kにより与信者Yに譲渡担保に供されており、残代金支払後に直接に負担のない所有権を取得すると主張した。また、賃貸人Xの賃貸による質権はせいぜいSicherungseigentumと同位であり、換価金は債権の比率によって分けられるべきであると主張した。

ラント裁判所は原告Xよる主張を認め競売代金の一部を解放し、上級ラント裁判所は被告Yの控訴を棄却した。与信者Yは、目的物を経過取得しない以上は所有権留保の目的物に質権が成立しないとして、期待権も質権の対象とすることは既に否定された所有権の経過取得と同じことになるとして上告した。

［判決］　Yの上告棄却

［理由］　「原告Xは、BGB第八一二条第一項第一文〈不当利得返還請求〉により請求し得る。Kの下に持込まれた財産は、譲渡担保の契約前の物であれ、その時点で代金未払の物であれ、BGB第五五九条〈使用賃貸人の質権〉の意味の物になる。既にKが所有権を取得している物はもちろん処分可能であるが、これは質権の負担付である。譲渡担保契約の時点において所有権を有していない物については、BGB第一八五条第二項第一文により、家具の代金支払により所有権を得て有効となる。しかしこのために、その時点において既にXの賃借による質権がBGB第五五九条に基づき帰属する。この場合、Xの質権の負担の付いた譲渡担保をYは得ることになる。以上のように解さなくても、先のBGHZ 28, 16（④判決）によると、疑わしい場合、Kは期待権を処分したのであり経過取得することなく

Yは完全権を得るということになる。もっともXの質権は既に期待権に対して生じていることになり、結果は同じとなる（BGH NJW 1965, 1475：⑦判決）。Yは負担の付いた期待権を有することになる。」

上告人Yの「期待権を質権の対象に含めるのは経過取得を認めるのと同じである」という主張に対してBGHは、Kが譲渡したのは完全権か期待権かということについて区別することはしないとした。なぜなら、「持込まれた物は既に対象になるために譲渡担保の時点で所有権留保にあるのか否かにより分けることができない」からである。また、期待権の譲渡担保が優先することは、「被告の権利状態をよくないものにする」とした。期待権と所有権を同じく扱うことを押し進めると、同時に法定質権の重要性も考慮する必要があり、「最初から完全な所有権を提供した担保提供者より、譲渡された期待権の強化による所有権を得た者の方を優先するという不適当な結果を避けることができる」とした。

とりわけ在庫品に関しては、「期待権か所有権かで分けて取扱うことは意味がない」とした。本件の場合、譲渡担保の目的物範囲の特定の仕方としては無効とせざるを得ないというのが根底にあったのだが、所有権と期待権を同一に取扱うこと（BGHZ 35, 85, 92：⑥判決）からは、「譲渡担保契約の前後を問わず持込まれた物に質権が及ぶ、即ち質権の負担付で譲渡担保を認めるとしなければ、譲渡担保自体が無効となる」と判断された。

譲渡担保と質権を同列の権利者として扱うべきという上告人Yの主張及び見解[96]については、「非占有法定質権により優先権を用意した立法者の意思に調和しない」として同調し得ないとされた。

⑩　**BGHZ NJW 2002, 2316**（2002. 5. 16）

［判旨］　担保物受領者（融資者）は留保買主に対して売得金の残部の提供を要求できない

［事実］　小売商を営むKは運転資金を得るため郡の貯蓄銀行X（原告）から融資を受け、一九九五年八月二六日及び一〇月二六日、担保として二店舗につき「Raumsicherungsübereignung（流動動産譲渡担保）」を合意した。この契約では、被担保債権は現在及び将来生じる総ての債権であり、目的物は商店内の現在及び将来持ち込まれる商品で

あった。さらに、商品の転売から生じる債権も譲渡された。同年九月一四日及び一〇月二四日、さらなる譲渡担保契約としてKの店舗の総ての属具につき譲渡を合意し、担保目的物の換価においては、KはXに取得物を引き渡すことも義務づけられた。Kは店の設備をYから所有権留保の下で取得し、商品供給は延長された所有権留保を内容とするVの約款により行われていた。同年一二月、Kは、資産不足により店を止めた。KはYの媒介で店を売却しその価格は約四四万ドイツマルク（以下DMと記す）であった。Yは売却代金を取り立てて、自己のKに対する債権を約一六万DMで清算した。残余の約二六万DMは、Kに包括執行手続（Gesamtvollstreckungsverfahrens：旧東ドイツの破産手続）の開始が申し立てられた後に支払われ、区裁判所で一九九六年二月九日に係争物保管が命じられYが保管者となった。同年一〇月四日、Kの財産に対する包括執行手続が開始され、Y(V)が管財人となった。Xは本手続において債権として約四八万DMを届出た。

Xは、先の残金約二六万DMを要求し提訴した。Xによると、一九九五年一二月五日、XはYとの間で店の売却の残金はXに渡すことを合意し、再度一九九六年一月八及び一六日の二度の電話で確認している。この話においてYはXのための譲渡担保及び債権譲渡を知ったはずである。同年二月五日、XはYに書式にしたKとの合意をさらに送付している。Xの訴えにつき、ラント裁判所は容認し、上級ラント裁判所は棄却した。

［判決］　上告棄却

［理由］「Xの主張する合意は、Yの債権は総債権者に対して優先するので自己の利益において代金の限りで回収し残余を支払う義務をXに対して負うのであるから、BGB第六六二条の委託と評価できる。保管者による起こりうる方法の〈委任の〉指示違反的な支払によってXには何ら損害は生じない。売主が回収し保管者に支払われた部分に関して独占的な請求権が先行譲渡に基づきXに帰属する場合、包括執行法第一二条に基づき、包括執行管財人に取戻しを請求し得る。これに対して、Xは債権保持者ではないので、そもそも財産的損失は生じない。

BGB第八一六条一項[97]に基づく支払請求権も生じない。債権の回収は本規定における処分には該当しない。Yは留保売主であったのだから無権原で属具及び商品を処分したわけではない。さらに、どの範囲でYはそもそも自ら処分し又は処分に関し共同したのかは明らかではない。その他の点では、Yは返還請求された売得部分を得たのではなく、Kのために回収したに過ぎないので、売得部分は何らYの財産になったわけではない。

Yは、在庫商店の商品及び属具を処分すべきであったし、留保所有権は譲渡担保に供されたXの期待権に優先するので処分権原を有していた。Xは、Y(V)が回収する売買代金債権の債権者ではなく、またBGB第八一六条二項、一九九五年九月一四日及び一〇月二五日の譲渡担保契約条項に基づく権原も有しない。処分の売得金に関する請求権は譲渡されておらず、Xの上告は、むしろ担保物提供者〈K〉に対して、処分により得られたものの引渡しに関する貯蓄銀行の債権的な請求に基づいている。在庫商品に関する限り、流動譲渡担保の商品に関する約定によると、供給者の延長された所有権留保の下におかれる債権は、延長された所有権留保によってもはや把握されなくなった時点で初めて貯蓄銀行に譲渡される。この条件は、Yの過剰担保の確定日が明らかであるにも拘らず、Yに対して買主の支払があるまで生じない。」

二　整理と分析

以上のBGH判決を整理すると以下のようになる。

	先行行為	後発行為	判旨〈買主の支払状況〉	
① RGZ 140, 223 (1933. 4. 4)	譲渡担保（X：第三者異議）	目的物への強制執行（Y）	譲渡担保の対象は所有権移転請求権であり、譲渡担保権者への直接の所有権移転には留保売主への通知が必要〈未払〉	
② NJW 54, 1325 (1954. 5. 24)	物の差押（Y）	権利の差押え（X）物の差押え	所有権移転請求権ではなく先に目的物を差し押さえた者が優先する〈完済〉	
③ BGHZ 20, 88 (1956. 2. 22)	譲渡担保（X：第三者異議）	期待権への強制執行（Y）	期待権の譲渡担保権者へ直接に所有権は移転し、留保売主への通知は不要〈完済〉	①変更

	先行行為	後発行為	判旨〈買主の支払状況〉	
④ BGHZ 28, 16（1958. 6. 24）	売主	譲渡担保（X）	期待権と所有権について別異の取扱いをすべきではない〈買主と譲渡担保権者の争い〉	
⑤ BGHZ 34, 122（1960. 12. 21）	売主（Y）	請負による質権、留置権（X）	期待権が請負による質権の対象になるとしても、所有者の返還請求権を拒絶することはできない（留置権は可）〈破産〉	
⑥ BGHZ 35, 85（1961. 4. 10）	土地債務（Y）	譲渡担保（X）	期待権が生じている物は土地債務の対象となる〈完済〉	
⑦ NJW 1965, 1475（1965. 5. 31）	用益賃貸による質権（X）	譲渡担保（Y）	期待権は用益賃貸借による質権の対象となる〈Yが代位弁済〉	⑥引用
⑧ BGHZ 92, 280（1984. 10. 10）	土地債務（X）	拡大形式の所有権留保、譲渡担保（Y）	土地債務の対象となる期待権が放棄されれば改めて譲渡担保を設定できる〈破産〉	
⑨ BGHZ 117, 200（1992. 2. 12）	使用賃貸による質権（X）	譲渡担保（Y）	期待権は賃貸借による質権の対象になる	④⑦引用
⑩ NJW 2002, 2316（2002. 5. 16）	売主（Y）	譲渡担保（X）	担保物受領者（融資者）は留保買主に対して売得金の残部の提供を要求できない〈破産〉	

以上の判決は、目的物あるいは期待権に対して複数の担保権が設定されたときはいずれの担保が優先するのか（①②③⑥⑧判決）、競合する担保権の一方が法定質権（先取特権）のときはどうか（⑦⑨判決）、さらに売主が権利主張したとき（⑤⑩判決）、に分けられる（差押えによる質権は債権回収への直接の行為があるため差し当たり設定行為と同視する）。留保目的物に対する複数の権利が問題となったときは、結果としてBGHZ 34, 122（⑤判決）の留置権を除き、先行する権利が優先すると判示されている。以上の三点につき判決の見解を抽出してみる。

(1)　目的物あるいは期待権に対して複数の担保権が設定されたとき

差押えによる質権に関し、まず、RGZ 140, 223（①判決）・NJW 54, 1325（②判決）では、買主の有する利益を所有権移転請求権とした上で独自の利用を認めた。また、NJW 54, 1325（②判決）は、買主の処分権が確定する条件成就時には買主の利益は目的物に対する権利（所有権）となるため、結局は目的物への差押えが必要であるとした。これを受けて、BGHZ 20, 88（③判決）では、買主の利益を把握するためには目的物の差押えで可能であるから、売主への譲渡通知は不要とされた。そして、BGHZ 28, 16（④判決）では、所有権と期待権を同一に扱うことの方向性が宣言されている。一九六〇年前後は学説でも盛んに論じられた時期でもあり、判決でも、買主の有する利益は単なる所有権移転請求権ではなく、現実に目的物を占有していることに伴って、所有権の前段階としての法的評価が与えられている（占有との関連については次章で述べる）。

BGHZ 35, 85（⑥判決）では、期待権が生じている物が土地債務の対象に含まれるかということが問題となった。土地債務には抵当権の規定が準用され、その効力が従物にも及ぶことになるため「債務者（買主）の物」が前提となる。しかし、代金未払の所有権留保の下にある物は未だ債務者の所有ではない。また、Yの後発する譲渡担保は、先の判決からすると期待権が譲渡されており、代金完済と同時に土地債務が及ぶ従物となることなくYが所有権を直接取得することになる。将来の権利の先行処分と構成しても同様となろう。

ところがBGHは別の解釈を行った。Yの譲渡担保については、譲渡されたのが期待権なのか完全権なのかということを問題としなかった。即ち、「期待権は所有権と本質的には同じであるが若干マイナスであるに過ぎない所有権の前段階である」として、土地債務が設定された時点で、期待権が生じている目的物は既にその対象となっているとした。この判断は、先行処分の優先原則を維持するためと思われるが、期待権は所有権の分属あるいは買主が所有者という扱いを想起させる。なお、譲渡担保が劣後したため一見すると矛盾するようであるが、BGHZ 20, 88（③判決）は、まず譲渡担保が先で差押えによる質権が後であり、BGHZ 35, 85（⑥判決）の場合には土地債務が先で譲渡担保が後である。したがって、先行行為が優先するという点では同じである。

(2)　競合する担保権の一方が法定質権（先取特権）のとき

では、設定行為が不要な法定質権の場合は如何に解されるのであろうか。まず、BGHZ 34, 122（⑤判決）では、請負による質は「注文者の動産」を対象とするため、期待権がその対象になるか否かは定かではないとしていた。しかし、NJW 65, 1475（⑦判決）は、「債務者の物」を対象とする土地債務に関するBGHZ 35, 85（⑥判決）を参考にして、「賃借人の占有にある総ての属具」を対象とする用益賃貸による質についても期待権が対象となると判示された。さらに、ほぼ同様の事例であるBGHZ 117, 200（⑨判決）は、このNJW 65, 1475（⑦判決）に基づき、「使用賃借人の物」を対象とする使用賃貸による質権につき期待権が対象となると判示されている。ここでも所有権と期待権を同一に扱う意図が見受けられる。なお、用益賃貸借と使用賃貸借による質権では若干の効力の差があるが、その点は特に考慮されていない[98]。

次に、後発の譲渡担保の目的物は、NJW 65, 1475（⑦判決）が「乳牛一一頭」と特定しているのに対して、BGHZ 117, 200（⑨判決）は流動動産（Raumsicherungsübereignung）であった。BGHZ 28, 16（④判決）は、現在物（所有権）・将来物（期待権）であっても譲渡担保契約自体は可能とする。そして、BGHZ 117, 200（⑨判決）は、「法による質権所持人の優先権が要点であり、賃貸による質権を無意味にしないためには、常に入れ替る在庫品の譲渡担保に対しては優先しなければならない」として、「賃借による質権は、持ち込まれた商品、完全権であれ期待権であれ、在庫品の譲渡担保が合意される前であれ後であれ、関係なく生じる」と解した。その理由としては、そう解さなければ「荷動きが早ければ早いほど譲渡担保設定以前に持ち込まれた物がなくな」り、「（控訴審はこれまでのBGHの判決からKは未だ帰属しない完全権を処分し得るか否かを推察していたが、そうすることは）使用賃借による質権を経済的に空洞化する」からであると説明している[99]。

それまでの判決からすると、法定担保権や流動動産であっても、先行処分の優先原則に従って優劣が決せられそうである。この点につきKrügerは、「〈BGHZ 117, 200（⑨判決）について〉BGH 35, 85（⑥判決）と比べた場合、土地債務者が賃貸人に該当する」として期待権に対する質権及び譲渡担保の成立は承認した上で、「以上の判例からは、事実上、行為の先後によって優先関係が決められていることになる。この原則からすると、譲渡担保と賃借による質権は同ランクの扱いがなされ得るようにみえる。つまり両権利の成立時点について検討すると、譲渡担保については担保範囲に持ち込まれた時点である。その際に両者の権利が衝突する。しかしこの場合の判断は困難である。私見によると、権利の生じる時点ではなく権利の生じる基礎の時点で決めるべきである。Xは賃貸契約の時点で基礎を有し、Yは先行処分により将来の目的物に対する譲渡担保を取得する。Xの方が基礎が先であり、その後の行為に左右されることなく優先権を取得する。集合物と個別の担保権との関係という考慮も考えられるが、やはり、担保権の根拠が発生した時間的先後関係による判断である」としている。(100)これは、先行処分の優先原則に基づいた説明であるが、実質は、判決も指摘するように法定質権を優先することを肯定するものである。では、流動動産という点については、修正、つまり処分の先後を基準としない解決は採られていないのであろうか。

(3)　さらに売主が権利主張したとき

ところで、以上の判例において繰り返されている「期待権と所有権を同一に取り扱うこと」は、買主がその既払分の価値を独自に利用した場合の第三者に対する考慮においてであり、売主が直接関係しない場合の判断であることは注意しなければならない。譲渡担保権者は条件成就までは処分権原がないので、そもそも設定者（買主）との関係においても買主の代金完済前に目的物を処分できず、売主の権利侵害となる（判決⑤）。具体的には不法行為として損害賠償義務を負い、(101)その額はＢＧＢ第八一六条一項一文により未回収の代金債権に該当する金額となる。NJW 2002, 2316（⑩判決）においても、留保売主の権利が優先している。もっとも、この判決には注意を要する。

NJW 2002, 2316（⑩判決）では、留保売主は残余（いわゆる清算金）を譲渡担保権者に引き渡すとの委任契約があった。譲渡担保は優先弁済権が法定されていない以上、留保売主が優先し残余を期待権の譲渡担保権者が把握するという関係を反映させるためには現実的な合意である。しかし、そもそも清算金請求権は買主にあり、譲渡担保権者の意図を実現するには、設定者（買主）から既払金返還請求権（所有権留保の実行は解除によるから）を譲渡させるしかない。そして、本件ではそのような合意がなかったことをＢＧＨも指摘している。そして、この委任の合意を外して検討しても、売主の目的物の処分は不当利得の前提となる無権利者の処分ではなく、売主と譲渡担保権者の間には事務管理の関係もないため売得金の超過部分につきBGB第六六七条[102]による引渡義務は生じないから、譲渡担保権者の請求は認められなかった。もっとも、BGB第二八五条[103]の可能性は指摘されている[104]。

ところで、NJW 2002, 2316（⑩判決）で譲渡担保権者が留保売主と上記のような合意を取り交した背景は、包括債権譲渡と延長された所有権留保による転売代金債権の争いに関し、既に一連の判決がでていたからであった[105]。先行処分の優先原則では、設定者（買主）の有する債権が包括譲渡されると、その後の商品供給に付随する延長された所有権留保の合意は意味をなさなくなる。そこでBGHはこのような包括債権譲渡の反良俗性を検討したが、その際に問題となるのは、融資者は競合する商品納入者の利益を考慮することなしに担保目的をどこまで追及可能かを個々の場合に明確にできるか、ということであった[106]。そして、BGHは、債務者が担保として融資者に将来債権を包括譲渡する合意が、債務者と商品供給者の間の延長された所有権留保の合意に基づき譲渡される債権を含むときは、良俗違反であるとした[107]。これらの判決は、商品供給にあたり所有権留保が指示された場合に商品供給者に対して常に契約違反となり又は可罰的な行為を犯すことなしに営業を継続するために必要な商品を入手できるという債務者（買主）の正当な利益を排除してはならないとの考え——"Vertragsbruchtheorie（契約侵害理論）"——に基づいている。したがって、包括債権譲渡は、関与する銀行に個別の事情においてBGB第一三八条による良俗違反のために不可避的な非難すべき態度が存在しないとき[108]、あるいは延長された所有権留保の対象となる債権は包括譲渡の対象としないという物権的な一部放棄条項が利用されたときのみ良俗違反ではない[109]。

しかしながら、以上の結論は単純な良俗違反に基づくものではない。良俗違反とされるのは、融資者と債務者（買主）との間の包括債権譲渡契約である。しかし、良俗違反の判断は、融資者（譲渡担保権者）と商品供給者（売主）との関係、即ち担保取得者同士の関係でなされている。したがって、当該専門分野の習慣で延長された所有権留保が用いられていない場合は競合を考慮する必要はないとされている[110]。つまり、単純に契約（譲渡担保の合意）の問題ではなく、フランス・わが国の動産売買先取特権と同じく、商品供給者は融資者に優先するとの法的判断が基礎にある[111]。

かねてより学説は、その根拠として、売買目的物と転売債権は代償の関係にあること、あるいは転売債権に距離がより近いこと、を主張していた。もっとも、このような根拠に基づく保護は法定されていない（ＢＧＢでは代償という取扱いは一般にない）。また、有力説は、先行処分の優先原則の不十分な結果として、留保商品の売却による債権は包括債権譲渡又は延長された所有権留保により担保された債権者に分割されるという分割原則によって回避しようとした[112]。しかし、分割方法を合意できたとしても、関係する総ての債権者の被担保債権額を何処かの一時点で確定しなければならず、また誰が分配するのかという現実的な問題がある。さらに、倒産手続が開始された場合、債務者と債権者は手続法における手続的及び実体法的保護を受けることができなくなるとも指摘されている[113]。NJW 2002, 2316（⑩判決）も、分割的な発想に否定的である。

　では、以上の包括債権譲渡担保との競合における Vertragsbruchtheorie（契約侵害理論）は、個別動産と流動動産譲渡担保の競合においては妥当するのか。NJW 2002, 2316（⑩判決）は包括的な譲渡であり、転売債権の問題なのか、売主による実行（物）の問題なのかは区別していない。しかし、いずれにせよ残余部分の価値の問題である。したがって、代償ともいえる転売債権に関する判断である契約侵害理論は、一段階前の物についてはより一層妥当すると考えられる。法定担保という配慮に基づくものではあるが BGHZ 117, 200（⑨判決）も同様の趣旨が伺える。したがって、所有権留保付売買契約締結以前に集合動産（債権）譲渡担保が設定されていた場合は、先行処分の優先原則を維持しつつ修正された結果、留保売主が優先されていると解される。

　以上から、判例の理解として、第一に、期待権を所有権と同一に扱うことを志向し買主による現時点での先行処分（譲渡担保の設定）を承認する。第二に、買主による先行処分があっても買主に対する法定担保物権が優先する。第三に、延長された所有権留保が利用された場合、競合する包括債権譲渡に優先する（個別動産と流動動産譲渡担保の場合も同様と解される）。なお、わが国の判決との比較は、第三編第三章で行う。

小　括

ＢＧＢ制定後の学説及び判例は、採用された法形式及びその前提となる理論を踏まえた上で、当事者の実体的権利を明らかにしようとしている。

学説は、ＢＧＢ制定過程において保留された問題を追及した結果、同時性の原則を基に、①先行の原理、②期待権理論、③分割理論、④未確定理論、⑤担保権説、が唱えられ、いわゆる期待権については、所有権との一元的な把握あるいは先行の原理が有力である。注意しなければならないのは、これらは採用された法形式自体を変更したり読み替えたりするものではなく、あくまでも当事者の合意から生じる状態について「何故そうなるのか」という点を追求した結果である。また、提唱された理論構成間の比較検討も試みられているものの、全構成が比較可能な同一レベルにないことから、総合的な検討には至っていない。

本書で取り上げた判決によると、ＢＧＨは、売主に所有権が帰属することを前提に、条件成就前の買主の状態に財産性を認め、譲渡や担保として買主が独自に利用することを承認している。また、複数の権利あるいは処分が競合した場合、先行処分の優先原則に基づき判断されるため、買主の期待権を対象として予め設定されていた担保、あるいは法定担保の基礎が存在していた場合、買主による譲渡担保の設定は劣後する。この点からは、買主の期待権に所有権との同質性を強く認める趣旨は、期待権という独自の権利あるいは将来の権利の先行処分であっても、実質は、所有権の分属や移転との扱いに近い。もっとも、所有権留保付売買契約に先行する買主による包括的な処分が既に存在する場合は、良俗違反を基礎とする契約侵害理論に基づき、売主が優先されている。

本書の第一編では、「所有権留保とは何か」という担保構造につき歴史的な経緯を明らかにした。求められたのは目的物を債務者の財産から分離した上での独占であり、したがって換価権ではなく「目的物の即時取戻しのための物権」の確保であった。これまで提唱された構造を挙げると、①失権約款（解除権）、②非占有担保権、③停止条件付所有権移転であり、ＢＧＢ制定後は、④所有権の分割、⑤未確定理論、⑥所有権の分割により売主に帰属するのは非占有担保権、⑦先行の原理、⑧解除条件である。さらに次編で述べるように債務法改正作業では⑨同時履行の抗弁権との同質性が指摘され、倒産法改正においては買主の状態（効力）は仮登記と同じと指摘されている。特にＢＧＢ制定後の見解は、「目的物の即時取戻し」のための「物権」としての「停止条件付所有権移転」を基礎にして、当事者の実体的権利が追求されている点に注意を要する。

第二編では、概念体系である現行法を前提に、「目的物の即時取戻し」のための「物権」につき、実体法と手続法（特に破産法）上の扱いを確認した上で、実体法と手続法の関係を明らかにする。

（1）ドイツの学説を紹介するものとして、概観は新田宗吉「所有権留保売買における法律関係（一）」上智法学論集二〇巻一号（一九七六年一〇月）九七頁。個別的には、船越隆司「期待権論―所有権留保の場合を主眼に―」法学新報七二巻四号（一九六五年四月）三一頁以下（目的物の占有関係について）、山崎寛「所有権留保売買買主の所有期待権の譲渡について（一）―留保買主の期待権―」法と政治一七巻四号（一九六六年一二月）九七頁（期待権譲渡の方式及び譲渡における占有関係について）、岡本詔次「所有権留保売買において占有をなす権利」『松山商科大学創立五十周年記念論文集』（一九七三年一一月）六一八頁以下（Raiser, Georgiades, Serick の見解における占有の問題について）、大島和夫「所有権留保と条件付所有権移転」神戸外大論叢三〇巻二号（一九七九年七月）七八頁（目的物の取戻しに関する Blomeyer、Raiser、Serick の見解について、『期待権と条件理論』法律文化社（二〇〇五年一〇月）所収（第五章））、新井誠「ドイツ普通法学における期待権概念の発展―条件付法律行為の本質を索めて―」國學院法学一九巻四号（一九八二年二月）（Windscheid, Fitting, Jhering の見解について（六四頁）、ＢＧＢ制定過程について（七四頁））、同「今世紀ドイツにおける期待権概念と所有権留保との交錯―続・条件附法律行為概念の本質を索めて」同二〇巻四号（一九八三年三月）一九五頁（Enneccerus 及び Zitelmann の見解について）、田中征爾「所有権留保売買をめぐる占有関係―主としてドイツ法を中心として―」民商法雑誌七八増刊号一（一九七八年四月）、『自主占有・他主占有』法律文化社（一九九〇年一一月）所収）（Raiser の見解（一六〇頁）、期待権の譲渡（一七一頁）、即時取得（一八一頁））、小林史郎「所有権留保売買における買主の物権的期待権（二・完）」法学研究三〇巻二号（一九九四年一一月）（期待権の譲渡（二四八頁）、期待権に対する負担と期待権取得者の地位（二五二頁）について判例による解釈を中心に検討）、三上威彦、「基本的所有権留保と破産手続（上）」季刊・民事法研究七判例タイムズ五二（一九八四年八月）二五頁（学説全般及び破産について検討）、がある。

（2）　第一五八条［停止条件及び解除条件］
「① 法律行為が停止条件の下で締結されたときは、条件に係る効力は条件成就のときより生じる。
② 法律行為が解除条件の下で締結されたときは、法律行為の効力は条件成就のときに終了する；このときに以前の法律状態が再び発生する。」

（3）　Motive Bd. 1, S. 260. 大島・前掲書九五頁。

（4）　大島・前掲書三五頁。

（5）　条件理論に関連した考察として新井・前掲論文の他に、大島和夫「条件理論の歴史的考察（その一）～（その四）」神戸外大論叢二九巻一号（一九七八年六月）八九頁・同二九巻四号（一九七八年一〇月）五三頁・同三〇巻一号（一九七九年六月）三七頁・同三〇巻六号（一九七九年一二月）八九頁、同「条件の効力について—近代のドイツを中心にして—」同二九巻五号（一九七八年一一月）九三頁、同「ブロマイヤーの条件理論」外国学資料三三神戸市外国語大学外国語研究所（一九七九年三月）、同「条件理論と期待権」『民事法理論の諸問題（上）—奥田昌道先生還暦記念』成文堂（一九九三年二月）一〇三頁（以上の論文は前掲『期待権と条件理論』に所収）、田村耀郎「期待権及び未必の権利についての一考察（一）～（三）」島大法学二六巻二・三号（一九八三年二月）一四三頁・同二七巻三号（一九八四年二月）九六頁・同二八巻二号（一九八四年一〇月）一一七頁、同「所有権留保論への一視点」島大法学三〇巻—臨時増刊号（一九八七年三月）一七九頁がある。

（6）　Wilhelm Sell, Überbedingte Traditionen, zugleich als Revision der Lehre von den Wirkungen der Bedingungen bei Verträgen im Allgemeinen, 1839 (Gottfied Schiemann, Pendenz und Rückwirkung der Bedingung, 1973, S. 90ff.（以下Pendenz と記す）.；大島・前掲書六三、九六頁。）

（7）　この考え方は、Savigny により高く評価されたが、Jhering は彼の図式的理解が実際上の法効果にうまく結びつかないと批判した（大島・前掲書九六頁。）

（8）　フランス民法第一一七九条「成就した条件は契約の日に遡って効力を生じる（以下略）。」

（9）　Bernhard Windscheid, Die Wirkung der erfüllten Bedingung, 1851, in: Gesammelte Reden und Abhandlungen, hrsg.

von Paul Oertmann, 1904, S. 127ff.（Pendenz, S. 95ff.；大島・前掲書六五、九六頁。）

（10）D. 23. 3. 9. 1とD. 39. 5. 2. 5が矛盾すると指摘された（大島・前掲書九七頁）。

（11）Hermann Fitting, Über den Begriff der Rückziehung, 1856.（Pendenz, S. 99ff.；大島・前掲書六八、九八頁。）

（12）大島・前掲書九九頁は、Fittingこそ条件付条理律行為の効力を遡及効という擬制を用いずに一体的に捉えようとした先駆者であり、「物の拘束」を唱えた点で、期待権理論の開拓者であると考えられる、とする。

（13）Rudolf von Jhering, Passive Wirkungen der Rechte, in: Jherings Jahrbücher fur Dogmatik des Bürgerlichen Rechts X, 1865（Pendenz, S. 107ff.；大島・前掲書七〇、九九頁）。

（14）Enneccerusは積極的効力のない権利などは、原因なしの結果と同じであってあり得ないと批判している（大島・前掲書一〇〇頁）。

（15）Ludwig Enneccerus, Rechtsgeschäft, Bedingung und Anfangstermin, 1899.（Pendenz, S. 138ff.；大島・前掲書一〇〇頁。）

（16）ローマの法律家たちは、条件未定の間の不安定な法律関係を「未確定な」と呼んだ（大島・前掲書三八頁）。

（17）船越・前掲「期待権論」三六頁注三。

（18）本書では、これまでも紹介されている見解を中心に述べる。本書で採り上げない個別的な見解も多いが、一般的な傾向は本書の分類に集約される。Georgiadesが、多くの文献を採り上げて検討している。

（19）Karl Larenz, Lehrbuch des Schuldrechts, 2Band, Besonderer Teil, 1972; Allgemeine Teil des deutschen Bürgerlichen Rechts, 2Band, 2Aufl, 1975, C. H. Beck.

（20）もっとも、債務の内容が給付義務だけでなく様々な付随義務も含むという見解から、条件成就前の条件付義務が内容の不明確な法定義務などではなく付随義務として認められてくると、Larenzの主張は、彼の意図とは逆に一体説に近づくと思われる（大島・前掲書一〇九頁注八五）。

（21）Larenz, a. a. O., Schuldrecht, S. 94.

（22）Werner Flume, Die Rechtsstellung der Vorbehaltskäufers, AcP 161, S. 385.

（23）Flume, a. a. O., S. 390f.

（24）Flume, a. a. O., S. 394.

（25）Flume, a. a. O., S. 407f.
（26）Rolf Serick, Eigentumsvorbehalt und Sicherungsubertragung, Band I, 1963, S. 246f., Recht und Wirtschaft.
（27）Rolf Serick, Eigentumsvorbehalt und Sicherungsubertragung-Neue Rechtsentwicklungen 2. Aufl. 1993, S. 222, Recht und Wirtschaft.
（28）Berthold Kupisch, Durchgangserwerb oder Direkterwerb?, JZ 1976, S. 417.
（29）法定されていない場合は、制定法に表現されている評価を指向することになるとしている。先行の原理（Prioritätsprinzip）といえよう。この見解については、古積健三郎「従物上に存在する複数担保権の優劣関係―所有権留保における期待権構成への疑問―」『奥田昌道先生還暦記念　民事法の諸問題下巻』成文堂（一九九一年七月）二五〇頁以下において検討されている。
（30）Huber, Der Eigentumsvorbehalt im Synallagma, ZIP 1987, S. 750.
（31）所有権留保の担保としての機能を Sicherungseigentum 及び質権と比較する（Huber, a. a. O., S. 752）。
（32）Wolfgang Krüger, Das Anwartschaftsrecht-ein Faszinosum, JuS 1994, S. 905.
（33）Andreas von Tuhr, Der Allgemeine Teil des Deutschen Bürgerlichen Rechts, Band I, 1910; Band II, 1918, Keip.（大島・前掲書一〇二頁。）
（34）Tuhr, a. a. O., S. 68.
（35）岡本・前掲「所有権留保売買において占有をなす権利」六一五頁。
（36）G. Witte, Das Eigentum im Verhältnis zum Anwartschaft aus bedingter Übereignung, JW 1934, S. 1142f.
（37）Ernst Letzgus, Die Anwaltschaft des Käufers unter Eigentumsvorbehalt, 1938.（大島・前掲書一六六頁。）
（38）Letzgus, a. a. O., S. 14.
（39）これに対して三上教授は、停止条件付所有権とは期待権の言換えであって、何ら具体的内容を示すものではないのではないかと指摘される（三上威彦「基本的所有権留保と破産手続（下）」季刊・民事法研究八判例タイムズ五三六（一九八四年一月）五三頁）。
（40）Letzgus, a. a. O., S. 64, 30.（大島・前掲書一六六頁。）
（41）Fritz Baur, Lehrbuch des Sachenrechts, 1960, § 59 I, C. H. Beck.

（42）この点について大島教授は、「近代市民法が否定した中世法の所有権の量的分割とみてよい」とされる（大島・前掲書一七八頁）。しかし、質的分割との関係が一応問題になると思われる。
（43）おそらくドン・キホーテのことであり、ドン・キホーテは風車に突進し敗れているため、Baur は、無謀・無理を承知で質権との見解を述べていると考えられる。同様の表現を後に Hübner も引用している。
（44）もっとも、Baur は、説明においては売主に所有権があるとしている。
（45）Baur, a. a. O., §56, 2, S. 519f.
（46）Baur, a. a. O., §59, 3, S. 544.
（47）Ludwig Raiser, Dingliche Anwartschaften, 1961, J. C. B. Mohr. この見解を検討するものとして、Ludwig Raiser/ 山田晟〈紹介〉「物権的期待権」法学協会雑誌七九巻四号（一九六二年九月）一一九頁、劉得寛〈紹介〉「ルードヴィヒ・ライザーの『物権的期待権』」法学三一巻一号（一九六七年二月）一三七頁。赤松秀岳『物権・債権峻別論とその周辺』成文堂（一九八九年七月）一三五頁。
（48）この批判は念頭に置く所有権概念が前近代的であり、そもそも Blomeyer の有期所有権の批判は、一個人にとって期限の制約がないという点ではなく、停止条件付所有権移転において、条件成就により法律上当然に（ipso jure）所有権が移ることとの矛盾を指摘する点であった。そうすると Raiser の批判は、理論的には疑問が残る（大島・前掲書一〇六頁）。
（49）Raiser, a. a. O., S. 66f. 大島・前掲書一〇七頁。
（50）Raiser, a. a. O., S. 49, 64ff. 田中・前掲『自主占有・他主占有』一六二頁。
（51）Raiser, a. a. O., S. 55.
（52）Heinrich Lehmann, Reform der Kreditsicherung an Fahnis und Forderungen, 1937.（Wolfgang Bergr, Eigentumsvorbehalt und Anwartschaftsrecht-Besitzloses Pfandrecht und Eigentum, diss., 1984, S. 30, Peter Lang).
（53）ドイツ法学院の提案であり、新井・前掲「今世紀ドイツにおける期待権概念と所有権留保との交錯」二〇七頁に紹介されている。
（54）Schütz, Die Umwandlung des Eigentumsvorbehalts in ein Pfandrecht, diss, 1940; Osterwind, Der Eigentumsvorbehalt als besitzloses Pfandrecht, 1941（Berger, a. a. O., S. 30).
（55）Franz Wieaker, Der Eigentumsanwaltschaft als dingliches Vorzugshaftung, ZAkDR., 1938, S. 590ff.

(56) Arwed Blomeyer, Studien zur Bedingungslehre, 1938/39, de Gruter; Der Rechtsstellung des Vorbehaltskäufers, AcP 162 (1963) S. 193; Eigentumsvorbehalt und gutgläubiger Erwerb, AcP 153 (1954) S. 239; Die Vollstreckung in Belastetes Fahrniseigentum, JZ 1995, S. 5. 大島・前掲書第四章。

(57) 未確定理論は日本民法第一一六条や第一三一条をめぐる未確定無効と同じ理論である（大島・前掲書一七九頁）。

(58) Blomeyer, Studien zur Bedingungslehre, S. 14, 31.（大島・前掲書一〇四頁。）

(59) Blomeyer, Studien zur Bedingungslehre, S. 133.（大島・前掲書一〇五頁。）

(60) 既に、Jhering や A. Brecht により主張されていた。彼らは、時間的に分割されたものをそれぞれ所有権と認めていた（大島・前掲書一〇五頁）。

(61) H. H. Pflüger により主張された（大島・前掲書一〇五頁）。

(62) Blomeyer, Studien zur Bedingungslehre, S. 186.（船越・前掲「期待権論」五一頁。）

(63) Blomeyer, Studien zur Bedingungslehre, S. 220f.

(64) A. Georgiades, Die Eigentumsanwaltschaft beim Vorbehaltskauf, diss., 1963.

(65) Georgiades, a. a. O., S. 107f. 111ff.

(66) Georgiades, a. a. O., S. 155.

(67) Georgiades, a. a. O., S. 176.

(68) Georgiades, a. a. O., S. 180.

(69) Ulrich Hübner, Zur dogmatischen Einordnung der Rechtsposition des Vorbehaltkäufers, NJW 1980, S. 729.

(70) Hübner, a. a. O., S. 730.

(71) Peter Bülow, Einfuhrung in das Recht der Kreditsicherheiten, Jura 1995, S. 198, 1996, S. 190.

(72) Bülow, a. a. O., S. 200.

(73) Bülow, a. a. O., S. 190.

(74) 新井・前掲「ドイツ普通法学における期待権概念の発展」五八頁。

(75) 大島・前掲書九五頁。

(76) 新井・前掲「今世紀ドイツにおける期待権概念と所有権留保との交錯」一九七頁。

(77) Blomeyer, Studien zur Bedingungslehre, S. 123ff, AcP. 153, 248.

(78) その他に一定の意図を持った見解として、買主の保護された状態、特に売主が条件成就前に目的物を処分したような場合でも買主は自らの債務を履行する限り所有権が取得できるという点を重視する法律構成として、期待権は買主の所有権移転請求権を被担保債権とする質権との構成も提案されている（Jan Dirk Harke, Anwartschaftsrecht als Pfandrecht, JuS 2006, 385）。

(79) Blomeyer, a. a. O., AcP 162, S. 194f.

(80) 新田・前掲「所有権留保売買における法律関係（二）」一一〇頁注一一。

(81) スイス法第一〇六三条。なおスイス法については別稿を予定している。

(82) Eberhard Eichenhofer, Anwaltschaftslehre und Pendenztheorie, AcP 185（1985）S. 162. この見解については、大島・前掲書一七八頁以下に解説されている。

(83) 大島・前掲書一九二頁。

(84) Bruno Rimmelspacher, Kreditsicherungsrecht, 2. Aufl., 1987. C. H. Beck.

(85) Rimmelspacher, a. a. O., S. 68. 古積・前掲二五三頁。

(86) 以上は、Sandra Baum, Der Eigentumsvorbehalt als Aus-oder Absonderungsrecht im Insolvenzverfahren, GCA, 2003, S. 138f.

(87) 本書で取上げる判例の他にこれまでわが国において紹介されているものとして、期待権の即時取得に関するBGHZ 10, 69（1953. 5. 21）（船越・前掲「期待権論」四二頁）、期待権を譲渡した後に債権を拡張することはできないとしたBGHZ 75, 221（1979. 10. 24）（小林「所有権留保売買における買主の物権的期待権（一）」法学研究二六巻二号（一九九〇年一一月）二頁）がある。

(88) 古積・前掲二三五頁、船越・前掲「期待権論」五二頁。

(89) 船越・前掲「期待権論」五五頁。

(90) 山崎寛「三一　所有権留保売買—留保買主の期待権の譲渡—」『ドイツ判例百選』（有斐閣、一九六九年五月）九二頁、古積・前掲二三八頁、小林・前掲「所有権留保売買における買主の物権的期待権（一）」二一一頁、船越・前掲「期待権論」五六頁。

(91)　船越・前掲「期待権論」五六頁。
(92)　船越・前掲「期待権論」五七頁。
(93)　古積・前掲二四一頁、小林・前掲「所有権留保売買における買主の物権的期待権（一）」一二四頁、船越・前掲「期待権論」五七頁。
(94)　本文中ではここで、Siebert-Soergel, BGB, 9. Aufl., § 559 Anm. 11; Flume, AcP 161, 385, 406; Georgiades, Die Eigentumsvorbehalt beim Vorbehaltskauf, S. 90ff; Raiser, Dingliche Anwartschaften, S. 99; Serick, Eigentumsvorbehalt und Sicherungsübertragung, Bd. I, S. 282f.; G. Reinicke, MDR 61, 681が示されている。
(95)　古積・前掲二四五頁、小林・前掲「所有権留保売買における買主の物権的期待権（一）」一二四頁。
(96)　本文中でBub/Treier/v. Martius, Handbuch der Geschäfts-und Wohnraummite Kap. Ⅲ Rdn. 857; Weber/Rauscher NJW 88, 1571ff., diesem zustimmend Palandt/Putzo, BGB 51. Aufl. § 559 Rdn. 10が指摘されている。
(97)　BGB第八一六条［無権利者の処分］
「① 無権利者が目的物について処分し、これが権利者に対して有効であるときには、無権利者は、処分によって取得した物を権利者に引き渡す義務を負う。処分が無償で行われたときは、処分によって直接法律上の利益を得た者が同一の義務を負う。
② 無権利者に対して給付を行い、これが権利者に対しても有効であるときは、無権利者は、給付されたものを権利者に対して引き渡す義務を負う。」
(98)　農業政策と住宅政策の違いに基づくものである。用益賃貸借による質権は占有質であることが重要であり、善意取得も可能である。一方、使用賃貸借による質権は占有が重要ではなく善意取得もないと解されている。
(99)　BGHZ 117, 208.
(100)　期待権という概念については、以上のような考察から、「期待権は何の意義もない。もっともそれによる魅惑（Faszination）は何ら損害をもたらすものではないだろう」としている（Krüger, a. a. O., S. 905.）。
(101)　OLG Dusserdorf OLG-Rp. 2001, 277.
(102)　BGB第六六七条［受任者の引渡義務］
「受任者は、委任を執行するために受け取ったもの及び事務を処理することによって取得したもの総てを委任者に引き渡す義務を負う。」

(103)　ＢＧＢ第二八五条［賠償の返還］
「① 債務者が二七五条一項ないし三項に従って給付をする必要のない事情により、なされるべき客体のために賠償又は賠償請求権を取得するときは、債権者は、賠償として取得された物の引渡し又は賠償請求権の移転を請求することができる。
② 債権者が給付の代わりに損害賠償を請求できるときは、一項に定められた権利を行使する場合、取得された物の引渡し又は賠償請求権の価値だけ減少する。」

(104)　Jürgen Oechsler, Münchner Kommentar, 4. Aufl., 2004, Anhang nach §§ 929-936 Sicherungseigentum Rn. 21.

(105)　わが国に紹介するものとして、米倉明「流通過程における所有権留保（二）」法学協会雑誌第八二巻二号（一九六六年二月）一六二頁（『所有権留保の研究』新青出版（一九九七年一月）所収、一四五頁）。尾島茂樹「ファクタリングと動産売買先取特権の物上代位の競合（一）・（二）」法政論集一一八号（一九八八年三月）七七頁、同一二〇号（一九八八年六月）二九一頁。藤井徳展「将来債権の包括譲渡の有効性（一）・（二・完）」民商法雑誌第一二七巻一号（二〇〇二年一〇月）二二頁、同二号（二〇〇二年一一月）一九〇頁。

(106)　BGH, NJW 1970, 657; 1971, 1313.

(107)　BGHZ 100, 358; 98, 314; 94, 112; 72, 310, 317; 55, 34; 32, 361; 30, 149.

(108)　BGHZ 72, 310; 55, 35; 32, 366.

(109)　BGHZ 72, 308, 310, 316, 317.

(110)　BGH NJW1995, 1668; NJW 1999, 940; NJW 1999, 2588, 2589.

(111)　Jürgen Oechsler, a. a. O., Rn. 21.

(112)　かつての学説状況については米倉・前掲が詳しい。

(113)　以上の問題点の指摘は、Hansjörg Weber, Kreditsicherheiten. Recht der Sicherungsgeschäfte, 7. Aufl., 2002, S. 313.

第二編　実体法と手続法における所有権留保

第一章　実体法に基づく当事者の権利

本章では、「目的物の即時取戻し」のための「物権」としての所有権留保につき、法律規定及び当事者の合意を基準とした分析を行う。第一編からは、先履行した売主には物権レベルでの特権がない点に留意する必要がある。具体的には、まず、物権的合意において所有権留保が合意された場合について考察する。理解の都合上、まず解釈規定であるＢＧＢ第四五五条が適用される場合の当事者が有する実体的権利について明らかにした上で（第一節）、物権的合意において具体的内容が定められた場合、特に主に商人間において利用される所有権留保の拡張形式について述べる（第二節）。次に、当事者の実体的権利関係が、特別法によってどのような理由から如何なる修正を受けるのかを考察し（第三節）、最後にＢＧＢ債務法改正作業における議論を確認する（第四節）。

第一節　物権的合意において単に所有権留保と合意された場合

ドイツ法においては、義務づけ行為である債権契約と処分行為である物権契約に分けて構成され、債権契約の段階では所有権の移転は起こらない。物権契約に関してＢＧＢ第九二九条は当事者の物権的合意と目的物の引渡しを必要とする。もっとも、この物権契約は債権契約における支払方法の取決めの影響を受けない[(1)]。したがって、代金の猶予や分割の場合に目的物を引き渡すと同時履行の抗弁権は使えず、ＢＧＢ第四五四条により解除権が剥奪されてしまう（債務法改正で削除：第四節及び第三章参照）。また、前章までにみたように、先履行した売主に対する特権は、解除につき期間不要とする以外、承認されていない。結局、売主は単なる一債権者として扱われる。

この状況を回避すべく、所有権移転に関する物権契約の要件の一つである物権的合意に条件を付けることは可能であり、明文で禁止されている不動産の場合を除き、所有権留保は適法であるとして、BGB第四五五条に所有権留保に関する規定が設けられた(2)。もっとも、この条文は当事者の合意内容がはっきりしない場合の解釈規定とされていることから、当事者間で個別具体的な内容の物権的合意、例えば解除条件付所有権移転や拡張形式等が定められた場合には、当事者間の合意が優先することになる。したがって、BGB第四五五条の規定は、当事者間の具体的な合意までも修正するものではない。

個別的な物権的合意については類型化が困難なこと及び理解の都合上から、以下においては、まず解釈規定であるBGB第四五五条が適用された場合の当事者の実体的権利について考察する。

一　当事者の実体的権利

一般に所有権留保が利用される場合は、物権契約において現実の引渡しにより目的物の直接占有が買主に移転するが、物権的合意に売買代金の完済という条件が付けられるために条件成就まで所有権が売主に留まると解されている。BGB第四五五条によると、具体的には、所有権の移転は停止条件付であること、及び第四五四条の売主先履行による解除権の排除を回避すべく売買契約は解除できることが規定されており、この解除権については、BGB第三二六条（遅滞、拒絶予告付期間の指定）に規定される期間の設置等は一般に必要ないとされている。したがって、BGB第四五五条による当事者の実体的権利関係としては、売主に所有権及び間接占有権並びに特別の解除権及び売買代金請求権が、買主に目的物の直接占有権並びに所有権移転請求権及び目的物の利用権が帰属することになる。以下、第四五五条が適用された場合の当事者の実体的権利について述べる。

(1)　売主の権利

まず、売主の権利については、売主に所有権が帰属するといっても通常は買主が目的物を直接に占有することから、買主からさらに譲渡を受け善意取得の要件を満たした第三者に対して、売主は自らの所有権を主張できないことになる。この点は、次の(2)で述べるように、売主から目的物を譲り受けかつ買主より先に直接占有を得た第三者に善意取得が成立する場合とパラレルに捉えることができる。即ち、直接占有がいずれにあるかということが重要であり、後述するように権利の公示としても問題があることを表している。

解除権については、単にBGB第四五四条による解除権の排除を回避するという以上に、第一編でみたように歴史的には留保されている所有権に基づく返還請求権との関係が本来的に重要である。学説の多数は、所有権留保の性質から、あるいはBGB第四五五条の規定そのものから売買契約の解除なしに目的物の取戻しを承認する。所有権留保には、物権的・債権的効果があり、物権的効果（所有権に基づく取戻し）の方を主張すれば債権的効果（売買契約の解除）の方を放棄したとみなされるからである。[3] また、学説の中には、売主は信頼関係の下に先履行したのであり、買主の不履行により信頼関係が破壊された場合には、買主の占有権の抗弁は主張できず、解除の必要なしに売主は留保した所有権に基づき目的物を取り戻し得るとの見解も主張され支持を得ていた。[4] しかし、判例（BGHZ 54, 214）は、売主による目的物の取戻しは単なる遅滞では足りず、第四五五条あるいは第三二六条による期間満了後の解除によって初めて可能になると判示した。解除の要否の問題は買主の占有権原をどう解するかであり、売買契約であれば解除が必要となり、次に述べる期待権であれば期待権の消滅を考えればよいことになる。

(2)　買主の権利

次に買主については、売主に所有権が留保される以上、そもそも買主の占有権原に対して疑問が生じないわけではないが、[5] 一般に売主より物の占有を引き渡された買主は、直接の他主占有者であるとされ、売買契約に基づき、売主に対して占有する権原を有するとされている。

ところで、所有権留保を停止条件付所有権移転と解する限り、売主は条件が成就するまでは確かに所有権者であることから、たとえ目的物を直接占有していなくても、売主は、所有権移転の物権的合意及びＢＧＢ第九三一条（返還請求権の譲渡）の引渡しを用いることにより、第三者に対して目的物の所有権をさらに譲渡できる。しかし、前章でみたように問題はあるものの、そのような処分はＢＧＢ第一六一条第一項により、買主が完済して条件が成就したときには無効となることから、売主は、もはや買主の所有権取得を妨げることはできないと解されている[6]。さらに、買主は、正当な所有権者に対しても目的物の占有権原を有する間はＢＧＢ第九八六条第二項の占有者の抗弁権により守られている[7]。したがって、所有権者といえども目的物返還請求のためには、まず買主の占有権原を喪失させる必要があり、代金未払にも拘らず目的物の占有を自ら許容していることからは、その許容の根拠である売買契約を解除する必要があると考えられている[8]。

また、ＢＧＢ第一六一条第三項により第九三二条の善意取得が適用されることになるために、売主よりさらに譲渡を受けた第三者が善意の場合、この第三者は、買主の所有権の条件付取得により妨害されることなく所有権を売主から取得できることになる。したがって、その点で危険は買主に生じる。この場合も売主から第三者への目的物引渡については、目的物の直接占有が買主にあることから、やはりＢＧＢ第九三一条（返還請求権の譲渡）の規定に従うことになると思われる。しかし、この場合において製造者又は商人からの取得の際には、第三者が譲渡された返還請求権の基礎になっている関係について尋ねなかったときは、重大な過失があるとされている[9]。また、仮に、この第三者が売主から返還請求権の譲渡により目的物の引渡しを有効に受けたとしても、買主は、ＢＧＢ第九八六条第二項により、第三者に対して先ほどの占有者の抗弁権を主張することが認められている[10]。その上、返還請求権の譲渡による目的物の引渡しの際には、買主の権利は、ＢＧＢ第九三六条第三項により、第三者の善意取得の場合においても消滅しないとされている。

さらに売主の過失の結果、物が毀滅し又は権利取得が妨げられたときは、買主は、ＢＧＢ第一六〇条第一項[11]に基づく損害賠償請求権により保護される。また売主が、条件の発生を不誠実に妨害したとき、例えば売買代金の受取りを拒んだ場合等は、条件は、ＢＧＢ第一六二条第一項[12]により有効に成就する。

二　当事者の第三者に対する権利

所有者としての売主は、占有権原のある買主に対しては目的物の返還請求権を行使できないが、第三者、特に不法に目的物を占有する第三者等に対しては、ＢＧＢ第九八五条（所有者の返還請求権）、第九八六条（占有者の抗弁権）により、買主又は自己への目的物の返還を請求し得る。いわゆる期待権者としての買主の占有権原は、ＢＧＢ第九八五条及び第九八七条以下[13]の請求権を類推適用することができると解されているので、この点でも買主は保護される。さらにそれ以上に、いわゆる期待権に基づき、第三者に対する占有の絶対的権原が帰属するとも考えられている（OLG Karlsruhe JZ 1966, 273）。

しかし、目的物自体に損害が生じた場合は、その損害賠償請求権は、所有権者（売主）と期待権者（買主）の間でどのように分割されるべきかという点に関して、様々な解釈が生じる可能性がある。損害の発生した時点までの既になされた弁済と未払の売買代金請求権との関係に基づき分割債権を承認することは、その間の変動とそれによる期待権者（買主）の立場の弱体化につながりかねない。一方、期待権者（買主）が優位に総てを取得するとすると、所有権者（売主）の利益は、必要以上に不利にされることになる。したがって解決方法の一つとしては、損害賠償請求権は所有権者（売主）に帰属し、期待権者（買主）は物上代位により、その請求権の上に期待権を手に入れるということが考えられる。具体的には、所有権者と期待権者は、それらの債権をＢＧＢ第一二八一条[14]の類推適用において共同に有効とし得るということになり、その際には、ＢＧＢ第四三二条[15]が準用されることになる[16]。

なお、ＢＧＢ第八一六条第一項第一文（非権利者による処分）による不当利得返還請求権についても、同様の問題が生じると考えられる。

三　当事者の債権者による目的物に対する執行

売主の債権者は、売主に留まっている留保所有権に対する執行が可能である。しかし、買主は、期待権に基づきＺＰＯ第七七一条（第三者異議の訴え）により訴えを申し立てることができると解されている（BGHZ 55, 20, 26）。もっとも通常は、買主が目的物を直接に占有しているので、売主の債権者によるＺＰＯ第八〇八条（債務者の所持する物の差押え）に基づく差押えは、買主の同意なしに行うことはできない。しかし売主の債権者は、ＺＰＯ第八二八条以下[17]に基づき売買代金請求、及びＺＰＯ第八五七条（その他の財産に対する強制執行）に基づき解除権を差し押さえ、しかる後にＺＰＯ第八三五条（金銭債権の移付）に基づいて実行することができる。もちろん、これらの執行がなされても、買主の立場は、売買代金を遅滞なく支払う限り変更を受けることはない。さらに、これらの執行は、ＢＧＢ第一六一条第一項第二文により、条件が成就すると同時に無効となる。

条件が成就するまでは売主に所有権があることになるので、買主の債権者が執行することは不可能なようにも思われる。しかし、執行官には誰の所有物か判断する権限はなく、買主に目的物が引き渡されているために、買主の債権者により目的物に対して執行されてしまう可能性がある。買主が直接に占有している目的物に対して買主の債権者が執行したときは、売主にＺＰＯ第七七一条（第三者異議の訴え）による訴権が発生する。しかし買主の債権者は、ＢＧＢ第二六七条（第三者による給付）により売主に売買代金を支払い、所有権を売主から買主に移転させることで、その異議の訴えを防ぎ、執行を継続することができる。

これまでに述べたこのような買主の保護された地位は、一般に期待権とよばれ、前章でみたように判例・学説によって支持されている。特に以上のような目的物の直接占有に基づく保護を伴うときは、物権性を承認することができる。また、ＢＧＢ第一〇〇六条は動産の所有権の公示を占有と規定しているが、この期待権の公示についても所有権との関連性から一般に占有と解されている。確かにＢＧＢ等の規定においては、直接占有を得た買主には既にあたかも物権を有しているのと同等の保護が与えられている。しかし、期待権が所有権を取得し得る地位である以上、その前提たる売買契約、具体的には売買代金請求権及び占有権原に従属するものであり、条件が成就し得る限りにおいてのみ存続し得るということにならざるを得ない。このような期待権に対しては、とりわけ条件理論との関係及びその本質に対する疑問から様々な見解が述べられているのは、前章でみたとおりである。

第二節　物権的合意において具体的内容が定められた場合（拡張された所有権留保形式）

これまで述べてきたのは、動産の売買において、具体的内容に言及せずに単に所有権留保という合意がなされた際にＢＧＢ第四五五条によって解釈された場合であり、単純形式の所有権留保とよばれるものである。しかし、当事者間で具体的な物権的合意、例えば解除条件付所有権移転等が合意された場合には、原則としてその物権的合意が尊重されることになる。そして、実際には単純形式の所有権留保の他にも様々な合意内容の所有権留保が利用されており、その形式は、以下のように分類することが可能である。(18)

Ａ　基本的所有権留保
　ａ単純所有権留保（einfache Eigentumsvorbehalt）
　ｂ継続された所有権留保（weitergeleiteter Eigentumsvorbehalt）
　　単純な所有権留保が売主・買主・転得者の間に一つだけある。
　ｃ接続された所有権留保（nachgeschalteter Eigentumsvorbehalt）
　　単純な所有権留保が売主・買主間及び買主・転得者間にそれぞれある。
Ｂ　拡張された所有権留保

a 延長された所有権留保（verlagerte Eigentumsvorbehalt）
（a）再譲渡（Weiterverauserung）
・先行的債権譲渡条項（Vorausabtretungsklausel）
将来買主が譲渡により取得する債権を予め売主に譲渡する。
・譲渡代金条項（Erlösklausel）
将来買主が譲渡により取得する代金の所有権を売主が取得する。
（b）加工条項（Verarbeitungsklausel）
買主による加工後の所有権は売主に帰属する。
b 拡大された所有権留保（erweiterte Eigentumsvorbehalt）
（a）当事者間拡大所有権留保
・交互計算（Kontkorrentvorbehalt）
ＨＧＢ第三五五条に基づくもの。
・単純拡大
（b）コンツェルン留保（Konzernvorbehalt）
コンツェルンに加盟している他の当事者（企業）の債権をも担保する。

これまでみてきた単純所有権留保の場合には二当事者間での動産売買の所有権移転過程に還元し得る問題であったが、特に拡張形式については、当事者間で動産売買代金債権確保のために当該目的物の所有権を留保するという関係が崩れてしまっている。したがって、この場合は売買における所有権移転の問題ではなく、その機能としては、譲渡担保と同様であることが指摘され、通説・判例もそのように解している。(19)

ところで、具体的内容の物権的合意がなされた場合に留意すべき点は、当事者の具体的合意が尊重されない場合である。まず、一般規定と抵触する場合は、その合意は認められない。また、後述するように、特別法によって当事者の実体的権利が修正される場合もある。特別法による当事者の実体的権利の修正については後に触れることとし、本節では、いわゆる拡張形式の所有権留保が合意された場合について、以下簡単に触れておく(20)。

一 延長された所有権留保（B−a）

(1) 再譲渡（B−a−(a)）

所有権留保は、最終消費者に対してだけでなく、自ら事業を営む者に対しても合意される場合がある。しかし、留保買主による目的物の再譲渡は留保買主が売主より所有権を取得できたときにのみ有効となるため、期待権の譲渡等の様々な方法が利用されている。

留保売主が、転売を予定している商人に対して商品を所有権留保の下で売却したときには、BGB第一八五条第一項（非権利者の処分に対する同意）の授権が黙示になされたとみなされている（BGHZ 27, 306）。授権がなされないときには、転得者は、善意取得や加工・混和・付合等により所有権を取得する可能性がある。この転売授権は、もちろん所有権留保、即ち留保買主の代金完済という条件付で行われることになるが、現実には何も条件が合意されないことが多いとされている(21)。以上に該当するときは、転得者が所有権を直ちに取得し留保売主は所有権を失うことになってしまう。しかし、留保売主は、その代わりに他の担保として留保買主が転得者に対して有する転売による代金請求権を自らに譲渡させるのである。したがって、このような場合は所有権留保の形式を採っているものの、代担保あるいは代償としての債権の譲渡担保と考えられる。その上で、価値の連続（追及）という趣旨（意図）あるいは実態を解釈にどう反映させるかということになる。この形式は、前章の判決例でみたように、債権の包括譲渡（Globalzession）及びファクタリング（Factoring）と競合した際に問題となる。

ところで、転得者と留保買主の間に債権の譲渡禁止が合意された場合、又は譲渡が転得者の承諾に係っている場合は、どうであろうか。ドイツにおいては、ＢＧＢ第三九九条に基づき、この合意は売主に対しても主張し得ると解されていることから、この譲渡禁止の合意に拘らず債権が売主に譲渡された場合には、ＢＧＢ第三九九条により絶対的無効となるとされていた（BGHZ 108, 172, 176）。したがって、譲渡が無効となった場合には、売主は無担保となる危険があったのである。

もっとも、これに対しては反対する見解が有力に主張され、立法論的にはＢＧＢ第三九九条は改正すべきであるとの見解が主張されていた[22]。これを受けて、一九九四年、ＨＧＢ第三五四ａ条として規定が設けられた。具体的には、ＢＧＢ第三九九条により債権譲渡禁止の合意がなされた場合であっても、当事者が商人又は債務者が公法人もしくは公法上の特別財産のときは債権譲渡は有効であること、さらに、元の債権者に対する弁済も有効であり、本条の規定に反する合意は無効であることが規定された[23]。

このＨＧＢ第三五四ａ条が本書と関連する問題として、留保買主破産の場合への影響がある。即ち、譲渡人（旧債権者＝買主）が破産した場合、これまではＢＧＢ第三九九条により債権譲渡が無効となったときに譲渡人の破産管財人は、債権を譲受人（新債権者＝売主）から取り戻すことが可能であった。しかし、ＨＧＢ第三五四ａ条の制定により譲渡が有効とされることから、譲渡人の破産管財人は譲受人から債権を取り戻すことができなくなった。

また、一般に実際に担保している価値（Deckungswert）が担保の必要がある債権を約二〇％上回るときは、通常は過剰担保と判断される[24]。延長された所有権留保の場合には、再譲渡による請求権の一部のみが担保の必要がある額まで売主に譲渡されたとの解釈により解決されている（BGHZ 79, 16）。また、そのような解釈が考慮されないときにおいても、ＢＧＢ第一五七条（契約の解釈）及び第二四二条（信義誠実に適った給付）に基づき、当事者間で明確な合意がなされていない場合でも売主に解放義務が生じるとされている[25]。

(2)　加工条項（Ｂ-ａ-(ｂ)）

所有権が留保された品物を買主が自らの商業活動の範囲において加工したときは、ＢＧＢ第九五〇条に基づき製造者として所有権を取得し、売主は自らの意思に反して所有権を失うことになる。そのために留保売主は、加工物の所有権は留保売主が取得するという加工条項により、危険を回避しようとするのである。

しかし、この条項により供給者である留保売主が製造者になるわけではない。留保売主は、先行する占有改定を合意するのである。即ち加工条項による延長された所有権留保は、(1)の再譲渡による延長された所有権留保同様に、代担保あるいは代償として加工後の品物が新しい目的物として譲渡担保に供されると考えられる。この場合も、価値の連続（追及）の点から解釈において何らかの配慮が求められるか否かは検討を要する。

二　拡大された所有権留保（Ｂ-ｂ）

この形式は、当事者間で所有権移転のための物権的合意に関して付けられる条件が「売買代金の完済」から「一定の債務の弁済」に変更された形式のものであり、被担保債権の変更を意図するものである。

この合意は、商人間だけでなく、商人と最終消費者の間でもなされることがある。例えば、自動車の売買代金債権以外に修理代金等も被担保債権とする場合等が考えられる。もっとも、取引関係から生じる総ての債権を担保するという拡大された所有権留保が約款により合意されたときは、そのような条項は、後述する約款規制法第九条第二項第二号により、商人でない者については原則的に無効とされている。なぜなら、当該売買代金を完済したにも拘らず他の債権のために所有権が移転しない場合には、所有権移転という売買契約の本質的義務が契約目的を危険にする方法で損われるからである（OLG Frankfurt NJW1981, 130）。したがって、ある商品について弁済され、その後も他の債権を担保するために拡大された所有権留保が利用されたときは、その商品（目的物）と売買代金（被担保債権）との間の売買による特定性・牽連関係が消滅することから、拡大された所有権留保も譲渡担保の機能を果すことになる。

商人間の場合には、取引関係から生じた未決済の債権を担保する拡大された所有権留保は有効とされている（BGH

NJW 1994, 1154)。もっとも、過剰担保の場合は、やはり解放請求権が生じることになる。この解放条項の明確な取決めがない場合であっても、拡大された所有権留保は無効とならないと解されている。[26] しかし、担保される債権が当事者の取引関係に何の関連もなく生じたものであるときは、拡大された所有権留保は無効とされる（BGH NJW 1971, 799）。同時に継続された所有権留保が合意されているときも、拡大された所有権留保は約款規制法第九条により無効とされる（BGH NJW 1991, 2285）。

コンツェルン留保とは、コンツェルンに属する企業の総ての債権を担保する形式のものである。この形式においては、買主が売主と同じコンツェルンに属する企業に対する債務を履行した場合に、売主に留保されている所有権が移転するという合意がなされていた。この合意はHGB第三五五条に基づく交互計算留保と同様の要件の下で承認されていたが、BGB第一三八条により公序良俗違反とされる見解が有力に主張されていた。[27] また、この合意が約款によりなされたときにも、約款規制法第九条第二項第二号によって規制されることになる。なお、このコンツェルン留保については、次章第四節で後述するように倒産法施行法により新しくBGB第四五五条第二項として規定され、無効と法定された。

以上の拡張された所有権留保の特徴は、元々の担保された売買代金債権が履行されても――単純所有権留保は消滅するが――その他又は拡大された債権が履行されるまで消滅しない点である。したがって、目的物の所有権と担保されている債権に双務性がなく（次章で後述する破産における管財人の選択権の対象外となる）、買主の期待権の存在も不確かである。この点は、単純所有権留保とその他の形式及び譲渡担保との関係を考察する際に、重要な差異である。

第三節　特別法による当事者の実体的権利の修正

当事者の物権的合意又はBGB第四五五条に基づく当事者の実体的な権利は、例えば消費者保護に代表されるように様々な目的から規制される。割賦販売法については第一編で言及したため、以下では、その後に割賦販売法を受けて制定された消費者信用法及び約款規制法による当事者の権利への影響を検討する。

一　消費者信用法（Verbraucherkreditgesetz vom 17. 12. 1990.）

一九八六年一二月二二日に「消費者信用に関する共同体加盟諸国の法規定と行政規定のためのＥＣ理事会指令[28]」が出され、一九九〇年一月一日までに国内法への転換が迫られることとなった。このＥＣ指令の国内法への転換のために割賦販売法を変更することも考えられたようであるが、結局一九九〇年に消費者信用法（以下 VerbrKrG とも記す）が制定された[29]。この法律の立法過程において、割賦販売法は消費者信用の観点からの長年の法制策的な要求と合わせて消費者信用法に組み込まれ、その施行と同時に廃止された。したがって、消費者信用法には、ＥＣ指令において本来予定されていなかった内容も含まれている。

消費者信用法第一条は、消費貸借・支払猶予及びその他の融資援助が行われた場合に適用されることになっている。与信者としては、自然人・法人を問わず与信・信用仲介又は斡旋を営業活動又は職業活動としてなす者であり、消費者としては、既に実施されている営業活動又は独立の職業活動のために信用を受けたのではない自然人が想定されている。

本法が適用される売買については、VerbrKrG 第一二条及び一三条において契約解除に関して規定されている。したがって、所有権留保が合意されていた場合、売買契約を解除するにあたり単なる遅滞で足りるとするＢＧＢ第四五五条の規定は、VerbrKrG 第一三条第一項[30]の特別規定により排除され、売買契約は、VerbrKrG 第一二条第一項[31]において認められた返還要件の下でのみ解除できる。また、当事者間で何らかの解除権が約定されていた場合には、VerbrKrG 第一三条第二項により、ＢＧＢの解除規定が準用されることになる。なお、留保した所有権に基づく売主による目的物の取戻しは解除権の行使とみなす AbzG 第五条に該当する規定が VerbrKrG 第一三条第三項に置かれている。もっとも、特に所有権留保に関する規定でなく、一般的な規定となっている。

以上から、売買契約の解除に関する当事者の合意又はＢＧＢ第四五五条の解釈は消費者信用法によって変更され、厳格な要件の下に行わなければならないことになる。

二　約款規制法（Gesetz zur Regelung des Rechts der Allgemeinen Geschäftsbedingungen vom 9. 12. 1976.）

所有権留保は、売買契約においてしばしば売主の約款に基づき合意され、通常は期限の利益喪失条項・解除特約・目的物の貸借条項等が同時に挿入されることから、むしろその中の一条項として総合的に考察する必要がある(32)。また、これらの合意が専門分野での習慣により黙示の合意としてなされることもあるが、判例（RGZ 143, 14）によれば、「まだ支払のない売買は常に所有権留保の下にあるという、一般的な商業の習慣、取引のしきたりは、存在していない」とされている。

このような売主の約款による所有権留保の条項が約款規制法（以下ＡＧＢＧとも記す）第九条(33)による内容のコントロール（Inhaltskontorolle）に抵触する場合は、否定される。ＡＧＢＧ第九条は、約款により回避されている法律規定の基本思想に反し又は契約の意義を損なうような条項は無効と定める。所有権留保条項は、所有権移転に関する特約であり、所有権移転に関してはＢＧＢの中に規定が設けられている。しかし、ＢＧＢは直ちに現金で支払ったときの何ら条件が付着していない所有権移転のみを定め、売買代金の分割払又は猶予の場合の所有権移転については、何の規定も置いていない(34)。したがって、所有権留保の合意に対しては、ＡＧＢＧ第八条(35)により、所有権移転に関する補助規定の合意として、この内容のコントロールが行われることになる(36)。その結果、所有権留保条項が不適用となった場合、売主は、無条件の所有権移転義務を負うことになる。

また、ＢＧＢ第四五四条に基づき法定解除権が排除されてしまうことから、約款の一条項として売主の解除権が約定されることも考えられる。しかし、この条項についてもＢＧＢ第四五四条を回避するものとして先の内容のコントロールが及ぶことになれば、結局、解除権は認められないことになり、売主は単なる一般債権者となる。判例（BGHZ 78, 305）は、延長された所有権留保に対して「買主が供給者に対して多大の支出の原因となる供給された品物を受取り、かつ、品物がすぐに現金払で売却されるために売主の所有権留保が担保としてほとんど意味をなさないときは、ＡＧＢＧ第九条に基づく所有権留保の不適用に異議を唱えるべきではない」としている。

ところで、約款に関連してもＥＵ指令が発せられ、[37] 約款規制法は、判例によって固持されてきたその根幹部分であるＡＧＢＧ第九条を中心に変更される可能性が生じた。しかし、このＥＵ指令に対しては、むしろドイツの消費者保護の方が充実しており、約款規制法に与える影響はほとんどないとの指摘もある。[38] その後、ＥＵ議会及び理事会に対して新しい委員会提案もなされている。[39] また、以下に述べるＢＧＢ債務法改正作業において広範な検討が行われ、第三章で後述するように債務法現代化法により消費者信用法、約款規制法はＢＧＢに取り込まれることとなった。

第四節　ＢＧＢ債務法改正作業における実体的権利に関する議論

一　債務法改正委員会鑑定意見（一九八一・一九八三年）[40]

一九七八年に連邦司法大臣は連邦司法省内での債務法改正の検討に入り、二四の項目につき予備調査を行ったものを「債務法改正の鑑定意見と提案」として、一九八一年に第一・二巻を、一九八三年に第三巻を公表した。[41] 所有権留保に関する鑑定意見は、第一巻に存在する。[42]

鑑定意見においては、まず、所有権留保の問題は所有権移転の法的な要件というよりはむしろ根本的にはＢＧＢ第三二〇条（同時履行の抗弁権）の問題であること、法政策的な批判は延長及び拡大形式の所有権留保に向けられていること、そしてこれらは売主に有利な約款が利用されていることにその原因があると指摘されている。

次に、現行の規定に対して、鑑定意見では、「所有権留保は、疑わしいときは、停止条件付所有権移転の合意である」との解釈規定は、継続されるべきであるとされた。しかし、所有権移転の条件については、これまでの「売買代金の支払」ではなく「反対給付の実現（Bewirkung der Gegenleistung）」が提案されている。これは、例えば、買主が売買代金支払以外に条件となり得るようなさらなる債務を負わされた場合をも考慮するものであり、売買契約そのものではない要素が条件とされた場合を想定していると思われる。

さらに、個別的には、第一に、買主が目的物を取り戻す際に契約の解除を必要とすべきか否か、また必要であるとしてもその際に期間の設置を求めるべきか否か、第二に、売買代金請求権の消滅時効後に目的物の取戻しを認めるか否かという問題が提起された。第一の問題については、売主に契約を解除せずに目的物を取り戻す権利を与えるべきではなく、またそのような権利を与えることは、債務法改正の範囲を超えるものであるとされている。第二の問題については、任意の場合は別として、時効完成後の目的物の取戻しに道を開くべきではなく、BGB第二二三条[43]が適用される状態とは異なることを理由に留保所有権に基づく取戻しも否定されるべきであるとしている。この点は、所有権留保を同時履行の抗弁権類似のものと捉えた場合、その担保的効力の根拠を鑑みるならば、抵当権や質権に対する規定をそのまま適用することは困難であるとの判断であろう。

いずれにせよ、買主の履行遅滞の際になされる売主による目的物の取戻しについては、前提となるBGB第四五四条（法定解除権の排除）は適用すべきではなく[44]、一般の債務不履行規定を適用することが主張されている。また、BGB第三二六条では、契約を解除すると損害賠償請求ができないために、契約の解除に関する改正も必要であると主張されている。この点は今改正の中心的問題の一つであり、所有権留保は、むしろ具体的な問題の一つということになろう。しかし、鑑定意見では留保売主の解除にあたって期間の定めを必要としない点は、維持すべきであるとされた。

以上の点をふまえて、契約の解除が損害賠償請求権を排除しないことを前提に立法提案が述べられている[45]。

二　債務法改正委員会最終報告書（一九九一年）

鑑定意見公表の後、一九八四年二月に連邦司法大臣により債務法改正委員会が招集され、長期間の討議を経て、一九九一年一一月に連邦司法大臣に最終報告書が提出された(46)。

この委員会においても、まず、停止条件について検討された。仮に、一歩踏みだして、「買主に売買代金の支払を猶予した売主は、売買代金の完全な支払という停止条件の下で、所有権移転の義務を負う」としても、利益を受けるのは、法律に詳しく、所有権留保を約款の中の一条項として合意させることが可能な企業であり、口頭で契約をせざるを得ない企業の場合には、仮に権利状態を明確にできるとしても、常に裁判で争わなければならないことが危惧されている。もっとも、「総ての信用供与の際、疑わしいときは、完全な売買代金の支払という条件の下で、売主は、条件付所有権移転の（債権的）義務、又は所有権移転の（物権的）意思表示の義務を負う」とすることは、司法により問題が解決されることで総ての企業に対する同一の取扱いが可能になり、さらに売買代金の支払が所有権移転の成立要件であるとの実務の理解が広がるとも考えられた。

しかし、委員会は、最終的には現行の規定を維持することを主張している。その理由として、以上のように規定したとしても、買主に引き渡された目的物が、他の物と付合したり、さらに第三者に譲渡された場合には、売主に合意や意思表示の義務を負わすことは適切でないことを挙げている。このような場合、買主にとっては、未だ所有権を得ていないとしても自らの行為が適法であるということが関心事である。したがって、このような解釈規定が一般的になると、買主がさらに第三者に目的物を譲渡するときには、この先譲渡を原因とする売主の所有権喪失に対して何らかの補償を提供しない限り、売主は授権をしないということにもなりかねないと指摘している。もっとも、提案された規定では、やはり物権的な権利状態が不明確なままであり、とりわけ、所有権留保が明確な形で合意されていなかった場合には、なお問題が残るとされている。

ところで、委員会は、先の鑑定意見と同様に買主遅滞及び売買代金請求権の消滅時効における売主による目的物の取戻しについて検討している。まず、判例（BGHZ 54, 214）を受けて、売主は契約の解除によってのみ目的物を取り戻すことができると規定されるべきとしている。売主は、合意された契約が有効な間は自ら交付した目的物を買主の下に置いておかなければならないからである。また、買主遅滞による契約解除における期間の設置については、一般規定と異なる扱いをすることは一般規定を不要とするきっかけを与えるものとして、委員会提案では、売主に特別の解除権を認めることは否定されている。

次に、代金請求権消滅時効後の目的物の返還について一般の解除規定によってのみ目的物の返還が可能であるとした場合、委員会報告第二二三条第三項第四号によると、消滅時効のような抗弁がある場合には解除ができないから、目的物の取戻しができないことになる。(47) しかし、ＢＧＢ第二二三条（担保権に対する効果）の規定に挙げられている担保権と所有権留保が同様に理解し得ることを理由に、委員会報告第二二三条には所有権留保に関する規定が設置され、売主は消滅時効後も目的物の返還を請求できるとされた。(48) そして、所有権留保の規定においても、このような例外として明記されることとなった。この点は、先の鑑定意見とは異なるものであり、所有権留保を如何に捉えるかという点で見解が異なったためである。最終報告書では、これまでの判例において売買代金請求権の消滅時効後の所有権に基づく目的物の取戻しは肯定されていることからも、(49) 判例と同様の結論を採っている。

以上の点から、最終報告書において立法提案が述べられており、(50) 所有権留保との関連においても問題となっていた第四五四条（法定解除権の排除）は削除されている。

小　括

まず、物権的合意に何ら条件が付けられずに目的物が引き渡された場合、売主は、ＢＧＢ第四五四条に基づき法定解除権を排除されることから、同時履行の抗弁権を主張できる場合（占有改定による引渡し）を除いて単なる一般債権者となってしまう。この事態を回避するために、当事者間では物権的合意において何らかの具体的合意（例えば停止条件付所有権移転や拡張形式の合意）がなされることになり、その合意は、原則的に尊重される。もっとも、その際に具体的内容が定められずに単に所有権留保という合意がなされた場合は、ＢＧＢ第四五五条によって、売買代金の支払という停止条件の下に所有権が移転し契約解除も可能であると解釈されることになる。所有権留保に関する実体法上の権利関係は、以下のようになる。

① 売主は、ＢＧＢ第四五五条によると、代金完済まで所有者（第三者に善意取得が成立した場合は所有権を失う）であり催告不要の特別の解除権を有する。

② 買主は、ＢＧＢ第九八六条により占有者の抗弁権を有し、代金を完済すれば自動的に所有者となるため（第一六一条で売主による中間処分は無効）、直接占有を得れば既に物権的に保護されている。

③ 拡張された所有権留保が合意された場合、単純形式の所有権留保が機能しないため、その代担保あるいは代償としての譲渡担保の合意となる（単純に無関係な譲渡担保と解すべきでないのは前章の判例でみたとおりである）。

④ 消費者信用法は、売主の解除権について厳格な手続を要求し、取戻しを解除と同視する（結果的には所有権留保の債権的効力と物権的効力を統一するものであり、ＢＧＢ制定前の債権・物権が明確に峻別される前の状態と同じとなる）。

⑤ 約款規制法は、一般規定を具体化したものとして契約の本質を損なうような場合にはその条項を無効とする。

⑥ ＢＧＢ債務法改正作業においても、定義規定ではなく解釈規定が想定され、ＢＧＢ第四五五条同様に売主に所有権が留保されるという解釈が採用されている。しかし、同時履行の抗弁権あるいは担保権のいずれに近い存在かという点から、解除及び消滅時効後の実行について捉え方が異なっていた。

しかしながら、歴史的な展開を受けた停止条件付所有権移転という解釈（ＢＧＢ第四五五条）による当事者の実体的権利は、所有権移転過程の中間状態と捉えることができ、債権・物権の峻別という点からは、厳格に捉えることが困難な事例である。また、直接占有を得た買主の物権的に保護された状態についてもＢＧＢ第九八六条の体系的な位置づけにつき争いがある。さらに、前章でみたように、停止条件付権利の状態の把握、条件成就前の権利を条件成就後の権利として扱う根拠自体が明らかにされているわけではないことは留意しなければならない。また、消費者信用法により、目的物の取戻しは解除とされ、ＢＧＢ制定までに求められた「即時の取戻し」という側面は後退している（債務法改正によりさらに後退した点は後に第三章で触れる）。

以上の当事者の実体的権利をふまえ、次章においては手続法の検討を行う。本書では、歴史的に明らかになった「目的物の即時取戻し」のための「物権」としての所有権留保が最も問題となる破産を中心に検討する。特に破産法を改正し制定された倒産法の制定過程の議論に注目する（第二章）。その後に、改正の順に従い改めて債務法改正について述べる（第三章）。

（1）　ＢＧＢ第四五四条［解除権の排除］
「売主が契約を履行し、かつ、売買代金を猶予したときは、売主は、第三二五条二項及び第三二六条に定める解除権を有しない。」

（2）　ＢＧＢ第四五五条［所有権留保］
「動産の売主が売買代金の支払を受けるまで所有権を留保した場合、疑わしいときは、所有権は、売買代金の完済を停止条件として移転し、かつ、売主は、買主が支払を遅滞したときは契約を解除することができるものとする。」
ＢＧＢは、第二編（債務関係の法）第七章（個々の債務関係）第一節（売買・交換）に売買に関する規定を置いている。そして、その第一款（一般規定、第四三三条～第四五八条）において、第四三三条以下に売主と買主の履行義務及び付随義務について規定し、第四四六条以下に目的物の危険負担及び費用に関して規定する。そして、第四五四条（解除権の排除）の規定の後、第四五五条に所有権留保について規定している。したがって、所有権留保を規定する条文の規定位置は、担保物権の箇所ではなく、債権各論の売買の部分である。

（3）　Heinrich Honsell, Staudinger Kommentar, 12. Aufl, 1978, S. 232ff, J. Scweitzer.

（4）　Rolf Serick, Eigentumsvorbehalt und Sicherungsübertragung, Band I, 1963, S. 137ff, Recht und Wirtschaft. また、BGB第四五四条に関しても所有権留保については直接関係のない規定であり、両規定の直接の関連性はないとされる（Serick, a. a. O., S. 130.）。

（5）　占有を中心に検討するものとしては、岡本詔治「所有権留保売買において占有をなす権利」『創立五十周年記念論文集（松山商科大学）』（一九七三年一二月）六〇九頁、田中整爾「所有権留保売買をめぐる占有関係―主としてドイツ法を中心として」民商法雑誌七八巻（臨増・一）（一九七八年四月、『自主占有・他主占有』法律文化社（一九九〇年一一月）一五七頁所収）などがある。

（6）　BGB第一六一条［条件の成否未定の間における処分］

「①停止条件付である目的物を処分したときは、条件の成否未定の間に目的物になしたさらなる処分は、条件成就の際に、その処分が条件に依存する効果を滅失又は毀損する限度において、無効である。条件成就前の時点において、強制執行もしくは仮差押の方法、又は破産管財人による処分は、前文の処分と同様とする。

②前項の規定は、解除条件の際に、条件の成就により権利を失う者の処分についても有効とする。

③非権利者より権利を取得した者のための規定は、準用する。」

（7）　BGB第九八六条［占有者の抗弁権］

「①占有者又は占有者が占有をする権利を承継した間接占有者が、所有者に対し占有をする権利を有するときは、占有者は、物の返還を請求することができる。間接占有者が、所有者に対し占有者に占有を譲渡する権限を有しないときは、所有者は、占有者に対して間接占有者に物の返還を請求することができ、間接占有者が占有を回収することができない、もしくは欲しないときは、自己に返還すべきことを請求することができる。

②第九三一条に基づき返還請求権の譲渡により譲渡された物の占有者は、譲渡された請求権に対して有する抗弁権により、新しい所有者に対抗することができる。」

第二項は、動産の占有者についてのみ適用される。法律規定に基く返還請求権の取得の場合には、本項は適用されない。

（8）　本条については、債務法上の占有権として体系上の位置づけが論じられているが、本書ではこの問題には触れない。

（9）　Hans Brox, Das Anwartschaftsrecht des Vorbehaltskäufers, JuS 1984, S. 657, 659.

（10）　BGB第九三六条［第三者の権利］

「①　譲渡された物が第三者の権利の目的であるときは、その権利は所有権の取得と共に消滅する。しかし第九二九条第二文の場合には、取得者が譲渡人より占有を取得した場合に限り、本条を適用する。第九三〇条に基づく譲渡がなされたとき又は第九三一条により譲渡された物が譲渡人の間接占有にないときは、第三者の権利は、取得者が譲渡に基づき物の占有を取得したとき初めて、消滅する。
②　取得者が第一項により基準となる時期に権利の考慮において善意でないときは、第三者の権利は、消滅しない。
③　第九三一条の場合において、権利が第三占有者に帰属するときは、善意の第三者に対しても、また消滅しない。」
本条における第三者の権利としては、通常、質権及び用益権のみが問題となるが、破産法第四四条の追及権〈Verfolgsreht〉及び所有権留保買主の期待権についても本条を準用すべきとされている。

(11)　ＢＧＢ第一六〇条［条件成就前の責任］
「①　停止条件の下にある権利者は、条件の成否未定の間に条件に依存する権利が過責により滅失又は毀損したときは、条件の成就した場合に損害賠償を相手方に請求することができる。
②　以前の法律状態の回復により利益を受ける者は、解除条件の下で行われる法律行為の際、同様の要件の下で同じ請求権を持つ。」

(12)　ＢＧＢ第一六二条［条件に対する不当な影響］
「①　条件の成就が損害を受ける当事者により信義誠実に反して妨げられたときは、条件は、成就したとみなす。
②　条件の成就が利益を受ける当事者により信義誠実に反して引き起こされたときは、成就は、発生していないとみなす。」

(13)　ＢＧＢ第九八七条乃至第九九三条は、所有者は、占有者に対して如何なる要件の下に如何なる範囲において、収益の返還又は損害の賠償を請求し得るかということを規定している。

(14)　ＢＧＢ第一二八一条［履行期前の給付］
「債務者は、質権者及び債権者との共同に対してのみ、履行することができる。質権者及び債権者の各自は、双方の共同に対して給付することを請求することができる：給付に代えて、債務の目的物を双方のために供託するか、又は、目的物が供託に適さないときは裁判所の選任すべき保管者に交付することを、請求することができる。」

(15)　ＢＧＢ第四三二条［多数の不可分給付債権者］

「① 数人が不可分給付を請求すべき場合において、連帯債権者でないときは、債務者は、全員に対して共同でのみ給付することができ、また、各債権者は全員に対する給付のみを請求することができる。各債権者は、債務者が債務の目的物を債権者全員のために供託することを、それが供託に適さないときは裁判所が選任した管理人に引渡すことを、請求することができる。

② その他、債権者の一人についてのみ生じた事由は、他の債権者に対し効力を生じない。」

(16) 以上は、Wolf の見解（Manfred Wolf, Sachenrecht, 12. Aufl. 1994, S. 272, C. H. Beck）であるが、この点についても所有権留保に関して採用する法律構成によって見解が異なることになる。なお、わが国の問題については拙稿「所有権留保付売買目的物の滅失と損害賠償請求権の帰属」広島法学二〇巻四号（一九九七年三月）二六一頁。

(17) ＺＰＯ第八二八条は管轄権について規定し、第八二九条以下は金銭債権の差押について規定する。

(18) この分類は、三上威彦「基本的所有権留保と破産手続（上）・（下）」季刊民事法研究七判例タイムズ五二九（一九八四年八月）二五頁・同八判例タイムズ五三六（一九八四年一一月）五〇頁によるものである。三上教授は、延長された所有権留保形式における譲渡代金条項（Erlösklausel）はほとんど利用されていないと指摘されていることから、本書では言及しない。

(19) クレジットカードが使用されるような場合、Wolf は、その著書の中において拡大された所有権留保で記述をしており（Manfred Wolf, a. a. O., S. 295）、この点は、安永教授も引用されている（安永正昭「所有権留保の内容，効力」『担保法大系（四）―実体法・手続法・実務の交錯』金融財政事情研究会（一九八五年一〇月）三八七頁注一二）。売主・買主間と売主・与信者間に所有権の二重譲渡と同様の権利関係が作出されることになるが、売主から金銭の交付者に対する消費貸借の担保のための留保所有権の譲渡については、後述するようにドイツの法制度の下では有効に行うことができ、また消費者信用法によって売主と与信者は同一のものとして扱われることになっている。もっとも、最終的な所有権取得を目的としていない与信者は対抗関係に立たないとも解される。Wolf は、同様の効果は、第三者融資を受けた後に買主に弁済させ所有権を買主に移転させたうえで譲渡担保に供させることでも達成することができるとしている（Manfred Wolf, a. a. O., S. 296）。

(20) ドイツの拡張形式の所有権留保については三上・前掲論文の他に、米倉明「流通過程における所有権留保（一）～（三・完）」法学協会雑誌八一巻五号（一九六五年一〇月）一頁・同八二巻一号（一九六六年二月）一四頁・同二号（一九六六年三月）一六二頁（『所有権留保の研究』新青出版（一九九七年一月）所収）、三上威彦「所有権留保買主破産の場合における単純拡大所有権留保と交互計算留保」民事訴訟雑誌二九巻（一九八三年二月）二五頁、宮川聡「変型所有権留保の研究（一）・（二）〔ドイツ・日本〕」産大法学一九巻一号（一九八五年五月）一頁・同三号（一九八五年一一月）一頁などがある。

（21）Manfred Wolf, a. a. O., S. 280.

（22）Heinrich Honsell, a. a. O., S. 303.

（23）ＨＧＢ第三五四ａ条についてはGrub, Der neue § 354a HGB ~ ein Vorgriff auf die Insolvenzrechtsreform, ZIP1994, S. 1649; Eberhard Wagner, Neue Rechtslage bei vertraglichen Abtretungsverboten im kaufmännischen Geschäftsverkehr, WM 1994, S. 2093; ders., Abtretbarkeit von Geldforderungen aus beiderseitigen Handelsgeschäften und Aufträgen der öffentlichen Hand nach § 354a HGB, NJW1995, S. 180; Eberhard v. Olshausen, Konkursrechtliche Probleme um den neuen § 354a HGB, ZIP1995, S. 1950。邦文では石口修『所有権留保の現代的課題』成文堂（二〇〇六年三月）二一四頁。

（24）BGH NJW 1993, 533. なお、過剰担保を理由とする解放請求権について論じるものとして、野田和裕「過剰担保の規制と担保解放請求権—ドイツ法の分析を中心に（一）・（二）」民商法雑誌一一四巻二号（一九九六年五月）二一八頁・同三号（一九九六年六月）四二七頁。

（25）BGH NJW 1981, 571. なお本判決は、譲渡担保に関するものである。

（26）BGH NJW 1994, 864. なお本判決は、譲渡担保に関するものである。

（27）Heinrich Honsell, a. a. O., S. 309.

（28）Richtlinie des Rates vom 22. 12. 1986 zur Angleichung der Rechts-und Verwaltungsvorschriften der Mitgliedsstatten über den Verbraucherkredit (87/102/EWG), ABl. Nr. L42/48 vom 12. 2. 1987.

（29）この立法については、消費者保護よりも、ＥＣ指令による外圧の方が決定的な役割を果したとされる。なお、消費者信用法に関する詳細な検討は多数存在し、泉圭子「ドイツ消費者信用法（一九九〇年）について（一）～（三・完）」民商法雑誌一〇七巻四・五号（一九九三年二月）二二九頁・同一〇八巻一号（一九九三年四月）二六頁・同一〇八巻二号（一九九三年五月）八〇頁などがある。

（30）VerbrKrG 第一三条［与信者の解除］

「① 与信者は、物を供給し又は目的物への分割払に対して他の履行をもたらす信用売買契約を、信用者の支払遅滞により第一二条第一項において記された要件の下でのみ、解除できる。② 解除に関しては、約定による解約権については、民法第三四六条乃至三五四条及び第三五六条の有効な規定を準用する。消費者は、与信者に、契約のために生じた費用もまた、賠償しなければならない。返還された物の利得の賠償の算定については、その間に発生した価値の減少を考慮に入れなければならない。③ 与信者が、信用売買契約に基づき給付された物を再び取戻したときは、解除権の実行として有効である。ただし、与信者が、消費者と、取去った時点における物の通常の売却価格を償うことで一致したときは、この限りでない。前段は、信用売買契約による物の供給についての契約が経済的に一体として結合すべきであり（第九条第一項）、かつ、与信者が物を取戻したときもまた、有効である：解除の場合において、与信者と消費者の法的関係は、第二項により定まる。」

（31）　VerbrKrG 第一二条［期限の利益喪失］

「① 与信者は、分割払で弁済しなければならない信用売買により、消費者の支払遅滞に基づき以下の場合は信用売買契約を解約することのみできる。

一、消費者が、少なくとも二回の連続する分割払の総て又は一部、かつ、信用売買又は分割払代金の額面額の百分の十が、三年以上の信用売買の期間においては少なくとも百分の五が、遅滞にあるとき、

二、与信者は、消費者に未払の金額の支払のために効果のない二週間の期間を、期間内に支払がなければ総ての残債務を請求するという説明と共に、設定したとき。

与信者は、消費者に、遅くとも期間の設定と共に、合意の規則の可能性についての話合いを、提供しなければならない。

（二項省略）」

（32）　このような観点からの先駆的論文として、杉山直次郎「割賦拂契約ヲ論ス」法學志林一三巻八・九号（一九一一年八月）一四七頁、谷川久「動産割賦売買契約における債権確保のための諸条項と問題点」法学雑誌一〇巻三号（一九六四年二月）六二頁などがある。

（33）　ＡＧＢＧ第九条［一般条項］

「① 約款における条項が信義誠実の規定に反して利用者の契約相手を不当に不利にするときには、その条項は、無効である。

②　以下のような条項は、不当な不利益の疑いがある。
一、回避されている法律規定の本質的基本思想に合致せず、もしくは、
二、契約の性質から生じる本質的権利又は義務を、契約目的の達成を危うくするほどに制限する場合」

(34)　ＢＧＢ第三二〇条［同時履行の抗弁権］、第三二二条［引換給付判決］の規定など即時の現金払を想定した規定のみが置かれている。

(35)　ＡＧＢＧ第八条［内容のコントロールの制限］
「第九条乃至第一一条は、約款において法律規定により区別され又は補助規定が合意された条項に対してのみ、有効である。」

(36)　約款の規制に関する文献としては多数に及ぶために、ここでは割愛する。ドイツにおいてこれらの問題を判例を中心に検討するものとしては、Manfred Wolf/〈紹介〉宮川聡「担保権設定行為の内容規制」産大法学一九巻四号（一九八六年四月）七三頁、O. de Lousanoff, Die Wirksamkeit des Eigentumsvorbehaltes bei kollidierenden Allgemeinen Geschäftsbedingungen, NJW 1982, S. 1727; ders., Eigentumsvorbehalt bei kollidierenden Allgemeinen Geschäftsbedingungen, NJW 1985, S. 2921; Friedrich Graf von Westphalen, Wirksamkeit des einfachen Eigentumsvorbehalts bei Kollision von Abwehrklauseln in Einkaufs-AGB mit Verkaufs-AGB?, ZIP 1987, S. 1361; Hans Georg Graf Lambsdorff, Der Eigentumsvorbehalt bei Kollision von Verkaufs-und Einkaufsbedingungen, ZIP 1987, S. 1370; Rudolf Neuhof, Inhaltskontorolle formularmäßig bestellter Kreditsicherheiten, NJW1994, S. 841. などがある。

(37)　EG-Richtlinie uber mißbräuchliche Klauseln in Verbrauchertragen vom 5. 4. 1993; Der Richtlinie 93/13/EWG.

(38)　Joachim Schmidt-Saizer, Das textliche Zusatz-Instrumentarium des AGB-Gesetz gegenüber der EG-Richtlinie über mißbräuchliche Klauseln in Verbraucherträgen, NJW1995, S. 1641.

(39)　Richtlinievorschlag uber den Verbrauchsguterkauf und -garantien, KOM (95) 520 endg, abgedruckt in ZIP1996, S. 1845. この草案に関しては、Dieter Medicus, ein neues Kaufrecht für Verbraucher?, ZIP1996, S. 1925; Peter Schlechtriem, Verbraucherkaufvertrageein neuer Richtlinienentwurf, JZ1997, S. 4411. などがあり、特に、債務法改正委員でもあったSchlechtriem は、債務法の改正に与える影響を論じている。

(40)　ＢＧＢの改正については、一九五七年六月の男女同権法に始まる一連の改正が行われている。もっとも、債務法の分

野においては、ＢＧＢの条文が修正・補充されたのはほんの一部であり（第二次大戦後に特別法として規定された居住賃貸借法が民法典に戻され、旅行契約法も民法典に組込まれた（第六五一ａ条からｋ条まで、一九七九年七月））、多くの場合には先の消費者信用法や約款規制法などのような特別法を制定することにより解決されてきた。

ところが、契約法全体の見直しを求める動き、即ち特別法による規定をＢＧＢの中に取戻し、契約法全体での再構成が求められるようになり今回の改正作業が開始された。また、契約法の規定を国際条約に適合させるべきではないかとの指摘もあり、単なる条文の改正以上の様相を呈した。また、国連統一売買法（UN-Kaufrecht）との整合性が意識され、さらに、アメリカ統一商法典（ＵＣＣ）が参考になるのではないかとの見解が一般的である。九〇年代後半の文献としては、ペーター・シュレヒトリーム／ニコラ・ノヴァーク・海老原明夫訳「一九八八年以降の判例・立法におけるドイツ債権法の展開」日独法学第一七号（一九九六年）三六頁、Rolf Sturner, Der hundertste Geburtstag des BGB-nationale Kodifikation im Greisenalter?, JZ1996, S. 741; Otto Sandrock, Das Privatrecht am Ausgang des 20. Jahrhunderts: Deutschland-Europa-und die Welt, JZ1996, S. 1 などがある。ちなみに、国連統一売買法においては、所有権留保について直接の規定は存在しない。

(41)　この鑑定書の第一巻及び第二巻を紹介するものとして、下森定・飯島紀昭・能美喜久・宮本健蔵「西ドイツ債権法改正の動向（上）・（下）」ジュリスト七七一号（一九八二年七月）一一一頁・同七七二号（一九八二年八月）二〇二頁。その後の研究による紹介は、現代債権法研究会『法政大学現代法研究所叢書九　西ドイツ債務法改正鑑定意見の研究』日本評論社（一九八八年三月）、及び同書の巻末の文献を参照。所有権留保については、石口・前掲六二頁がある。

(42)　Ulrich Huber, Der Eigentumsvorbehalt, Gutachten und Vorschläge zur Überarbeitung des Schuldrechts, Band I, herausgegeben vom Bundesminister der Justiz, 1981, S. 921ff, Bundesanzeiger Verlangs. mbH. なお、以下の記述は、基本的にこの鑑定意見による。

(43)　ＢＧＢ第二二三条［担保権に対する効果］

「①　抵当権又は質権の存続する請求権の消滅時効は、権利者が、担保の目的より弁済を受けることを妨げない。

②　請求権の担保のために権利を譲渡したときは、請求権が消滅時効にかかったことを理由にして、再譲渡を請求することは、できない。

③　前二項の規定は、利息又は他の定期給付の遅滞額を目的とする請求権の消滅時効には、適用しない。」

(44)　ＢＧＢ第四五四条における法定解除権の排除について、Huberは、この規定は不動産担保権（Grundpfandrecht）を設定することで売主が自己の利益を守ることができる不動産の売買において正当なのであり、所有権留保の場合には当てはまらないとしている（U. Huber, a. a. O., S. 922）。

(45)　鑑定意見における第四五五条
「①買主が反対給付を完全に発生させる前に動産の売主が買主に物を引渡したときは、疑わしいときは、所有権の移転は、反対給付の完全な発生の停止条件の下で起ることが、受入れられるべきである（所有権留保）。
②買主に物を所有権留保の下で引渡した売主は、疑わしいときは、売買契約を解除した場合にのみ、買主に物の返還を請求することができる。第四五四条の規定は適用しない。」

(46)　Abschlußbericht der Kommission zur Überarbeitung des Schuldrechts, 1992, S. 236ff., Bundesanzeiger. 以下の記述は、本最終報告書による。なお、本報告書を紹介するものとして、ドイツ連邦共和国司法大臣編／岡孝・辻伸行訳「ドイツ債務法改正委員会の最終報告書・総論(上)～(下)」ジュリスト九九六号（一九九二年三月）九六頁・同九九七号（一九九二年三月）八二頁・同九九八号（一九九二年四月）一〇頁、下森定・岡孝編『法政大学現代法研究所叢書一五　ドイツ債務法改正委員会草案の研究』法政大学現代法研究所（一九九六年六月）、及び同書の巻末の文献を参照。

(47)　委員会草案第三二三条［義務違反の場合の解除］
「①当事者の一方が双務契約に基づく義務に違反した場合において、債権者のした期間の定めに基づいて債務者が解除を予測すべきであったときは、相手方は、その定められた相当の期間が徒過した後に契約を解除することができる。（第一項二文以下及び第二項省略）
③以下の場合には、解除することができない。（一乃至三号省略）
四、請求に対して、債務者が既に主張している抗弁又は解除の後遅滞なく主張する抗弁があるとき：委員会草案第二七五条（給付義務の限界）に基づく抗弁は、考慮しない。（第四及び五項省略）」

(48)　委員会草案第二二三条［債権担保に対する消滅時効の効力］
「①抵当権、船舶抵当権又は質権によって担保された請求権が消滅時効にかかっても、権利者は、担保目的物から満足を受けることを妨げられない。
②請求権を担保するために権利を譲渡したときは、請求権が消滅時効にかかったことを理由に取戻しを請求することはで

きない。所有権が留保された場合は、被担保債権が消滅時効にかかったときも、その物の引渡しを請求することができる。
③ 前二項は、利息請求権及びその他の定期給付請求権の消滅時効には適用しない。」

(49) BGHZ 70, 96; 34, 119. もちろん、買主が目的物を占有をしている場合である。また、支払に関する証明責任は、売主にあるとされている。

(50) 委員会草案第四四九条［所有権留保］
「① 動産の売主が、所有権を売買代金の支払を受けるまで留保した場合において、疑わしいときは、所有権は、売買代金の完済を停止条件として移転するものとする。
② 売主は、所有権を留保した場合においても、契約を解除したときにのみ、物の返還を請求することができる。委員会草案第二二三条第二項二文の適用を妨げない。」

第二章　手続法における当事者の権利

実体法によって定められた当事者の権利を根拠として、手続法上の取扱いが規定される。もちろん、その際に一定の法政策等を理由として、実体法上の権利からは直接に導き出されない効力が手続法において付与されることも考えられる。したがって、手続法上の取扱いについて論じる際には、それが実定法上の権利から導き出される効力を承認し反映したものか、若しくは修正したものか、又は独自に規定されたものなのかということを区別しなければならない。なお、ここでも先履行した売主には物権レベルでの特権がない点に留意する必要がある。

本章では、このような視点から、特に破産法から倒産法への改正作業における議論に注目する。(1) まず、前提となる問題と改正の理由となった破産制度の状況を概観する（第一節）。次に、倒産法の制定過程について整理・分析する（第二節）。さらに、倒産法制定の結果、これまでの破産法の手続と如何なる相違があるのかを考察し（第三節）、今回の改正において新たに規定されることとなったＢＧＢ第四五五条第二項についても言及する（第四節）。そして、倒産法において、これまで論じた当事者の実体的権利が如何に取り扱われたのか、即ち、そのままの効力を承認されたのか、それとも何らかの修正が施されたのか、又は政策的な目的から実体法上とは異なる独自の効力が与えられたのかという点につき、若干の検討を行う（第五節）。

第一節　前提となる問題と改正当時の現状

一　前提となる問題

破産手続は、イタリアの商人団で発達し、フランスを経由してドイツに持ち込まれたとされている。ドイツでは商人破産主義・懲戒主義は採られなかった。また、破産法はBGB以前に制定されたため、実体法上の権利、例えば物権的請求権を代表とする返還請求及び担保権の効力、特にその実行を債務者破産後においても承認するという意味で、債権者の取戻権（Aussonderungsrecht）[2]又は別除権（Absonderungsrecht）[3]という形で規定されている。[4]もっとも、単なる個別執行の集合体を超えて破産法の目的及び破産処理の指導理念が意識され、管財人の法的地位あるいは実体法の権利が倒産手続においてどのような効力を与えられるかが、これまでも論じられてきた。したがって、手続法上、如何なる権利が承認されたのかという結論に対して、原則としての実体法上の効力の承認なのか、その効力を手続法レベルで修正したものなのか、あるいは独自の効力の付与なのかを明らかにし、問題点に対する議論を整理する必要がある。

所有権留保に関する検討を始めるに当り疑問が生じないわけではない。即ち、手続法において所有権留保として取り扱われているのは先の実体法の検証の中のどの類型のものなのかということである。既にみたように、BGBの規定は合意内容がはっきりしない場合の解釈規定であり、定義規定ではない。この点につき、倒産法等で規定される所有権留保において、当事者間でなされた所有権移転等に関する個別具体的な物権的合意を想定することは、立法上不適当であり、かつ不可能であると思われる。また、個別具体的合意の中で類型可能である拡張形式については、通説的な見解を受けて譲渡担保と同じ取扱いとすることが後述する倒産法制定過程において述べられている。したがって、まず解釈規定であるBGB第四五五条と同様に停止条件付所有権移転が念頭に置かれていることが考えられ、一般にそう解されている。[5] このように考えた場合、倒産法の条文上言及されている所有権留保に該当するものは、BGB第四五五条により解釈された所有権留保及びそれと当事者の権利関係が同様の場合であり、さらに消費者信用法により修正を受けた場合の所有権留保である。

なお、今回制定された倒産法の特徴の一つとして、新設された消費者倒産手続及び免責手続が挙げられる。[6] したがって、消費者信用法により当事者の権利が修正を受けるような場合は、むしろこちらの手続によることが予想される。これらの手続において、所有権留保が如何なる意味を持つのかということについても大変興味があり、本書の観点からすると、通常の倒産手続以上に政策目的を理由として手続法上で独自の効力が付与されていることが予想される。もっとも、本書においてはそこまで言及する用意ができていないために、消費者倒産手続及び免責手続の内容については、直接言及をしない。

二　改正当時の現状

商品売買における信用供与者の重要な担保手段として作用している所有権留保は、基本的に法律の外において発展したものであり、法定の他の担保とは対照的であるといわれている。この実務で発展した所有権留保に対しては、例えば譲渡担保や債権の包括譲渡等の他の問題ある担保形式と共に、改革議論が継続してなされるべき領域であると主張され、ドイツ法曹大会等において何度もこの問題が議論されてきた。しかし、これまでのところ何ら修正が施されることはなかった。

また、物的担保がその目的物から担保された金銭債権の満足を得る可能性を債権者に与える反面、無担保の債権者には残余のみが残ることになる。とりわけ、所有権留保と譲渡担保については、債務者（留保買主又は譲渡担保設定者）の総ての換価可能な財産を把握する拡張形式が承認されることとなったために、債務者破産の場合、無担保の債権者には処分可能な債務者の財産が残ることがほとんどなくなった。このような担保権の拡大は、破産法第一〇七条[7]

によると財産が不十分な財団にはもはや破産手続が実行されないために、破産の意義と同時に国民経済的な利益を広く失わせることとなった。

以上から、これら問題のある担保形式に対する改革要求は繰り返し提起され、とりわけ景気が後退した時期に立法者に対する要求は強化されるという現象がしばしばみられた。ここにおいて、Kilger により有名な「破産の破産」というスローガンが唱えられることになるのである。

一九九三年においては、優先権を持たない債権者の配当率は四～六%であるのに対し、優先権を有する債権者は、どんなに少なくても平均一八%であるとされていた(8)。また、破産による債権者及び国庫の損害は莫大なものであり、ある評価によると債権者が被った損害の総計は一年間で約一八〇億ドイツマルク（以下DMと記す）であり、国庫の損害は約一二〇億DMであるとされていた。さらに、国民経済的な観点から算出すると、損害は約七〇〇億DMに上るといわれていた(9)。

一九九七年に申請された破産手続の総数は、三三、三九八件であった。この内、全体の八二%である二七、四一四件が、企業による申請である(10)。一九七五年以降は破産法制の危機が叫ばれたが、それでも件数は一万件を越えることはなかった。しかし、その後の申請件数は増加し続けている。その原因の一つとして、特に旧東ドイツ地域では申請件数が爆発的に増加しており、旧東ドイツ地域の連邦への加盟により生じた経済的な影響が大きい。また、ドイツ統一後の法整備の遅れから、旧東ドイツの地域では、異なる法律（Gesamtvollstreckungsordnung：包括執行法(11)）により手続が執行されていることも問題視されていた。

さらに深刻なのは、既に述べたように破産手続開始の申請をしても、財産が不十分な場合には破産手続が開始されないことである。実際、一九八二年以降は四件の内三件の割合で開始申請が却下されており、破産者の財産の約八〇%に対して何らかの担保権が付いていたと報告されている。もっとも、実際に破産手続が開始された件数は、八〇年以降多少増加しているものの、これまでほぼ年間四～五千件で推移してきている。これは、申請件数の内、主に財団を構成するのに十分な財産を有しないものの割合が増加していることを現していると考えられる。ちなみに一九九七年は手続申請の内の七三・五％が却下されていた。(12)

第二節　倒産法制定過程(13)

一九七四年一二月、ヨーロッパ経済共同体の法律専門家会議において、ヨーロッパ統一破産法条約草案が採択され、所有権留保が売買目的物の引渡し前に書面で締結されている場合は、その所有権留保は破産債権者集団に対抗できるとされた。この統一条約の主旨は、加盟各国の国内ルールを揃えることであり、これによりフランスも立法作業が開始されることになった。(14)

また、ドイツ国内においては、元々一九五〇年代から、破産と和議を包括する倒産法制度の考え方が提唱されており、その後のオイルショック等による破産件数の増加に伴い、議論が活発化していた。(15)なお、一九七六年の第五一回ドイツ法曹大会において、担保権の規制の問題が取り上げられ、その際に倒産法に関する多くの提言がなされている。この提案においても、ＢＧＢが予定している原則的な所有権留保と拡張形式の所有権留保は区別されており、ドイツ法曹大会においては特に拡張形式について議論が交されている。(16)

ところで、売買契約締結後に売主が破産した場合、留保所有権に基づいて破産管財人が買主から目的物を取り戻すことは、先に検討した売主の実体的権利（間接占有・所有権）からも承認されるように思われる。しかし、自らの債務を適切に履行する買主には何の落度もなく、さらに先に検討した買主の実体的権利（直接占有・占有権原：期待権）からすると、売主の破産は、買主に何ら影響を与えるものではないはずである。後述するように倒産法ではそのように制定された。したがって、本書においては、特に担保として問題視されていた債務者（買主）破産の場合の担保保持者（売主）の取扱いを中心にして、倒産法の制定過程を検討する。

一　倒産法委員会報告書

一九七八年、連邦司法省は、破産法改正のための委員会を招集した。委員会は、特に動産担保の問題を集中的に審議したようである。また、第五四回ドイツ法曹大会の一部会においてもこの問題が討論され、これらの議論をまとめる形で、一九八五年に委員会より連邦司法省に報告書が提出された[17]。

非占有動産担保については、倒産財団にとって都合の悪いときに目的物を取り去られないように、目的物換価の権原は排他的に倒産管財人に与えられることとなり、担保権者は、換価金から優先弁済を受けることができるとされていた[18]。その上で、所有権を留保する売主も破産債権者として倒産手続に一体的に組み込まれることが提案された。

さらに、担保権者は、担保物の換価金の二五%の手続分担金（Verfahrensbeitrag）を支払うものとされた。これは、担保目的物の保持や担保権者の権利確定のための費用については、財団の費用、即ち一般債権者の負担によりなされるべきではなく、担保権者に負担を求めるべきであるとの判断から、新たに定められたものである。もっとも、分担金の割合については意見が分かれており、特に銀行から活発な批判がなされた[19]。具体的には、単純形式の所有権留保には合意について特別な様式は要求されなかったが、延長された所有権留保及び拡大された所有権留保については、無担保債権者の満足を著しく制限するとして、原則的にBGB第一二六条の書式によることが要求された[20]。また、二五%では多くの割合を他人資本に頼る中産への信用供給（Kreditversorgung）を危険にし、市場メカニズムの邪魔になるだけでなく、最悪の場合は排除されてしまうことも意識されていた[21]。

この段階においては、まず何よりも財団の財産確保という政策的な側面が強調されている印象を受ける。これは、先にみた現状から破産制度の見直しが要求された以上、当然であるといえよう。具体的には、担保権に対する換価権者の変更と手続分担金の導入である。

確かに、換価権は優先弁済の手段であり、担保権者が他の債権者による執行手続において配当要求を行う場合と同様に、優先弁済が確保されれば、常に担保権者自身が行使する必要はない。しかし、この場合は担保権者の換価権が発動されなかったに過ぎないのに対して、倒産法では管財人のみが換価することができ、担保権者の換価権は封印される。債権と物権を明確に峻別するシステムでは担保権の本質は換価権であるから、換価権者の変更は手続法上の重大な変更である。また、換価費を担保権者の負担（経費）とするのは実体法上も肯定できるものの、倒産法では、実費ではなく一定の割合で定められている。その理由は、一定割合の方が早期に財団財産を確定できること、及び実質的には担保権者にも一定の負担を課し他の債権者への配当原資を確保することである。以上から、倒産法では、換価権者の変更という修正、手続分担金という新たな効力が付与されている。

以上から、この段階での手続法上の取扱いは、当事者の実体的権利から発生する効力を手続法上も承認するか否かという観点よりも、財団財産の確保という政策的な配慮が優先し、実体法からは直接導き出されない効力が手続法上において意欲的に付与されている。

二　倒産法改正法準備草案及び倒産法改正法参事官草案

連邦司法省は、一九八八年八月、倒産法改正法準備草案[22]を発表し、一九八九年一一月にほとんど同じ内容の倒産法改正法参事官草案[23]を発表した。

倒産法の改正議論においては、引続き動産担保権への介入が必要であると要求されていたので、参事官草案第五四条（質権者の別除的満足）及び第五五条（所有権留保・譲渡担保）に対して、一律に別除権を与えるという取扱いが定められた。もちろん、この取扱いに対しては賛否両論が寄せられ、特に実務からは、確かに破産者の財産不足は深刻であるが新たな制限を設けることに対する疑問が生じるとされた。しかし、先の委員会提案のように、取戻権及び別除権の双方を否定した場合は、債務者（買主）への融資の途を閉ざすことにもなり、これまでの実務との違いが大きくなることを考えると、参事官草案はやむを得ない妥協案であったとも指摘されている[24]。

もっとも、参事官草案第一八一条において、倒産管財人が別除権を生じている動産を占有しているときは、自ら換価できることが規定された。そうすると、買主が倒産した場合に売主が別除権者であるとされても、通常は買主が目的物を占有することから、担保目的物の換価権は買主の倒産管財人にあることになる。したがって、別除権といってもこれまでのものとは意味が大きく異なる点を注意する必要がある。なお、別除権者の手続分担金については、参事官草案第一八五条において、目的物及びその上の権利の確定費用として換価金の五％、目的物の換価費用として換価金の五％を支払うものとされた。

また、参事官草案第一一一条において、「完全に履行されていない双務契約の際に倒産管財人は、契約を履行しかつ相手方に請求する権利を有し、相手方がその選択権の行使を催告したときは、倒産管財人は遅滞なく行使するか否かを表示しなければならない」と定められた。所有権留保についても、所有権の移転という履行結果が生じていないことから、未だ履行されていない双務契約として問題となる。しかし、その第三項において、「動産の売主が売買代金の支払まで所有権を自己に留保しているが、その他の点では売買契約からの義務を履行しているときには、契約は売主によって完全に履行がなされているものとする」と規定された。この第三項により所有権留保の場合は倒産管財人の選択権が否定されることになる。もっとも、買主が倒産した場合の留保売主の権利が別除権とされたことからは、別除権を生じている目的物を占有する買主の倒産管財人には、換価権が帰属することになる。したがって、事実上は、管財人の側で目的物を換価のために手放して弁済するか、それとも目的物を保持し続ける上で弁済するかを選択することができる。即ち、買主の倒産管財人はいずれにしても残債務を弁済しなければならないことに変わりはなく、倒産管財人の側では、目的物を保持するか否かの選択権が確保されていると捉えることができる。このように考えると、この第三項は、売主倒産の際に選択権を認めた場合、売主の倒産管財人が所有権移転義務の履行を拒むことにより、結果として何ら落度のない買主を犠牲にして目的物が取り戻されてしまうことを防止する趣旨であると考えられる。

この段階においては、先の委員会報告書とは異なり、まず当事者の実体法上の権利を前提として設計されていると捉えられる。即ち、先の委員会報告のように別除権あるいは取戻権を否定するのではなく、一応、一定の担保権者については別除権を承認することから出発しているのである。もっとも、この別除権という選択についても、本書の実体法上の効力との関連性という観点からは、実体法の効力を承認する形で手続法において別除権として承認されたというよりも、非占有動産担保権の画一的な取扱いという政策的配慮から、なお手続法レベルにおける別除権としての統一が志向されているように思われる。さらに、その別除権についてもこれまでの手続と異なり、換価権者の変更、手続分担金の負担が定められている。

したがって、これらの内容が当事者の実体的な権利からは導き出されない以上、結果だけを比較すると先の委員会報告と大差ないようにも思われる。但し、売主倒産の際に倒産管財人の選択権を認めないことを明示した点は、買主が自ら適切に債務を履行する限り、所有権移転の結果は自動的に発生するという買主の実体的権利を手続法上も承認したと評価することができる。

三　政府草案

一九九〇年のドイツ再統一により改正作業が一時中断したものの、連邦政府は、一九九一年一一月に準備草案及び参事官草案を改訂した政府草案を提出した[25]。

この政府草案においては、原則として担保権を制限するということが放棄されている。その結果、政府草案第五八条では、単純な所有権留保に別除権しか認めていなかった参事官草案第五五条第一項の第一号が削除されている。したがって、取戻権を定める政府草案第五四条の原則規定により、単純な所有権留保には、これまでと同様に取戻権が認められることとなった[26]。拡張形式の所有権留保については、譲渡担保と同様に取り扱うことが別除権を規定する政府草案第五八条の理由部分において明記されている[27]。また、草案の前書においても、譲渡担保及び拡張形式の所有権留保による担保目的物の換価権は倒産管財人にあることが記され、単純形式の所有権留保については倒産管財人に換価権がないことも述べられている。[28] したがって、倒産法において取戻権が認められた所有権留保とは、いわゆる単純形式についてのみであり、他の形式については別除権とすることが提案された。

政府草案においては、具体的に第一二一条に所有権留保の規定が設けられ、第一項で売主が倒産した場合が、第二項で買主が倒産した場合が規定された。第一項の規定は後掲する成立した倒産法第一〇七条の第一項と同じであるが、第二項は第一文のみであり、その主文も若干異なっていた。[29] その後、本条は、連邦参議院で可決された後、連邦議会での各政党の代表議員約三〇名からなる法務委員会により、第二項第一文の主文が改訂され、さらに第二項第二文が追加されることとなった。

また、政府草案第一一七条においては、参事官草案第一一一条とほぼ同様の倒産管財人の選択権が規定されたが、所有権留保に関する第三項は削除された。もっとも、その内容は所有権留保に関する条文である政府草案第一二一条に規定され、売主倒産の際の倒産管財人による選択権は否定されることになった。

なお、手続分担金は、別除権者ではないとされた単純形式の留保売主には直接の関係がなくなったものの、[30] 政府草案では、権利確定費用が六％、換価費用が五％とされていた。

この政府草案の段階では、まず政策的な影響が薄くなり、原則的に実体法上の権利を承認・反映することが選択されている。その結果、単純所有権留保については、原則である実体法上の当事者の権利が手続法上も承認されていると考えることができよう。このことを実体法上の権利に基づいて手続法上の効力を定めるという原則に沿った処理と捉えた場合、やはり他の非占有動産担保と単純所有権留保は実体的な権利関係が異なることから、手続法上でも異なる取扱いとして反映させることが選択されたと理解できる。そして、このように捉えられるならば、この政府草案については、政策的な影響が強くみられた政府草案以前のアプローチとは、明らかに異なるものと考えられよう。

第三節　倒産法（Insolvenzordnung vom 5. 10. 1994.）

政府草案提出後、両院協議会の開催等で議会の手続が長期化したものの、一九九四年一〇月五日に新法が公布され、破産法、和議法及び包括執行法を統一する倒産法が公布され、一九九九年一月一日より施行されることとなった(31)。

倒産法では、債権者自治の下で清算か再建かを決定させることが志向され、自らの満足のために債権者が自ら決定するという点が重視された(32)。倒産手続の開始に伴い債務者は私的自治を喪失し財産は債権者団の管理に置かれる。その結果、人的な債務から財団による責任へと移行し、念頭に置くべき関係が、倒産した債務者と債権者から債権者相互間の調整という関係に移行する。また、どのような倒産法制を想定するかによって、倒産管財人の法的地位も問題になる(33)。しかしながら、本書では以上の点を意識する必要を指摘するに留め、論を進める。なお、倒産法においては、これまでの破産者（Gemeinschuldner）に代わって単に債務者（Schuldner）という言葉が使用されている。本書では、混乱をさけるために必要に応じて債務者（倒産者）と明記する。

動産担保権については、どの程度制限するかという問題が最後まで争われたが、最終的には、非占有動産担保権の付着した動産の換価権は自らが目的物を占有する限り倒産管財人にあることが確定し(34)、担保権者には一括の手続分担金が定められた。したがって、倒産管財人は収益金の支払の前に担保債権者の負担する費用額を査定することになり、この分担金は、通常は換価収益金の九％であると一律に定められた(35)。さらに、これに売上税が加算されるため二四％の負担が生じることになる。このように、担保権者は倒産手続の中に組み込まれることとなったが、その代償として広範な情報請求権の付与（倒産法第一六七条、第一六八条）、報告期日からの利息請求権（倒産法第一六九条）、及び債権者委員会への関与権の強化が認められることとなった(36)。

所有権留保については倒産法第一〇七条に規定が設けられた。規定としては担保としてではなく、双方未履行の双務契約に関する原則である第一〇三条[37]の特則の一つである。[38]この履行選択権の行使の結果、実体法上の権利が如何なる変容を受けるのかが問題である。

倒産法第一〇七条［所有権留保］

①〈売主の倒産〉倒産手続の開始前に債務者（倒産者）が動産を所有権留保の下で売り、かつ、買主にその物の占有を移転したときは、買主は、売買契約の履行を請求することができる。債務者（倒産者）が買主に対してさらなる義務を負い、かつ、これらを履行せず又は完全に履行していないときも、同様とする。

②〈買主の倒産〉倒産手続の開始前に債務者（倒産者）が動産を所有権留保の下で買い、かつ、売主からその物の占有を得たときは、売主に選択権の行使を催告される倒産管財人は、報告期日の後に遅滞なく第一〇三条第二項第二文による意思表示をなす必要がある。報告期日までに物の価値の著しい減少が予想され、かつ、債権者が倒産管財人にこの状況を示したときは、この限りではない。

この条文に対しては、これまで裁判所により拒まれてきた留保買主の期待権に対して、倒産の際の保護が与えられることとなったとの指摘もある。[39]このような際立った取扱いは、草案の段階ではなお反対するように立法者に訴えられたが、買主倒産の場合の倒産管財人に猶予を与えることについては、変更の要求は起らなかったようである。

また、拡張形式の所有権留保については、既に述べたように、基本的には譲渡担保と同様の機能を果すことから、これまでも買主の破産の際は、売主には取戻権ではなく譲渡担保と同様に別除権のみが生じるとされていた（BGH JZ 1971, 505, 506. 特に延長形式について BGH BB 1971, 17; 1971, 285. 拡大形式について BGH NJW 1978, 632; 1992, 2483.）。そして、この取扱いは倒産法においても引き継がれ、拡張形式の所有権留保は譲渡担保同様に別除権が与えられることになった。この点に直接言及する条文はないが、既述のように実体法上の権利及び政府草案理由書の中で言及されていることから明らかである。また、拡張形式は目的物と被担保債権の間に双務性がないので、以下で述べる管財人の選択権も対象外である。

以下において、これまでの破産法の取扱いと、新しい倒産法の取扱いについて、条文が対象とする範囲での比較を試みる。また、買主倒産時の履行選択という点からは、買主が目的物を先行処分していた場合も問題となるため、この点にも言及する。

一　売主の破産

(1)　破産法による取扱い

留保売主破産の場合、留保買主は、残代金を支払った後は所有権を取得するために、破産法第四三条（取戻権）により目的物を有効に保持することができる。[40]留保売主の破産管財人による破産法第一七条（双務契約における破産管財人の選択権）に基づく履行の拒絶は、ＢＧＢ第二四二条（信義誠実に適った給付）により判断され、ＢＧＨの解釈においては、「売主の破産のとき、破産法第一七条は権利の濫用に該当しない場合は、原則的に適用すべきである」とされている。[41]したがって、買主の期待権は制限付の保護を受けるに過ぎなかった。しかし、このような破産法第一七条の適用に対しては、何ら不利益を受けるいわれのない買主を不当な立場に置くものとして従来から疑問視されており、ＢＧＢ第一六一条第一項第二文（条件の成否未定の間における処分）の趣旨に基づき、排除されなければならないと主張されていた。[42]

法的な問題としては、停止条件の下での買主への目的物の引渡しを売主の完全な履行とみるか否かである。確かに、完全な支払があるまで未だ所有権は買主に移転していない。この問題の解答は、売主の債務は履行行為か履行結果かに係っており解決は困難である。とりわけ特定物売買については、引き渡した物に瑕疵があったことが契約義務を完全に履行したか否か疑問であるが、有力説はこれを肯定していた。

しかし、むしろ以上の問題は、破産における買主の期待権の現状（状態）保護の妥当性から判断する必要があることが十分に意識されていた。争われる利益は、「物的に担保された債権者（売主）の危機に関係させられる留保買主」[43]と「管財人の選択権により留保目的物を財団に取り戻して買主を破産債権者に追い込む可能性」であり、「一債権者である落度のない買主」と「残代金の支配で十分なその他の債権者」の比較である。この点につき改正では明確に買主の期待権保護が優先された。もちろん、その後に買主が支払を遅滞すれば期待権の保護は必要なくなる。この点は後述する。

(2)　倒産法による取扱い

既に述べたように、倒産法改正法準備草案の第一一一条第三項において、破産法第一七条の適用の前提でもある双務契約の未履行状態が売主倒産時には否定されていた。結局、所有権留保については、倒産法第一〇七条第一項により、売主に対する倒産手続より先に所有権留保付の物権的合意をなし、かつ、目的物の引渡しを受けた買主は、目的物を保持し所有権を得ることができるとされた(44)。したがって、これまでの破産法の規定とは異なり、売主の倒産管財人に選択権は認められていない。この点は、当事者の実体的な権利が手続法上に反映されたものであると評価することができ、これまでの破産法制度とは異なる点である。

買主が目的物を占有する場合、買主の期待権は倒産上は仮登記に等しいと考えられるため、第一〇七条項の文言は第一〇六条に酷似している(45)。この類似性については政府理由書にも明記されている。特に同条一項二文については、混合契約（gemischtypische Vertrag）が念頭に置かれている。具体的には、目的物の設置・指導・保守、あるいは車検証等の書類の引渡し等である。しかしながら、これらの義務が履行されていない場合に第一〇三条の選択権が完全に排除されるわけではなく、第一〇七条第二項第二文の債務に該当するか否かは、期待権の担保（確実性）という観点から判断さる。つまり、その履行がなければ買主の期待権が無価値になるか否かが基準となる(46)。

倒産法制定時にMarotzkeは以下のような見解を主張した(47)。「まず、第一項第二文のさらなる義務（weitere Verpflichtungen）を負担していた場合も同様とされることについては、あたかも買主が売主の倒産管財人に対しさらなる義務の履行を請求できるかのような印象を受ける。この場合、倒産管財人に財団から費用を捻出させてこれらの義務を履行させることが、期待されているのであろうか。さらに、第一文を参照したところで、買主は『売買契約の履行を請求できる』ことから、倒産管財人は、さらなる義務どころか、BGB第四六三条の損害賠償を始め契約締結上の過失による責任、積極的債権侵害の補償までも履行しなければならないとの結論が導き出されてしまう可能性がある。つまり、問題は、第一項第一文の規定の仕方にある。

そもそも、当事者が物権的合意をなし、かつ、買主が目的物を直接占有している場合には、買主側が売主又はその倒産管財人に売買契約の履行——所有権の移転——を請求することはないという当事者の実体的権利が十分に考慮されていない。即ち、既に物権的合意をなした以上、買主は自らの残代金支払により条件を成就させることで所有権を自動的に受け取る立場にあり、何らかの履行を請求する必要はないはずである。

したがって、このような実体法における買主の地位を反映させるならば、『倒産手続の開始前に債務者（倒産者）が動産を売り、かつ、買主と所有権留保の合意をしたときは、買主は、債務者（倒産者）と合意した条件の下で所有権を取得し、かつ、その物を保持することができる』と規定する方がより適切である。」

Marotzke の見解は説得力を有しているが、その後の債務法改正により前提が大きく変化している。債務法改正後の状況及び問題については次章で述べる。

二　買主の破産

(1)　破産法による取扱い

留保買主の破産の場合、破産法第一七条（双務契約における破産管財人の選択権）に基づき、破産管財人に契約の履行に関する選択権が帰属する。買主の破産管財人が履行を選択したときは、破産法第五九条第一項第二文[48]に基づき、破産債務として売主に残代金を支払わなければならなかった。破産管財人が履行を拒絶したときは、売主は留保している所有権に基づき破産法第四三条の取戻権を行使することになる。

注意する必要があるのは、買主に破産手続が開始されたといっても、所有権留保が合意された当該売買契約が不履行状態に陥っている場合といない場合があり、破産の規定はいずれの場合においても適用されることである。この点は倒産法も同様である。

(2)　倒産法による取扱い

売主に所有権に基づく取戻権が帰属することを前提に、所有権留保については、担保としてではなく、双方未履行の双務契約における管財人の履行選択権（第一〇三条）の特則として規定された[49]。

倒産管財人が未払の売買代金を支払うという履行を選択した場合、代金債権は財団債務となる。留保買主の債務法上の反対給付も復活し、買主の占有と期待権も存続する。売買代金の残債務を提供したときには、当事者の物権契約における物権的合意に基づいた効果が発生――BGB第四五五条によると条件が成就し所有権は売主から買主に移転――する。したがって、売買目的物は、このとき初めてその他の財産と同様に倒産管財人の換価権と処分権に服することになる。これに対して、管財人が履行を拒絶した場合、売主の代金債権は消滅し、不履行に基づく損害賠償請求権が倒産債権（Insolvenzforderung）として請求される[50]。また、買主は履行請求権の消滅と共に占有権も失う。代金債権の欠落と共に所有権移転の条件は最終的に成就し得なくなるため、買主の期待権も消滅する。その際、留保売主の解除を要せずに留保売主は目的物を取り戻し得る[51]。

以上から、倒産法においては実体法上の権利を根拠に売主に目的物の取戻権が与えられてはいるものの、売主の権利行使は倒産手続開始により遮断され、実際は買主の倒産管財人がイニシアティブをとり、目的物の取戻しに関して判断することになる。この履行の選択については、基本的には目的物の現存する価値と残代金の比較により、より財団の利益になる方が選択されると考えられる。なお、このような倒産手続の開始が実体法上の権利行使に与える影響については、当該売買契約が不履行状態に陥っている場合といない場合に留意して次章第二節で検討する。

これまでの破産法と大きく異なる点として、倒産法で規定された倒産管財人の履行の選択権、具体的には選択権の行使時期の問題がある。即ち、これまでの破産法では、破産管財人は債務の履行をなすか否かの選択を「遅滞なく」

表示しなければならないとされていたが、倒産法においては、倒産管財人は、債権者からの要請があっても、「手続の続行を決める債権者集会である報告期日の後に遅滞なく」表示をすればよいこととなった。この報告期日については、倒産法第二九条第一項第一号によると、倒産管財人の報告を基礎として倒産手続の続行を決定する債権者集会であり、可能な限り六週間以内、遅くとも三ヶ月を越えないように定めなければならないとされている。[52]したがって、倒産管財人は報告期間の満了までに取戻権者の請求に対する選択権を行使すればよいので、売主の取戻権は、事実上三ヶ月の間実現されないことになる。この猶予期間によって、買主の倒産管財人は、倒産計画の全体を踏まえた判断が可能となり、例えば所有権留保の下で購入した機械等を倒産手続の中でどのように活用すべきかを総合的に判断する機会が与えられることとなった。つまり、留保売主に取戻権が与えられているものの、事実上は留保売主が倒産手続の中に取り込まれている。もちろん、精算型・再生型の入口を一本化したことに由来する実体法上の権利の修正である。

以上の猶予期間に対しては、以下の二点が指摘されている。[53]

第一に、倒産法第二九条第一項第一号による報告期間に関しては、その開始期日が明確に定められていない。したがって、倒産手続において継続（再生）か清算かを選択するために、特に経営上の財産は差し当って占有を留めるべきとしても、倒産管財人は、留保目的物を事実上その時点まで対価を支払うことなく使用できることになる。[54]この買主による報告期日までの目的物の利用については、倒産法第一七二条第一項第一文の類推適用が考えられる。[55]しかし、有力説は、別除と取戻しは利益状況が根本的に異なることを理由に類推適用を否定する。[56]

第二に、倒産法第一〇三条第二項は、選択権の行使時期・期間について定めておらず、むしろ売主の催告権を定めている。したがって、選択権行使の要件は、売主が管財人に選択権の行使を促す（Auffordern）ことである。また、この催告の内容は「返還請求」ではなく「履行の選択」であるから、返還請求に資する倒産法上の売主の照会請求（Auskunftsanspruch）と捉えられる。[57]催告を欠く場合、第一〇三条第二項に基づく管財人の責任は基礎づけられず、これに関する表明期間は何ら設置されないことになる[58]。したがって、選択権行使を催告されてない管財人が残債務を引続き履行し完済すれば、約定どおり所有権が移転する。しかし、その場合に支払が遅滞すれば、売主は留保する所有権に基づき目的物の取戻しを請求することになり、この取戻請求と選択権行使の催告の関係が問題となる。内容が異なることから催告ではないにも拘らず、取戻しを承認するならば、第一〇七条第二項の意義は実質的に失われる。また、後の債務法改正により、取戻しには期間の設置が必要とされたため、この問題は、倒産手続において解除のための有効な期間の設置は何時まで可能かという問題となる。この点は、次章第二節で改めて検討する。

以上のような倒産法第一〇七条については、まず、倒産法第九一条[59]は強行規定なので、当事者により失効させることはできず、また Marotzke の見解に従えば、留保売主の拘束を契約上の取決や約款に紛れ込ませることはできないとされている。さらに、倒産法第一一九条は第一〇三乃至一一八条を強行規定と定めて、それらの規定で規律される内容で手続における財団の利益を図っているのであるから、第一〇七条第二項に関する当事者の自由は排除される[60]。報告期日までの取戻権行使の遮断の例外は、倒産法第一〇七条第二項第二文に規定されるように、目的物の価値が著しく減少するおそれがある場合のみである。

(3)　買主の譲渡・加工・処分と履行選択

前章でみたように、供給された留保物につき加工条項があり、供給者（売主）が製造者となる合意があれば、多数説は、加工物につき供給者（売主）が直接に所有権を取得すると解している。加工物という新しい物の原始的な所有権であり（BGB第九五〇条）、供給された留保物の所有権に関する処分ではないから、加工に関する合意は、倒産手続開始の影響を受けない。留保物への管財人によるこれまで同様の加工については、留保売主と留保買主の契約関係が基準となる。また、このような合意は売主に対する「先行する譲渡担保の合意」とも解することができるが、譲渡担保としての処分は倒産手続の開始後は無効となる（倒産法第八一条一項）。製造物の所有権がBGB第九五〇条に基づき供給者（売主）に移転した場合、加工物の所有権取得は法の効力であり買主の売買代金の支払に関連づけられた条件付返還合意の効力ではないから、留保所有権ではなくSicherungseigentumが取得される。倒産法第一〇七条第二項に関する管財人の履行の表明が不明確な場合、取引慣行や総合判断されることになり、売主との契約を基礎とする管財人による留保商品の加工は、契約履行の意味において選択権の行使となる。[61] また、転売代金の先行譲渡が合意されている所有権留保の場合も、目的物の譲渡は履行の選択と考えられる。[62]

第一編第三章の判決例でみたように、売主以外の債権者に対して期待権が譲渡担保に供された場合（信用機関に対する売買目的物の先行する譲渡担保等）、譲渡担保の提供が倒産手続開始前であれば、取得された期待権は残金の完全な支払により完全権となる。倒産手続開始後に譲渡担保に供された場合は、期待権は倒産した留保買主の財産を経過することなく所有権になる。期待権がただ担保のために譲渡された場合は、期待権は差当たり完全権となるが担保目的のみの効果が生じるため、担保取得者は、取戻権ではなく倒産法第五一条第一項の別除権者となる。[63] この場合、代金が完済されるまで、留保目的物につき売主の所有権留保と他の債権者の譲渡担保が存在することになる。買主が倒産した場合に管財人が履行を拒絶すると、譲渡担保に供されている期待権の基礎が抜け落ちる一方で売主は取戻権を有する。つまり、他の債権者の譲渡担保は管財人による履行選択が基礎となっている。しかし、買主により目的物が金融機関に対して譲渡担保に供されていた場合、残債務の支払は財団（総債権者）にとって負担になるだけであるから、そのような履行は拒まれるのが通常である。つまり、買主の営業継続に必要で不可避的な製造装置のような物であれば履行が選択されることになる。[64]

では、履行・不履行の選択が明確でない段階における売主との契約を基礎としない加工・処分は、どう考えればよいのか。例えば、管財人が在庫商品を一括して処分した中に留保目的物が含まれるときは問題となる。特に、管財人が一括処分の中に留保目的物が含まれていることを知らない場合は、財団のために目的物をどのように扱うか検討せずに処分したことになる。ＢＧＨは、管財人による相手方（売主）の所有権の存続の否認（Leugnung）が含まれ得るとしても、それは選択自体ではなく、供給された留保物に関して履行を選択するという法律行為的意思を欠くから、履行を選択することなしに処分することはできないとして、履行の選択の終極的表明ではないとする[65]。なお、このような処分が管財人の権原のない処分となる場合は、禁止された処分として代償的取戻（倒産法第四八条）となる[66]。買主が倒産手続開始前又は管財人が開始後に目的物を善意の第三者に譲渡し売主が取戻権を失った場合、売主は、未だ第三者が履行していなければ、第三者に対して代償的取戻で買主に帰属する請求権を得ることができる。もっとも、倒産法第四八条第一文によると留保物が無権原に譲渡される必要があり、売主が買主による処分に同意していたような場合は認められない。財団財産となお区別可能な場合は倒産法第四八条第二文により権利を取得し、それ以外は財団債務となる[67]。

第四節　倒産法施行法によるＢＧＢ第四五五条第二項の創設

倒産法と同時に公布された倒産法施行法（Einfuhrungsgesetz zur Insolvenzordnung vom 5. 10. 1994.）により、様々な法律がその文言の変更を中心とする改正を受けることになった。ＢＧＢに対する変更は、倒産法施行法第三三条に規定され、その第一七号において所有権留保を規定するＢＧＢ第四五五条に対する改正が行われている。それによると、第四五五条を第一項とし、新たに第二項として「買主が第三者、特に売主と密接な関係のある企業の債権を履行することに所有権移転が依存する限り、所有権留保の合意は、無効とする」という内容が追加されることになった。

倒産法施行法政府草案理由書においては、このＢＧＢ第四五五条第二項の目的は、第一には株式法（Aktiengesetzes）第一五条における企業の結合形態、いわゆるコンツェルン企業間において利用されるコンツェルン留保を承認しないことであると述べられている。もっとも、コンツェルンに属する企業のみが想定されたわけではなく、制定過程では、当事者以外の第三者に対する請求権の個別譲渡についても念頭に置かれていた。また、債権については、売主買主間の関係に基礎を置かないものや譲渡の方法に因らないもの、例えば一定枠のファクタリングの場合も該当するとされていた[68]。この新規定に該当する場合は所有権留保の合意が否定されることになるが、その場合は、ＢＧＢ第一三九条[69]により、売買契約そのものが無効になるのではないかと考えられていた[70]。

ところが、連邦参議院における審議の際、このＢＧＢ第四五五条第二項の提案に対して、そもそもこのような担保方法は契約自由の原則から発展したものであり、多くの判例も認めているということを理由にその削除が求められた[71]。確かに、拡張形式の所有権留保とは、当事者間において個別具体的な物権的合意がなされた場合であり、これまでみてきたようにドイツ法制度の下においては、当事者の物権的合意は法律に特段の定めがない限り尊重されるはずである。また、このことはＢＧＢ第四五五条が解釈規定とされていることからも伺うことができる。さらに、これまで実際にこのような合意が行われてきたことを考えると、参議院からの政府に対する見直し要求は、ある程度当然なことと捉えられる。

しかし、これに対する政府からの反対意見は、売買における与信者の保護は取戻権を有する単純な所有権留保及び別除権を有する延長又は拡大形式の所有権留保で十分図れること、草案理由書にあるように買主及びその一般債権者が被る多大な不利益を取り除く必要があること、政府としては参議院が主張するような多くの判例、特にＢＧＨの判決は見受けられないというものであった[72]。

以上の経緯の後に、ＢＧＢ第四五五条第二項が規定されることになったが、このようなコンツェルン留保に対する規制が倒産法の制定と同時にＢＧＢに規定されることとなったのは、草案理由書でも述べられたように、第三者の債権を被担保債権とする場合は予測のつかない方法で財団財産が流失することになり、かつ、他の無担保債権者の回収の見込みが損われてしまうということを大きな理由としている。これまでに述べたように、拡張形式の所有権留保に対する批判が多いことは明らかであり、とりわけ被担保債権が無制限に拡大され、売買契約の本質的部分である所有権の移転が不当に危険にさらされる場合は、厳格に解される必要があろう。

もっとも、若干の注意が必要なのは、おそらくこの第二項が該当する形式は、被担保債権として第三者が債権者である債権が合意されているが、目的物の所有権はそのまま当該売主の下に留保される形式であると思われる。そうするとクレジットカードが用いられる場合は、第三者による消費貸借（与信）が被担保債権となることから該当するのではないかとも考えられる。しかし、この場合には、通常、留保された所有権が与信の担保として売主から与信した第三者に移転されるため、今回追加された第二項が適用される形式とは当事者の権利関係は異なる。

第五節　検　討

売主が倒産した場合の買主の権利については、かつては争いがあったが、倒産法で売主の管財人による選択権が明確に否定され、買主が自ら適切に債務の履行をしている限り所有権は自動的に移転するという実体法上の関係が、そのまま承認された。ＢＧＢ第四五五条によって解釈される所有権留保及び消費者信用法の適用により当事者の権利が修正される所有権留保において、いずれも買主の実体的権利が手続法上も反映されている。この点は、次章で述べる債務法改正によっても実質的な変更はない。

買主が倒産した場合の売主の権利については、以下のように解される。まず、ＢＧＢ第四五五条により解釈される所有権留保については、実体法上は所有権及び特別の解除権により売主による目的物の即時の取戻しが承認されているから、手続法上は、従来の破産法のように単なる請求により目的物の取戻しを承認する規定となるはずである。次に、消費者信用法により売主が目的物を取り戻すための契約解除の方法が厳格に定められ修正された場合は、手続法上も、やはり厳格な取戻しの方法が規定されるべきであろう。

以上を前提に規定された倒産法第一〇七条二項は、報告期日に管財人が履行を選択しなかった場合に売主の目的物取戻しを可能とする。このことは、実体法において、即ち消費者信用法による修正を受ける場合及びＢＧＢ債務法改正作業で重視された、売主が目的物を取り戻す際に一定の期間の設置が要求されることに対応するものと捉えられる。

つまり、契約履行・反対給付確保のラストチャンスを与える必要があるとの構造である。さらに、買主に対する倒産手続の開始が申請されたとしても、必ずしも当該所有権留保付売買が債務不履行の状態に陥っているとは限らないから、適切に債務を履行している場合の買主の権利、いわゆる期待権を倒産法においても対処する必要がある。この場合、実体法では売主は解除することができないため、倒産法上でまず管財人に履行選択をさせるのは妥当である。

しかしながら、倒産法立法の当初の目的である破産財団の財産確保という政策的な観点から、買主の倒産管財人に総合的な判断を可能にすべく、選択権行使に報告期日までの猶予期間が与えられることになったとするならば、倒産法の規定は、単なるラストチャンスではなく、他の財団財産との関連、つまり総債権者の利益を極大化するための考慮期間と捉えられる点で性質が異なる。その上で、売主が担保を確保した債権者であることに着目すると、履行が選択された場合、財団の目的物保持により他の債権者が間接的・比例的な満足を受けるに過ぎないのに比べ、代金債権回収により売主は優先的に満足を得られる。履行が選択されなかった場合、売主は留保所有権に基づき取戻権を行使し、やはり他の債権者に優先する。したがって、まず管財人に履行選択のイニシアティブを与えても、担保として所有権留保を合意した売主は倒産法上も他の債権者に優先し不当に扱われているわけではない。もちろん、最終的には全額回収できない場合もあり得るが、それは実体法上においても生じ得る事実上の問題である。

以上から、猶予期間の設置については、事実上留保売主を倒産手続の中に取り込んだものとして捉えることができる。この点は、これまでの処理方法とは明らかに異なるものであり、当事者の実体的権利を前提にしつつ、総ての非占有動産担保権者を倒産手続に一体的に組み込むという当初の目的は、ほぼ達成されていると評価できよう。

さらに、手続法上で与えられた権利としては売主の照会請求（Auskunftsanspruch）がある。倒産法一〇七条は「選択権の行使を催告される買主」となっており、「催告」は選択権の要件である。この照会請求は返還請求（解除）の予備的・仮的行使に等しく、実質は返還請求（解除）が遮断されているに過ぎず、その意味では、実体法上の権利が変容したものとも考えられる。しかし、当該売買契約の代金債務が不履行になっていなくても行使できること、催告の内容が異なることから、倒産法上の権利とみるべきである。

小　括

本章では、破産法から倒産法への改正とその内容を検討した。倒産法の制定過程において、当初は非占有動産担保に関して一律の取扱いが計画されていたが、特に倒産法が対象とする単純形式の所有権留保には、最終的にこれまで同様に所有権に基づく目的物の取戻しが承認されるに至った。規定は、担保ではなく、双方未履行の双務契約における選択権の適用を前提として、その特則であり、以下の特徴を有する。

① 売主に倒産手続が開始された場合、破産法では争いがあった買主の期待権保護が明確に定められ、売主の管財人には選択権はなく、買主は、自らが債務を履行する限り所有権取得が可能となった（実体法上の権利関係の維持）。

② 買主に倒産手続が開始された場合、売主への所有権帰属を前提に取戻権が認められているものの、買主の管財人は報告期日までに選択権行使を猶予され、履行拒絶の場合のみ取戻し可能（債務法改正前は実体法上の特別の解除権と倒産法上の報告期日というズレが生じていたが、次章で述べるように債務法改正後は実体法上も期間設置が必要となりズレは解消された）。

③ 買主の管財人に対する期間設置の趣旨は、実体法上の解除に必要なラストチャンスとは異なり、財団財産の総合的な判断のためであり、所有権留保は事実上倒産手続に取み込まれている。

④ 倒産法において取戻権が与えられた所有権留保とは、単純形式の所有権留保であり、それ以外の形式の所有権留保は、別除権である（原則的に倒産管財人に換価権が帰属し、さらに新しく手続分担金が導入）。

⑤ 倒産法施行法に伴ってコンツェルン留保の無効が定められ、次章で述べる債務法改正においても引き継がれている。

⑥　倒産法は、清算と再生の入口を一本化しており、個別執行とは異なる倒産という事態に対する債権者自治を重視し、実体法を修正（猶予期間）、新たな効力（照会請求権）を付与している。

これまで求められてきた、目的物の即時取戻しのための物権の確保という点につき、倒産法は清算と再生の手続の入口を一本化したため、不可避的に考慮期間が要請されることになった。したがって、即時（あるいは任意）という点はもはや実現できない。倒産法成立後に履行選択権の効力に関する判例変更及びＢＧＢ債務法改正が行われたため、次章ではこの影響を明らかにし、実体法及び手続法における所有権留保の扱いを検討する。

（1）倒産法に関する文献は非常に多く、総てを挙げることはできないため、個別に掲載する以外の文献を若干挙げておく。概説的なものとして、E. Pick, Die（neue）Insolvenzordnungein Überblick, NJW 1995, S. 992; Landfermann, Der Ablauf eines künftigen Insolvenzverfahrens, BB1995, S. 1649; Robert Baudrexl, Grundzüge des Insolvenzrechts, JuS1996, S. 691. などがある。特に倒産法制定後の担保権の取扱いについて紹介・検討するものとして、Manfred Obermüller, Auswirkungen der Insolvenzrechtsreform auf Kreditgeschäft und Kreditsicherheiten, WM1994, S. 1829, 1869; Anton Burger und Bernhard Schellberg, Kreditsicherheiten im neuen Insolvenzrecht, AG1995, S. 57; Wolfgang Marotzke, Die dinglichen Sicherheiten im neuen Insolvenzrecht, ZZP1996, S. 429; Hartmut Frings, Die Verwertung von Kreditsicherheiten unter dem Regime der Insolvenzordnung, Spark1996, S. 384. などがある。また、経済学的な考察を行うものとして、Anton Burger und Bernhard Schellberg, Kreditsicherheiten, Kostenbeiträge und Überbesicherung im neuen Insolvenzrecht, ZfB 1995, S. 411. やInsolvenzrechtsreformmehr Effizienz bei Insolvenz?, BFuP1/95. の特集などがある。

（2）破産法第四三条［取戻権（Anspruch auf Aussonderung）］

「物的又は人的権利に基づき破産財団から破産者に属さない目的物の取戻しに関する請求は、破産手続の外で有効な法律によって規定される。」

（3）破産法第四八条［法律行為による質権］

「破産財団に属するものに法律行為により設定した質権を有する債権者は、別除的満足を自己の差押債権に基づき自己に質入されたものから、まず費用について、次に利息について、最後に元本について請求することができる。」

（4）破産法の立法過程については、水元宏典「一八七七年ドイツ破産法における一般私法の修正原理」『別冊NBL六〇倒産手続と民事実体法』（一九九六年一〇月）商事法務二九七頁。

（5）Kupukaは、停止条件付物権的合意を要件として書くことで対応できたのではないかと指摘する（Natascha Kupka, Die Behandlung des Eigentumsvorbehaltes nach der Insolvenzrechtsreform unter besonderer Berücksichtigung der EG-Verordnung über Insolvenzverfahren, Lang, 2003, S. 216）。

（6）これらの手続について論じるものとして、Franz Josef Scholz, Verbraucherkonkurs und Restschuldbefreiung nach der neuen Insolvenzordnung, DB1996, S. 765; Stephan Dobereiner, Das Schuldenbereinigungsverfahren nach der neuen Insolvenzordnung, JA 1996, S. 603; ders., Die Restschuldbefreiung nach der neuen Insolvenzordnung, JA1996, S. 724. 三上威彦「ドイツ改正倒産法における消費者倒産の取扱いについて」中野貞一郎＝石川明編『ゲルハルト・リュケ教授退官記念　民事手続法の改革』信山社（一九九五年九月）三五二頁、木川裕一郎「ドイツにおける消費者倒産制度の改革」東海法学十五（一九九六年三月、『ドイツ倒産法研究序説』成文堂（一九九九年三月）所収）二四七頁、岡林伸幸「ドイツにおける消費者倒産手続について」名城法学四六巻一号（一九九六年七月）五五頁、同「ドイツにおける消費者倒産手続と免責手続」同四七巻二号（一九九七年九月）三五頁などがある。

（7）破産法第一〇七条［不十分な財産での開始申請の却下］
「①裁判所の評価によると手続の費用を満たす破産財産が現存しないときは、開始申請は却下することができる。第五八条第一項、二項において規定される財団費用に十分な金額が予納されたときは、却下は中止される。
②省略」

（8）ちなみに、本間法之「破産手続における担保権の効力制限の必要性について―西ドイツ倒産処理法委員会の破産法改正提案に関連して―」早稲田法学会誌三六巻（一九八六年三月）一五五頁によると、一九七〇年には優先債権者四三・五％、一般債権者四・五％、一九八〇年には優先債権者三一・一％、一般債権者五・八％の配当率であった。

（9）以上の一九九三年の数値は、E. Pick, a. a. O., S. 993による。

（10）破産手続申請及びその却下数の爆発的な増加問題の重大性については、Herbert Hansen, Weiter Anstieg der Insolvenzverfahren, AG 1998, S. R286. に掲載されている別表（1950-1997）をみれば明白である。

このような企業関連の倒産については、EUとの関連からもヨーロッパ全体の傾向を視野に入れておく必要があろう。

ＥＵ全体としては、倒産件数が増加、維持、又は減少しているグループに分けることができ、この点でも経済統合の困難な局面を垣間見ることができる。なお、全体としては、約二〇七、〇〇〇件（対前年比六・五％）であった（Dun&Bradstreet Deutschland, http://www.eupronet.com/duns/eu_inso.html（一九九八年二月一六日現在）による。次図は、一九九六年の各国の企業倒産件数及び対前年比率である）。

	ドイツ	フランス	オーストリア	ベルギー	スイス	アイルランド	スペイン
一九九六年（件）	二五、五三〇	六四、〇〇〇	五、七〇〇	七、三〇〇	一〇、二〇〇	六五〇	九、〇〇〇
対前年比（％）	一四	八	一四・一	五・七	四・四	四・三	＊

	イタリア	スウェーデン	イギリス	デンマーク	フィンランド	ノルウェー	オランダ
一九九六年（件）	一六、一〇〇	一二、一〇〇	四一、一〇〇	一、七七〇	四、八〇〇	三、一〇〇	五、六〇〇
対前年比（％）	〇	〇	〇	−一二・二	−一八・五	−一四・六	−一四・三

＊スペインは法改正のため前年と比較することは不可能である。

（11）旧東ドイツ地域で執行されていた法であり、破産と和議の内容を有していた。

（12）司法統計年報によると、わが国における破産事件の新受事件数は、一九八三年（昭和五八年）から急増し翌年にピークに達したが、その後貸金業の規制等に関する法律の施行の影響等もあり、急激に減少した。しかし、一九九〇年（平成二年）から再び増加に転じ、一九九一年と九二年にはいずれも前年の倍増という急激な伸びを示すなどして増加が続いていた。一九九七年（平成九年）の新受事件数は、七六、〇三一件であり、さらに、その後も増加する傾向がみられている。

（13）ドイツの倒産法制定作業については、多くの文献があり、総てを挙げることはできないため、以下に代表的なものを挙げておく。立法論の段階のものとしては、霜島甲一「西独の倒産法制の現状と課題について（一）～（七・完）」判例タイムズ三七〇号（一九七九年一月）五頁・同三七二号（一九七九年二月）八頁・同三七七号（一九七九年四月）二四頁・同三八〇号（一九七九年五月）一九頁・同三八二号（一九七九年六月）二七頁・同三八四号（一九七九年七月）二〇頁・同三八九号（一九七九年九月）一一頁。準備草案の段階のものとしては、上原敏夫「西ドイツ倒産法改正草案について（上）・（下）」判例タイムズ六九三号（一九八九年六月）二三頁・同六九四号（一九八九年六月）三二頁。政府草案までの立法過程全体については、三上威彦『ドイツ倒産法改正の軌跡』成文堂（一九九五年二月）。政府草案については、ディーター・ライポルト著／吉野正三郎・木川裕一郎訳「ドイツ倒産法の改正」東海法学一〇（一九九三年七月）二五三頁。改正後の倒産法については、ハンス・プリュッティング／吉野正三郎・安達栄司訳「ドイツ倒産法の改正」ジュリスト一〇七二号（一九九五年七月）一三一頁、吉野正三郎『ドイツ倒産法入門』成文堂（二〇〇七年八月）などがある。特に、三上教授は多くの詳細な検討をされ、本書もこれに負うところが大きい。

また、担保のプールの点から、委員会報告及び草案について検討するものとして、本間法之「破産における担保権者の換価共同体―西ドイツのいわゆる「担保のプール（Sicherheitenpool）」―」早稲田法学会誌三七巻（一九八七年三月）一八九頁、同「ドイツにおける倒産法改正の動きと担保のプール―占有なき動産担保の処遇をめぐる改正提案を中心として―」『現代法学の諸相―岡山商科大学法経学部創設記念論集』（法律文化社、一九九二年一一月）一七九頁などがある。

(14) ヨーロッパ連合倒産条約の第七条が所有権留保を規定し、買主倒産時に目的物が手続開始国以外にある場合は売主の権利を制限しない（第一項）、売主倒産時に目的物が手続開始国内にある場合は買主の権利取得を妨げない（第二項）と定めており、成立した倒産法も同様の内容となっている。条約については、『別冊ＮＢＬ五七　ヨーロッパ連合倒産条約の研究』（二〇〇〇年五月）。なお、フランスでは、破産法制の改正が所有権留保を認めるきっかけになったようであり、この点はドイツでも紹介されている（Reinhard Dammann, Das neue französische Insolvenzrecht, ZIP1996, S. 300; Roger Storp, Eigentumsvorbehalt und Aussonderungsverfahren nach der Reform des französischen Insolvenzrechts, RIW1996, S. 464.）。なお、その後の二〇〇六年のフランス民法典の担保法改正において第二三六七条以下に担保として明記された（担保権ではない）。

(15) 三上・前掲『ドイツ倒産法改正の軌跡』三、二〇頁。

(16) 当時の議論については、田中克志「西ドイツの動産担保改革議論について」富大経済論集二九巻三号（一九八四年三月）二九三頁以下に詳しい紹介がある。

(17) Erster Bericht der Kommission für Insolvenzrecht, Verlag Kommunikationsforum Recht Wirtschaft Steuern, 1985.

(18) 三上・前掲『ドイツ倒産法改正の軌跡』四三頁。

(19) Heinrich Honsell, J. von Staudingers Kommentar zum Bürgerlichen Gesetzbuch mit Einführungsgesetz und Nebengesetzen, 13. Aufl., Zweites Buch, 1995, S. 269.

(20) 第一二六条［法定の書式］
「① 法律が書式を規定したときは、発行者は、証書に自筆により署名し、又は裁判所若しくは公証人の認証する筆跡により署名しなければならない。
② 契約においては、各当事者の署名は同一の証書になさなければならない。契約について複数の同じ内容の証書を作成したときは、各当事者が相手方のために定められた証書に署名をすることで足りる。
③ 書式は、裁判所又は公証人による証書作成で、代えることができる。」

(21) Natascha Kupka, Die Behandlung des Eigentumsvorbehaltes nach der Insolvenzrechtsreform unter besonderer Berücksichtigung der EG-Verordnung uber Insolvenzverfahren, Peter Lang, 2003, S. 8. ドイツではいわゆる中小の企業が全体の九九%、全供給の純資八八%、徒弟の三／四を育成、全生産勤め人の二／三、総国民所得の半分、全投資の二／五を占めるため、要保護性が意識された。また根本的には所有権保障を定める基本法一四条との関係も論じられた。

(22) Bundesministerium der Justiz, Diskussionsentwurf Gesetz zur Reform des Insolvenzrechts, 1988.

(23) Bundesministerium der Justiz, Referentenentwurf Gesetz zur Reform des Insolvenzrechts, 1989（以下では参事官草案と表記する）。

(24) 三上・前掲『ドイツ倒産法改正の軌跡』八二頁。

(25) Gesetzentwurf der Bundesregierung, Entwurf einer Insolvenzordnung, Bundestagsdrucksache 12/2443.

(26) 三上教授は、「ドイツの場合取戻権を与えられた所有権留保は、清算義務を伴わない目的物の丸取りが認められているから、その目的物が債務者の再建に必要な場合には、不当な結果を生じるだろうし、被担保債権の額より目的物の価格の方が高額であるような場合には、債権者に不当な利得を得させることになるだろう」と述べられている（三上・前掲『ドイツ倒産法改正の軌跡』八二頁）。

(27) BT-Drs. 12/2443, S. 125.

(28) BT-Drs. 12/2443, S. 178, 179.

(29) 元の主文は、「第一一七条第二項第二文は、売主に選択権の行使を催告される倒産管財人が履行を請求するか否かを報告期日の後に遅滞なく表示しなければならないという条件で、有効である」であった（Das neue Insolvenzrecht: Gesetze, Begrundungen, Materialien / bearbeitet von Joachim Kraemer, 1995, S. 236, stollfus.）。

(30) 換価金の分配について定める政府草案第一九五条（倒産法第一七〇条）の草案理由書（BT-Drs. 12/2443, S. 180ff.）では、単純形式の所有権留保については分担金の負担はないとしている。

(31) 当初は一九九七年一月一日に発行する予定だったが、両院協議会で周知期間が延長されることとなった（E. Pick, a. a. O., S. 992. ハンス・プリュッティング／吉野正三郎・安達栄司訳・前掲ジュリスト一〇七二号一三四頁）。

(32) 倒産法第一条は、このことを明確に表している。

倒産法第一条〔倒産手続の目的〕

「倒産手続は、債務者の財産の換価及び配当を行い、又は倒産計画において特に企業の存続のために異なる規制を定めることにより、債務者の債権者に対して共同の満足を与えることを目的とする。誠実な債務者には、その者の残債務を免除する機会が与えられる。」

(33) 吉野・前掲書一三頁は、債権者代理人説、債務者代理人説、機関説、職務説を指摘する。わが国における同様の問題については、小原将照「破産管財人の法的地位に関する一考察―法定訴訟担当論の前提として―」岡山商大法学論叢第一五号（二〇〇七年二月）一頁。なお、債務者が財産管理権を喪失することの正当化については、倒産に至る事態を招いたのも私的な決定という点を看過できない。

(34) 倒産法第一六六条。なお、破産法第一二七条第二項においては、この原則と例外が反対である。Serick は、譲渡担保権者は管財人が直接占有しないことから倒産法第一六六条が介入する要件を欠く点から、破産法に比べて別除権の力を本質的に弱めたと評価する（R・ゼーリック／杉下俊郎訳『世紀の変り目を前にしたドイツの譲渡担保、所有権留保、倒産法［増補版］』尚学社（二〇〇〇年一〇月）九六頁）。

(35) 倒産法第一七一条において、権利の確定費用として四％、換価費用五％が定められている。

(36) ハンス・プリュッティング／吉野正三郎・安達栄司訳・前掲ジュリスト一〇七二号一三七頁。

(37) 倒産法第一〇三条〔倒産管財人の選択権〕

「① 債務者及び相手方が共に倒産手続開始時に双務契約を履行していないか又は完全には履行していないときは、倒産管財人は、債務者に代わりその契約を履行し又は相手方に履行を請求することができる。

② 管財人が履行を拒否するときは、相手方は、不履行に基づく債権を倒産債権者としてのみ主張することができる。相手方が管財人にその選択権の行使を催告したときは、管財人は、履行を請求するか否かを遅滞なく意思表示しなければな

らない。管財人がこの意思表示を怠るときは、管財人は、履行を主張することができない。」

(38) 倒産手続開始時に未履行である契約については、立法的には次の四つの可能性がある。①要件を満たせば可能である解除も含めて原則的に効力は維持され倒産において否定されない（倒産法第一〇八条第一項第一文参照）、②契約は消滅する（同一一五条第一項、一一六条第一文参照）、③履行請求の立場は不履行による請求権になる（同一〇四条）、④倒産管財人に不履行か履行を要求する権限が与えられる（同一〇三条）。双務契約に関して立法者は④を選択した（Münchener Kommentar zur Insolvenzordnung Band 2. 2. Auf., § 103. Rn1f.）。

(39) もっとも、残念なことに倒産法第一〇七条第一項は形式的なので、重大な「副次的効果（Nebenwirkungen）」になるおそれがあると指摘されている（Wolfgang Marotzke, Der Eigentumsvorbehalt im neuen Insolvenzrecht, JZ1995, S. 803）。

(40) 破産法第一七条［双務契約における破産管財人の選択権］

「① 破産者及び相手方において、破産手続開始の時点で、双務契約が完全又は不完全に履行されていないときは、破産管財人は、破産者の立場で契約を履行し、かつ、相手方の履行を請求することができる。

② 管財人は、相手方の請求により、まだ履行期が到来していないとしても、その履行を請求するかどうか、遅滞なく表示しなければならない。管財人がこの表示を怠るときは、履行を主張することができない。」

(41) BGHZ 54, 214, 216; 98, 160, 168. もっとも、代金が完済された品物についてはＢＧＨの理解においても、破産法第一七条は適用されていない（BGH BB 1986, 1738, 1740）。

(42) 一例として、Heinrich Honsell, Aktuelle Probleme des Eigentumsvorbehalts, JuS 1981, S. 705, 712; Hans Brox, Das Anwartschaftsrecht des Vorbehaltskäufers, JuS 1984, S. 657, 668. などがある。

(43) Münchener Kommentar zur Insolvenzordnung, a. a. O., § 107 Rn3.

(44) しかし、売主が未だ目的物を占有する場合、第一七三条に基づき管財人は目的物を換価することができる（Sandra Baum, Der Eigentumsvorbehalt als Aus-oder Absonderungsrecht im Insolvenzverfahren, GCA, 2003, S. 62）。

(45) 倒産法第一〇六条［仮登記］

「① 債務者の土地又は債務者のために登記された権利に対する権利の取得又は消滅を求める請求権を保全するために、又は、そのような権利の内容又は順位の変更を求める請求権を保全するために、仮登記が土地登記簿に記載されているときは、債務者は、その請求権について倒産財団からの満足を求めることができる。債務者が債権者に対してさらなる義務を負い、かつ、これらを履行せず又は完全に履行していないときも、同様とする。（②省略）」

Baum, a. a. O., S. 56. また、その他の文献が理由書の脚注二二九に挙げられている。

（46）Münchener Kommentar zur Insolvenzordnung, a. a. O., § 107. Rn14.

（47）Wolfgang Marotzke, a. a. O., S. 805ff.

（48）破産法第五九条は財団債務（Masseschulden）の規定であり、第一項第二文は、その履行が破産財団に請求され、又は手続の開始以後に生じるはずの双務契約による請求権は、破産財団の財団債務であると規定する。

（49）Serick は、破産法と異なり、管財人の占有権が宙ぶらりんの状態にある債権契約の進展に妥当する倒産法の規定に基づき消失する点を指摘する（R・ゼーリック・前掲九〇頁）。

（50）BGH NJW 1998, 992, 993.

（51）Münchener Kommentar zur Insolvenzordnung, a. a. O., § 107 Rn. 23.

（52）倒産法第二九条［期日の定め］

「① 倒産裁判所は、開始決定において以下の期日を定める。

一、倒産管財人の報告を基礎として倒産手続の続行を決定する債権者集会の期日（報告期日）。この期日の指定は、六週間を越えないものとし、かつ、三月を越えることは許されない。

二、届出債権を調査する債権者集会の期日（調査期日）。届出期間の経過と調査期日との間の期間は、最短一週間かつ最長二月でなければならない。

② 前項の各期日は、併合することができる。」

（53）もちろん、取戻権ではなく別除権とすべきであったとの批判もあるが本書では割愛する。所有権留保について取戻権が承認されたことに対しては、破産財産不足の解決にはならないとの指摘もある（Heinrich Honsell, J. von Staudingers Kommentar, 13Aufl. 1995, S. 269）。

（54）Hans Haarmeyer, WolfgangWutzke, Karsten Förster, Handbuch zur Insolvenzordnung InsO/EGInsO, 1. Aufl., 1997, S. 444f., Jehle Rehm.

（55）Baum, a. a. O., S. 72, Fn. 294.

（56）Baum, a. a. O., S. 73, Fn. 296.

(57) Stefan Smid, Kreditsicherheiten in der Insolvenz des Sicherungsgebers, Kohlhammer, 2003, S. 27.

(58) Münchener Kommentar zur Insolvenzordnung, a. a. O., § 107 Rn. 19.

(59) 第九一条［その他の権利取得の排除］

「①倒産財団の目的物に対する権利は、債務者の処分及び倒産債権者のための強制執行に基づかないときにもこれを倒産手続開始後に有効に取得することはできない。（②省略）」

(60) 以上の指摘は、Smid, a. a. O., S. 26.

(61) Münchener Kommentar zur Insolvenzordnung, a. a. O., § 107 Rn. 27.

(62) Münchener Kommentar zur Insolvenzordnung, a. a. O., § 107 Rn. 19.

(63) Jörg Lauer, Kreditsicherheiten im Insolvenzverfahren, Deutscher Sparkassen, 2003, S. 96. 譲渡担保なので別除権となるのは当然であろう。

(64) Jörg, a. a. O., S. 95.

(65) BGH, Urt. v8. 1. 1998-IX ZR 131/97 ZIP 1998, S. 298, 299.

(66) Smid, a. a. O., S. 27f.

倒産法第四八条［代償的取戻］

「取戻しを求めることができたはずの目的物が倒産手続開始前に債務者により又は開始後に倒産管財人により無権限に譲渡されるときは、取戻権者は、反対給付が為されない限りその反対給付を求める権利の譲渡をなお請求することができる。取戻権者は、反対給付が財団に分別できる状態で存在するときに限り、倒産財団から反対給付を要求することができる。」

(67) Reinicke/Tiedtke, Kreditsicherung, Luchterhand, 2006, S. 296.

(68) この点について、法務委員会は政府草案に賛成しているが、特別の場合、例えば一定枠のファクタリング等による被担保債権の譲渡は、新規定によって損われないことの確認を求めている（BT-Drucks. 12/7303, S. 111f.）。

(69) ＢＧＢ第一三九条［一部無効］

「法律行為の一部が無効なとき、その無効な部分がないとしてもその法律行為がなされたことが認められない場合は、全体の法律行為を無効とする。」

(70) 以上は、BT-Drucks. 12/3803, S. 77f. による。

(71) BT-Drucks, 12/3803, S. 125.
(72) BT-Drucks, 12/3803, S. 134.

第三章　債務法改正による実体法及び倒産法への影響

消費者契約に関するＥＵ指令、支払遅滞に関するＥＵ指令、及び電子契約に関するＥＵ指令を国内に転換するため、債務法を中心とするＢＧＢの改正が行われた。改正に当って、債務法改正作業及びいくつかの特別法も同時に取み込まれ、債務法現代化法として公布され、二〇〇二年一月より改正後のＢＧＢが施行された(1)。なお、用語の変更はあるものの、取り込まれた特別法の内容は従来の規定と基本的に同じである。

所有権留保に関して改正された点は、債務法改正作業において問題とされた点と同様である。即ち、第一に、売買代金請求権消滅時効後の所有権留保実行の可否、第二に、売主による所有権留保に基づく目的物の取戻しにおける契約解除の要否、である(2)。また、二〇〇二年に倒産手続における双方未履行の双務契約に関する倒産管財人の履行選択権につきＢＧＨは重要な判例変更を行った。この判決は、実体法と倒産法の権利関係を考察するに当り、不可避な内容を有している(3)。

本章では、債務法改正による影響を実体法（第一節）、倒産法（第二節）に分けて検討する。なお、本章では改正前の条文につき旧と記す。

第一節　債務法改正における議論と改正後の条文

一　討議草案(4)

(1)　代金請求権消滅時効後の実行の可否

討議草案第二一五条〔物的に担保された請求権における時効の効力〕

① 抵当権、船舶抵当権、又は質権の設定された請求権の消滅時効は、権利者が自らの満足を担保に供された目的物から求めることを妨げない。

② 請求権を担保するために権利が移転されたときは、その返還は、請求権の消滅時効に基づいて請求することはできない。所有権が留保されたときは、担保された請求権が消滅時効にかかったとしても、物の返還を求めることができる。

③ 一項及び二項は、利息及びその他の回帰的給付の請求権の消滅時効について適用しない。

請求権に消滅時効が完成した場合、請求権が消滅するのではなく、恒久的な履行拒絶権が債務者のために生じるに過ぎない（ＢＧＢ旧第二二三条一項）。即ち、消滅時効完成後の債権は時効にも拘らず存続し、履行されることも構わないので、附従する担保権も継続して存続し、自動的に消滅するわけではない。この点で、被担保債権の時効という抗弁は、他の抗弁（ＢＧＢ第一一三七条、第一一六九条、第一二一一条、第一二五四条）と異なり抵当権及び質権の附従性の原則を破るものであり、債務者は、物的換価権に対抗することができない。したがって、被担保債権の消滅時効は、抵当権の抹消及び質物の返還の基礎となることはない。なお、ＢＧＢ旧第二二三条一項は、約定のみではなく法定質権、さらに差押質権及び仮差押に因る質権にも適用されていた。

ＢＧＢ旧第二二三条二項は、担保のための権利の移転にも適用された。これは、人的債権（persönlichen

Forderung）を担保するために形成された権利状態は請求権の消滅時効により影響されるべきではない、という考慮に基づいている。具体的には、譲渡担保と担保のための債権譲渡である。

所有権留保に関して、多数説は、停止条件付所有権移転はやはり担保目的で利用されるので、BGB旧第二二三条が類推適用されると解している。この見解に依ると、売主は、売買代金の消滅時効後もなお所有権留保の下で供給した物の返還を請求することができる。(5) 分割行為が問題になっている場合も同じとされている。(6)

これに対し、Peters/Zimmermann は、以下のような異議を唱える。(7)「BGB旧第二二三条一項以外の物的担保の場合への適用は、もっともな根拠なしに、附従性の原則を破壊するものである。担保供与者と人的債務者が別のとき、二次的責任を負えば十分であるはずの担保供与者が、結果として主たる債務者としての責任を負うことになる。また他方において、担保供与者は求償できるので、主たる債務者から時効の利益を事後的に奪うことになる。担保供与者と債務者が同一だとしても、時効の法制度により回避されるべきであるけれども、附従性の原則は、担保の権利主張の際に、時効になった請求権の存続を審査してしまう。したがって、時効の成立と共に、請求権に附従する担保は総て消滅すると提案する。また、所有権留保については、他の返還請求を持っていながら、売主が自己の利益に反して売買代金を消滅時効させることで取戻権を発生させることになるので、類推適用は拒む。」

以上のような現状を踏まえた上で本条が提案された理由は、以下のとおりである。

「担保目的という点から、所有権留保は、BGB旧第二二三条二項で規定される担保権と対比可能である。したがって、時効の際も同様に扱うことが好ましい。このような取扱いは明文化なしには不可能である。討議草案第四四六条二項一文により、売主は契約を解除した場合にのみ所有権留保に基づき目的物の返還を請求することができる。もっとも、売買代金の不払に因る解除は、売買代金請求権に抗弁が対立したときは、除外される（討議草案第三二三条三項四号・後述するように第二一八条一項一文に同内容が形を変えて規定・筆者補足）。そこで、それにも関わらず売主に取戻しを可能にするために、売買代金請求権の消滅時効時であっても売主が解除することなく目的物の返還を請求できるとの二文を定める。本規定は、原則規定である討議草案第四四六条二項一文の例外である。

確かに、返還要件を満たすことなく留保売主は返還を請求できることになる。しかしながら、より長い時の経過により生じる債務者の証明困難さは、個別の事情に応じて留保売主の責務とすることで対処し得る。即ち、時効成立後、とりわけ、売買代金債務の消滅時効後しばらくしてから留保売主が自らの所有権留保に基づいて目的物の返還を請求した場合は、留保売主が、売買代金の不払を証明しなければならない。(8)」

以上から、委員会では、「ＢＧＢ旧第二二三条を類推適用するという多数説を変更する理由はみあたらず、むしろ、多数説の立場が妥当である」として、討議草案第二一五条二項二文において所有権留保について明言し、請求権が消滅時効にかかってもなお目的物の返還を請求できると、規定されることになった。

(2)　実行における契約解除の要否(9)

討議草案第四四六条〔所有権留保〕

①　動産の売主が売買代金の支払まで所有権を留保した場合において、疑わしいときは、所有権は、売買代金の完全な支払という停止条件の下で移転することが認められなければならない（所有権留保）。

②　所有権留保に基づいて、売主は、契約を解除した場合にのみ目的物の返還を請求することができる。第二一五条二項二文は影響を受けない。

③　所有権移転が、買主が第三者、特に売主と密接な関係にある事業者の債権を履行することに依存する限り、所有権留保の合意は、無効である。

ＢＧＢ旧第四五五条は、「所有権留保が合意された場合、疑わしいときは、所有権の移転は売買代金の完全な支払という停止条件の下で発生し、かつ、売主は、買主が売買代金の支払を遅滞する場合、契約を解除することができる」と規定し、既にみたように停止条件付所有権移転、期間設置不要の解除権と解釈されていた。

第一項では、物権的効力に関して、「ＢＧＢ旧第四五五条一項を変更する理由はみあたらない」ことを前提として、

「停止条件として移転する」が「停止条件付移転」と書き換えられた。次に、債権的効力に関して、「旧規定は、期間を設置せず、あるいは期間の満了を待たない場合であっても、売主に契約の解除を許すものである」と指摘した上で、「期間の設置は売主を本質的に負担させるものではないし、その上討議草案第三二三条（ＢＧＢ第三二三条）二項に規定されている要件を不要としてしまうので、一般規定である討議草案第三二三条からのこのような乖離に対する根拠は存続しない」と判断された。したがって、「買主が支払を滞った場合、はっきりしないときは留保売主は契約の解除権原を有する、との解釈規定は廃止すべきである」と提案されたのである。

第二項一文では、判決（BGHZ 54, 214）と調和させるため、売主は契約を解除したときにのみ留保目的物の返還を請求できると明確に規定している。売主が先履行し自己の商品を引き渡したときは、締結された契約が有効な間は、売主は商品を買主のところに置いておかなければならない。しかし、「売主に商品の取戻しを認め、かつ同時に――先履行義務の欠如の下で――契約を維持させる必要はない。先履行をした契約当事者のそのような特権は、債務法にはやはり異質な別のものであり、不動産売買契約においてでさえ認められてはいない」との理由から、取戻しと同時に契約を存続させる必要はないと提案された。二文は、既に述べたように、売買代金請求権に消滅時効が完成したときは、売主は契約を解除することができない（討議草案第三二三条三項四号）という原則に対する例外――なお返還請求が可能――を定める討議草案第二一五条二項二文の参照を明らかにするものである。

なお第三項は、倒産法施行法により規定されたＢＧＢ旧第四五五条二項に該当する。変更の検討はなされていない。

二　政府草案と参議院の見解[10]

(1)　代金請求権消滅時効後の実行の可否

政府草案第二一六条（ＢＧＢ第二一六条）は討議草案第二一五条に該当する条文であるものの、所有権留保に関する二項二文の「物の返還を求める」が、「契約は解除することができる」と変更された[11]。提案理由も、この点についてのみ討議草案から変更されている。

「政府草案第四四八条二項は所有権留保に基づく売主による目的物の取戻しは、契約を解除した場合にのみ可能であると定めている。しかし、売買代金請求権が消滅時効にかかり、かつこれに対し債務者が援用したときは、売買代金不払に因る解除はできない（政府草案第二一八条（ＢＧＢ第二一八条）一項一文）。しかしながら、売主に取戻しを可能にするために売買代金請求権の消滅時効は契約の解除を妨げないとの二文が定められた。この規定は、政府草案第二一八条一項一文にも規定されているように、同文の例外である。」

即ち、時効の抗弁によって解除はできないという原則の下、討議草案においては「返還を求めることができる」との例外規定であったのに対し、政府草案では、なお「解除することができる」との例外規定に変更され、解除の手続によることが貫徹された。

なお、政府草案第二一八条に該当する規定は討議草案にはなく、解除に関する討議草案第三二三条の整理に伴い挿入されている。[12]

政府草案第二一八条〔解除の無効〕

①　不給付又は約定どおりの給付がなされないことに因る解除は、給付の請求権又は追完請求権が消滅時効にかかり、かつ、債務者が援用するときは、無効である。第二一六条二項二文は影響を受けない。

②　第二一四条二項は準用する。

「政府草案第三二三条（ＢＧＢ第三二三条）における解除の要件は、給付又は追完のために債務者に与えられた期間が徒過することである。履行請求は消滅時効により強制力を有しないので、債権者が解除権をもはや強制し得ないことも又正当であり得る。形成権は消滅時効には屈しない（政府草案第一九四条（ＢＧＢ第一九四条）一項参照）としても、請求権の消滅時効は、解除権になお影響を及ぼす。」との理由から、請求権消滅後の所有権留保に因る解除について規定する一項二文が政府草案においてさらに追加された。

(2)　実行における契約解除の要否

所有権留保に関する政府草案第四四八条（BGB第四四九条）の提案及び理由は、討議草案と同様である。[13] なお、討議草案では規定されていた時効に関して条文の参照を明示する部分（二項二文）は削除され、前記の時効に関する規定で言及されるのみとなった。

(3)　連邦参議院の見解と政府の回答

以上の政府草案に対して、連邦参議院は、実行における契約解除の要否に対する見解を表明した。[14]

「草案に対して、連邦議会は、今後の立法過程において政府草案第四四八条二項の規定が合目的的であることを審査することを望む。正当性につきとりわけ激しく争われている一九七〇年の最高裁判決[15]を草案は受け継いでいる。その上、この規定は、解除は常に返還請求の前提ではないとする政府草案第五〇三条（BGB第五〇三条）二項に矛盾している。

所有権留保の下で購入された目的物の取戻しは、買主が、支払遅滞等、契約上の信頼を損った場合において、現行法（旧規定・筆者補足）で考慮され得る。この場合、買主の占有権は所有者かつ売主の返還請求に対抗することはできない。そのような場合、契約はそれでも維持されたままである。このような法律効果は、契約上の信頼を守る売主に自らの契約上の第一の請求（売買代金請求・筆者補足）の受領という利益に役立つ。所有権が留保された物の返還請求権は、契約上の信頼を守る買主に、きちんと契約の履行をかえりみる誘因となり得る。この可能性は維持されるべきである。目的物を取り戻した場合、解除による契約関係の解消の強要を意図する政府草案第四四八条二項は、それ故に削除されるべきである。」

これに対して、連邦政府は以下のように回答した。[16]

「連邦政府は再審査によってなお政府草案第四四八条二項を堅持する。この規定は、消費者信用法第一三条三項一文に該当する。その規定の基礎にある法的思考は一般化し得るものである。売主は、履行された支払金を返還することなく、目的物を取り戻すことはできない。取戻しは、解除を要件としてのみ、顧慮され得る。」

その後、推薦草案では、以下のように指摘されている(17)。

「委員会は、政府草案第四四八条を正しいとみなしている。委員会は、討議において及び幾人かの専門家から申立てられた二項における解除の必要を削除すべきとの要求には賛成しない。これらは、売主が目的物を取り戻すことなく、しかし同時に既に(分割で)支払われた売買代金を渡さないことが保障されるべきとする。これは公正ではなく、既に現行法により広く防止されている(消費者信用法第一三条三項一文)。所有権留保は――これまでのように――事業者の間では契約により異なった形成が可能なので、規定の変更はやはり適切ではない。」

以上の結果、以下の内容で各条文が成立した。

第二一六条〔物的に担保された請求権における消滅時効の効力〕

① 抵当権、船舶抵当権、又は質権の設定された請求権の消滅時効は、債権者が担保に供された目的物から自らの満足を求めることを妨げない。

② 請求権を担保するために権利が移転されたときは、その返還は、請求権の消滅時効に基づいて請求することはできない。所有権が留保されたときは、担保された請求権が消滅時効にかかったとしても、契約の解除はなされ得る。

③ 一項及び二項は、利息及びその他の回帰的給付の請求権の消滅時効について適用しない。

第二一八条〔解除の無効〕

① 不給付又は約定どおりの給付がなされないことに因る解除は、給付の請求権又は追完請求権が消滅時効にかかり、かつ債務者が援用するときは、無効である。債務者が第二七五条一項乃至三項、第四三九条三項又は第六三五条三項に従って、給付をする必要がなく、かつ給付請求権又は追完請求権が時効にかかるであろう場合も同様である。第二一六条二項二文は影響を受けない。

② 第二一四条二項は準用する。

第四四九条〔所有権留保〕

① 動産の売主が売買代金の支払まで所有権を留保した場合において、疑わしいときは、所有権は、売買代金の完全な支払という停止条件の下で移転することが認められなければならない（所有権留保）。

② 所有権留保に基づいて、売主は、契約を解除した場合にのみ目的物の返還を請求することができる。

③ 所有権移転が、買主が第三者、特に売主と密接な関係にある事業者の債権を履行することに依存する限り、所有権留保の合意は、無効である。

三　関連する改正及び成立した規定の適用関係

(1)　ＢＧＢ旧第四五四条の削除[18]

ＢＧＢ旧第四五四条は、自らの契約上の義務を履行しかつ買主に売買代金を猶予した売主の解除権を排除していた。この規定は、売却した物につき所有権留保を合意することなく、売買代金支払を猶予して目的物を引き渡した売主は、支払の訴えが制限され、かつ解除請求により再び自己の商品を取り戻す権利が奪われる与信者として扱われなければならないという考えが基になっている。これは、不動産を買主に引き渡したものの売買代金を同時に猶予した不動産売買においても同様とされている。

しかしながら、買主へ先履行するという信頼に対して、売主は常に解除権の剥奪に処せられることの正当性には確固たる基礎がない。例えば、買主が猶予期間の満了後に支払わない場合には、ＢＧＢ旧第三二六条の一般規定により契約を解除し、供給した商品又は不動産を返還請求し得るのが前提なので、売主が先履行を同意しても、特に妥当しないのは明らかである。また、買主に関して、たとえ非常に短い期間であったとしても支払を猶予されているので、譲渡された商品の支払をしない買主がその間目的物を保持できる、とする正当性はない。

公証実務においては、不動産売買の際にＢＧＢ旧第四五四条の規定は、通常は失効させられている。判決では、Ｂ

GB旧第四五四条を狭く解する例外規定とみなすことにより、不当な結果を回避しようとしている。[19] また、本条は、法政策的には誤っていると考えられていた。それ故、削除されることとなった。

(2)　特別法の取込み

①　消費者信用法

消費者信用法が債務法の中に取り込まれ、第八章・個別の債務関係、第三節・消費貸借契約・事業者と消費者の間における金融援助及び割賦供給契約（第四八八―第五〇七条）として、消費者信用法の内容が規定されている。

契約解除の要件を定めた消費者信用法第一二条がBGB第四九八条に、解除の効果を定めた消費者信用法第一三条がBGB第五〇三条に規定された。特に、目的物の取戻しは契約の解除とみなす第四文は、留保された所有権に基づく目的物の取戻しは売買契約解除とみなす割賦販売法第五条の規定が元であることを再度指摘しておく。また、消費者信用法第四、六、八条が、分割払における必要的記載事項、形式不備の場合の法律効果としてBGB第五〇二条に規定された（消費者信用法第四条一項五文及び五文二号が第五〇二条一項、第八条一項が第五〇二条二項、第六条が第五〇二条三項）。

BGB第五〇二条一項六号に、「所有権留保又はその他の担保を設定する合意は書式が必要である」と規定されている。もっとも、同条三項には一項五号までの要式を欠く場合に分割払は無効であると定められているので、所有権留保の合意が書式によらない場合は所有権留保が成立しないに止まり、契約自体は影響を受けない。

②　約款規制法

第二章・約款による法律行為的債務関係の形成（第三〇五―第三一〇条）として、約款規制法の実体法に関する部分が取り込まれた。内容のコントロールを定めた約款規制法第九条がBGB第三〇七条一及び二項に、内容のコントロールの適用を定めた約款規制法第八条がBGB第三〇七条三項に規定された。

(3)　規定の適用関係―原則

特別法が取り込まれたことから、当事者の合意を原則としつつ、ＢＧＢの規定、特別法による修正、という従来の関係から変化したのかを考える必要がある。この点、実質においては、消費者信用法、約款規制法同様に、取り込まれた後のＢＧＢ規定の適用範囲は限定されている。したがって、同一法典の規定ではあるものの、従来の一般規定、特別規定の関係にあると考えられる。

まず、所有権留保に関して当事者が具体的内容を合意した場合は、それに従うことになる。ここで問題になるのは、ＢＧＢ第三二三条一項で要求される期間の設置を不要とする合意の有効性である。即ち、合意により期間の設置を不要とすることはできるのかという問題である。この点につき、後述するように消費者契約及び約款を利用した場合は修正されるものの、一応、期間の設置を不要とする合意は、個別になし得るとされている。[20]個別的合意による変更は、所有権留保に関する法規定から離れることになるため、期間なしの解除権あるいは期間要件の排除が可能となる。[21]

当事者間で、具体的内容が合意されていない場合は、ＢＧＢの規定が適用されることになり、既にみたように、売主は、ＢＧＢ第三二三条一項に従って期間を設置し、その期間の経過後に契約を解除することができる。[22]売買代金が一部支払われていた場合、売主は、ＢＧＢ第三二三条五項一文に従って、売主が一部給付に全く利益を有しないときに限り、解除ができる。したがって、売買目的物が分割できる物ではなく、かつ、支払われた代金の一部が目的物の価値に及ばない場合は、規定どおり売主は解除できる。但し、残代金が僅かであるときは、ＢＧＢ第三二三条五項二文により、売主の解除は排除される。また、解除の際、遅滞（ＢＧＢ第二八六条）は基本的に要件とされない。[23]

ところで、ＢＧＢ第三二三条二項一号乃至三号においては、期間の設置が不要とされている。一号及び三号は該当する可能性がないものの、同条二号は、「給付を契約上指定された期日又は特定の期間内に履行せず、かつ債権者が契約上の給付利益の存続を給付の適時性に結びつけ」と規定されていることから、分割払への可能性があるように思われる。しかし、この二号に述べられている定期行為の前提は、分割払売買においては、存在しないとされている。[24]

(4)　規定の適用関係―修正

①　消費者契約

解除に関しては、消費者（BGB第一三条）と分割払売買を行った場合、BGB第五〇三条二項（消費者信用法第一三条）は、要求されるBGB第四九八条一項（消費者信用法第一二条）の要件において、解除のために支払遅滞の存在を前提とする。また、事業者（BGB第一四条）が消費財の売買において、目的物を再び自己に取り戻したときは、BGB第五〇三条二項四文により、解除権の行使とみなされる。

消費者契約の観点では、規定を回避する合意を禁止するBGB第四七五条一項には、所有権留保は該当しないとされている。しかしながら、分割払行為においては融資の援助に該当するので（BGB第四九九条二項：消費者信用法第三・四条）、期間を設けない場合は無効となる（BGB第五〇六条：消費者信用法第一八条）。また、事業者と消費者間の契約では、BGB第五〇二条（消費者信用法第四・六・八条）に規定された書式を守らなければならない。

②　約　款

約款については、解除において期間の設置を不要とする内容は、BGB第三〇九条四項（約款規制法第一一条四項）及び第三〇七条（約款規制法第八・九条）により、無効となる。約款については、BGB第三〇七条の内容のコントロールが適用される。

四　実体法上の権利関係に関する検討

今回の改正により新たに規定された点は、第一に、請求権に消滅時効が完成した後であっても留保売主は所有権留保を実行できること、第二に、所有権留保に基づく目的物の取戻しは契約の解除によること、である。以上の点は、従来は規定されていなかったものの、これまでの判例・多数説及び債務法改正作業に沿った内容で規定されたものであり、特に改めて新しい論点、問題点があるわけではない。しかしながら、今回の改正に対しては、若干の疑問点も指摘されている。

(1)　売買代金消滅時効後の実行

まず、債権の問題として、請求権に消滅時効が完成した後は、買主に給付拒絶の抗弁権が発生し契約を解除することができない（BGB第二一八条）。次に、物権の問題として、売主が留保する所有権に基づいて目的物の返還を請求した場合、占有者の抗弁権（BGB第九八六条）によって、買主は目的物の引渡しを拒絶できる。しかしながら、請求権に消滅時効が完成した後の担保権の実行を認めるBGB第二一六条からは、所有権留保についても、当事者の意図が「担保目的」であることを理由に、売買代金消滅時効後の所有権留保の実行を承認する見解が従来より多数であった。判例は、当初は否定していたが、後に承認するに至っている。

以上から、改正過程では、消滅時効により債務者に解除に対する抗弁権が生じることを前提に、討議草案では「売主は目的物を取り戻すことができる」とされ、政府草案では「解除することができる」と提案された。この過程では、解除によらない取戻しを承認する方法から、抗弁権があるにも関わらず例外的に解除できるとの規定に変更されている。変更は改訂草案の段階でなされており、詳細は定かではない。しかし、これまでの債務法改正作業における鑑定意見、及び今回の議会に対する回答にもあるように、実行は必ず解除によるべきとの強い意図があり、解除によらない取戻し、つまり物権的返還請求権の単独行使を認めることには反対するとの姿勢がみて取れる。

従来の取扱い、即ち、消滅時効に関し明文規定を欠くにも関わらず、契約が解除できない状態においても所有権に基づく物権的請求権によって、なお目的物の取戻しを承認することは、類推適用とはいえ解釈の範囲を超える疑いがあった。したがって、明文化により請求権消滅後の実行が可能となったことは、従来よりも担保としての効力が強くなっていると評価できる。

ちなみに、わが国では、時効により債権が消滅することを前提に、担保物権の附従性から、担保権も消滅することが当然であるとされている。むしろ、時効の完成自体は実務的にはあってはならないことである。したがって、権利の上に眠っていたのであれば、担保権も消滅しても仕方がないことであろう。しかしながら、担保権における独立の原則及び流通化という観点（いわゆる「近代的抵当権」）からは、むしろわが国の規定が独特であることも意識しなければならない[25]。また、特に、権利移転型の担保において、担保権設定型と同様の附従性を有しているのかは検討する必要がある。終局的には、債権と担保の関係において、債権に何らかの事態が生じた場合、担保にどの程度の効力を与えるかという制度設計に関わる問題であろう[26]。

(2)　解除による実行

連邦参議院から表明された見解のように、解除を必要とすることに対しては反対意見もあった。また、新規定の下においても、若干の問題がある。

第一に、解除の規定が債務者の義務違反を問わずに期間の設置のみを要件としていることである。今回の改正では、契約解除と損害賠償はわが国と同様に並列して行使できること（BGB第三二五条[27]）、帰責事由は損害賠償の要件とされ契約解除については要件とされていないこと、が変更点として挙げられる[28]。これに対応してか、どのような場合に売主は契約を解除できるかについて、BGB旧第四五五条では、「買主が支払を遅滞したときは」と限定してあったのに対し、新規定では、「所有権留保に基づいて」と特に解除の場合が限定されていない。そこで解除の規定をみると、BGB第三二三条は、「弁済期の到来した給付を履行せず、又は債務の本旨に従って履行しない場合」は期間を定めた上で解除することができると規定している。そうすると、従来の規定と比べるとBGB第三二三条に依るならば「債務の本旨に従って履行しない場合」が新たに追加されていることになる。債務の本旨としては、代金支払はもちろんとして、例えば、買主による目的物の管理責任、目的外使用、譲渡等も、場合によっては想定できる。仮に売主の所有との見解を貫徹しなくても、担保目的物の管理という点からは十分問題となり得る。また、以上の点に関連して、遅滞はもはや取戻しの要件ではないから、この点では従来よりも売主の解除要件が軽減されているとの見解もある[29]。

第二に、期間の設置が必要としても、どの程度の期間であれば十分なのか。この点、BGB第三二三条は、期間の設置が不要である場合（同条二項）、及び期間設置の例外（同条三項）を認めている。この点につき、所有権留保については、同条二項を満たす場合はほとんどあり得ないことから期間の設置は避けられないものの、三項の規定から例外的扱いは許容されること、また担保目的の実現には期間設置は過重であることから、解除に必要な相当な期間については、かなり短く算定し得ると指摘する見解がある。(30) 倒産手続と解除の関係については項を改めて第二節で検討する。

第三に、買主の期待権の問題である。買主側からすると、所有権留保の実行は、期待権消滅のプロセスとして捉えられる。この点につき、債権契約と無因の物権契約に基づき買主の期待権が生じているので、債権契約の解除が期待権の喪失を直ちに意味するわけではない。即ち、目的物を取り戻すためには、占有権原として、売買契約に基づく占有の他に、物権契約から生じた期待権を除去する必要がある。従来は、所有権留保の主張において、物権的合意の撤回が予定されており、撤回により停止条件は中断し、期待権は消滅すると解することで、解決が図られていた。(31) 即ち、物権としての期待権の除去のためには、所有権留保そのものの実行を想定する必要がある。以上のような視点から、解除のみではなく所有権留保の単独行使を認める見解もある。(32) また、この見解は、売主のメリットとして、売買契約を維持し売買代金請求権を保持しつつ同時に買主に期待権除去という圧力をかけることができることを挙げる。さらに契約が維持されている場合、改めて物権的合意を行い、それによる期待権を再度容認することができるとする。この見解は、契約が存続する場合、買主には履行請求権が生じるものの、売主は残代金支払請求権の留置権（BGB第二七三条）で対応できるとする。

本書の視点に基づき分析すると、「取戻しは解除による」ということは、実行として留保した所有権に基づく物権的返還請求権のみを行使して目的物を取り戻すことが否定されたことを意味している。売主が留保した所有権に基いて目的物を取り戻しても、代金未払である以上、同時履行の抗弁権や質権的理解からは違和感がなく、契約解除が必然的とは思われない。しかし、当事者の「引渡の先履行」の合意を重視するならば、売主が合意を維持しないにも拘らず、売買契約を継続できるとするのは確かに齟齬がある。そうであるならば、先履行者への特権が債務法レベルでも否定された以上、第二編でみた学説や判例の見解は、債務法改正後も妥当するのか否かは留意する必要がある。また、改正過程ではＢＧＢ制定時同様に倒産時の問題は正面から論じられていない。もっとも、既にみたように、性質は異なるものの倒産手続においては「報告期日」までは売主は取り戻すことができない。

第二節　買主への倒産手続と売主による不履行解除の関係

一　問題点と倒産手続開始の効力に関するＢＧＨの変遷

買主に倒産手続が開始されたからといって、当該売買契約の代金支払が債務不履行になっているとは限らない。所有権留保が合意されている場合、倒産法第一〇七条二項により管財人は履行の選択に関して報告期日まで当該目的物が財団にとって必要か否かを検討する時間を与えられる。では、買主に倒産手続が開始された場合、売主は、報告期日前に契約を解除できるのか。また、可能として解除と管財人による選択権行使の関係はどうなるのか。これは、売主の権限の問題であり、倒産法第一〇三条以下の排除を禁止する倒産法第一一九条の問題ではない(33)。実体法上の期間設置（第一節で検討）と倒産法上の期間設置の関係である。

まず、倒産手続開始前において当該代金支払債務が遅滞していなくても、毎月定められた日に支払う等の暦を基準とする代金支払が定められているときは、遅滞の発生の時点は確実である。したがって、原則として相当な期間を設置して、ＢＧＢ第三二三条一項による解除は可能である。では、解除のための期間設置を不要とする同条二項に該当するのか。特に三号の「特別の事情」の可能性があり得る。特別の事情とは、「支払不能の虞れ（倒産法第一七、一八条）」、「債務超過（倒産法第一九条）」が考えられるものの、仮に該当するならば倒産時のために形成された規範を否定することになる。また、所有権留保に基づく取戻しは解除によると定めたＢＧＢ第四四九条二項に反する。そうすると、解除の可否は三号の履行利益に該当するか否かが問題となる。なお、同条四項による解除も可能にみえるものの、後に管財人により履行が選択される可能性があり、倒産法第一〇七条の存在を考えると困難と考えられる(34)。反対に、倒産手続と並行して売主は契約を解除できるとすると倒産法第一〇七条の意味はやはり薄くなる。

ところで、かつての通説とBGHは、双方が未履行の履行請求権に関して破産の開始は何ら影響を及ぼさず、管財人の「履行拒絶」によって初めて従来の権利関係は解消されて契約は不履行による損害賠償の清算関係に変形すると解していた（Fortbestehenstheorie：存続説）。一九八四年にBGHの第八民事部は、契約当事者の請求権は手続開始と共に破産債権となるが、管財人の履行拒絶によって初めて契約の変形が生じると判示していた(35)。その後、一九八八年に判例が変更された。第九民事部は、双務の履行請求権は破産手続の開始と共に既に消滅し、破産管財人の履行拒絶は何ら権利を形成する効果を有せず、履行請求により元々の履行請求権が再び新しく生じるとする「消滅説（Erlöschenstheorie）」を採用した(36)。消滅説だと、いわゆる倒産実体法は形式的には実体法上の権利との連続性を持たないことになる。しかし、この判決には批判が多く、二〇〇二年に第九民事部は原則判決で消滅説を放棄し以下のように判示した。これは、「履行請求の貫徹力の喪失説（Theorie vom Verlust der Durchsetzbarkeit der Erfüllungsansprüche）」といわれる見解である(37)。

①　倒産手続の開始は実体法上の変形という意味において双務契約から生じる履行請求権の消滅をもたらさない。むしろ、未だ履行されていない請求権は、手続開始前にもたらされた履行に対する相応の反対給付が整えられていない限り、倒産手続において、その貫徹可能性が消える(38)。

②　管財人が履行を選択した場合、貫徹不可能な履行請求権は、元々の債権の法的性質を保つ（Qualitätssprung と評されている）。もっとも、財団債務ないし財団債権という新しい性質が付与されるため、当初の履行請求権と内容的には同等であるが法的な同一性は有しておらず、当初の履行請求権は消滅し新しい請求権によって置き換えられる(39)。

③　管財人が不履行を選択した場合（履行が拒まれるか、相手方の促しに拘らず選択が表明されない場合）、履行請求権は、そのままでかつ貫徹不可能である。履行拒絶は何ら権利を形成する表明ではないから、契約当事者は、不履行による請求（倒産法第一〇三条二項一文）ではなく倒産手続に参加できる。変形はむしろ契約当事者が不履行に基づく債権を行使して初めて生じる。

倒産法上の権利形成的効力という点からは、存続説では管財人の「履行拒絶（損害賠償に転化）」が、消滅説では「倒産手続の開始（消滅）」と「履行の選択（権利発生）」が重要であった。貫徹力喪失説では、まず倒産開始により請求権自体は存続しその貫徹力が喪失する。その後の管財人の「不履行」選択は失効の「宣言」に過ぎず、管財人が履行を選択すると同等の債権が効力を有するため、管財人の「履行の選択（効力発生）」が重要な意味を持つ（但し厳密には別債権）。

Prüttingは、存続説及び消滅説は履行「請求権」を対象とし、貫徹力喪失説は「双務契約の契約当事者間の厳格な等価性の原則」がより重視されており「契約の履行」である点を示唆する(40)。貫徹力喪失説では履行の選択によって厳密には別債権であるとしても倒産法の理念に基づき必要な配慮が施されたに過ぎず、貫徹力を復活させるための構成であるから、倒産手続においても双務契約の履行という観点から検討すべきである。以下、本書では貫徹力喪失説を前提に論を進める。

二　倒産手続開始前の解除

(1)　倒産手続申立前の解除権行使

手続申立前に成立した解除権を売主が行使することは認められる。買主の管財人は倒産開始の際の状況で双務契約を受け入れなければならない。したがって、売主は、売買目的物の所有者であり、倒産開始前に返還請求を貫徹していないならば、倒産法第四七条に基づき取り戻すことができる。返還訴訟が提起されていた場合、ＺＰＯ第二四〇条一文に基づき中断し、倒産法第八六条一項一文で処理される。しかし、Huberは、管財人は解除の効力と留保された所有権を争うべきであるとする。(41)

(2)　倒産手続申立後、手続開始前の解除権行使

この段階は、返還請求の実現の可否ではなく、解除による形成的効力の可否の問題である。実務では売主が留保所有権に基づき手を出してくることは保全処分（倒産法第二一条二項三号）で排除される。しかし、有効に表明された解除の形成的効力が生じた場合、買主の管財人は倒産法第一〇三条一項の選択権を奪われ、物を返還しなければならないから、保全処分は後に財団の助けとはならない。(42)

この場合、同じ双務契約の特則である賃借に関する倒産法第一一二条一号(43)を類推適用し倒産法第一〇七条二項の報告期日の時点まで遅らせる可能性が考えられる。Marotzkeは、留保売主と財団の関係は貸主と財団の関係に類し、売買代金を手に入れるために留保売主が財団に目的物を処分の方法で利用可能性を承認するのは使用させる契約の場合と異ならないから、財団に譲渡された利用可能性の当面の保護は倒産法第一一二条の類推適用とする。(44)もちろん、早期に履行拒絶が表明されれば類推適用はない。

この見解にHuberは反対する。確かに「利用」という点からは、賃貸と所有権留保付売買の目的物は、営業の継続に必要という点で同じ要素を有している。しかし、立法者は両者を区別し、貸借とそれに類する利用契約は倒産法第一〇三条が排除（倒産法第一〇八条一(45)項により権利関係が継続）され、所有権留保には倒産法第一〇三条が妥当する。これは、所有権留保が一定期間の利用を許容するものではなく、倒産の場合に備えて留保された所有権による担保であるから、義務の継続的緊張（dauernde Pflichtenanspannung）という特徴を欠き、継続的債務関係ではないからである。したがって、所有権留保売買において経営の「利用」目的である場合――建築業者がクレーンを購入した場合等――であっても継続的債務関係ではなく、留保目的物が再譲渡（加工を伴う場合と伴わない場合）の目的で購入された場合も同様の関係と指摘する。(46)

では、解除できるとどうなるのか。Huberは、保全処分が役に立たなくなると述べるのみであるが、一般に解除による返還債務関係についても倒産法第一〇三条が適用されると解されており、管財人が返還債務の履行を拒めば、目的物を財団に留めておくことができる。

(3)　倒産手続申立後の解除のための期間設置

この段階での期間設置に対しては、倒産開始手続において倒産法上の特別な考慮が必要であり、保全処分が採られる。しかし、履行請求が後に選ばれたときにのみ支払が期待できるとなると売主の債務法上の支払請求が危険になる。そこで、留保した所有権による担保が同時に存続する。そして、履行選択の前に売買目的物は売主の同意なしに管財人によって、利用され、加工され、処分される必要があるため、この物権は付加的な保護を受ける。[47]倒産法第四七条（取戻し）にいう「財団に属しない」という意味で留保された所有権であり、通説では倒産法第一七二条の類推適用はない。[48]

以上から、倒産手続開始前においては、倒産法第一〇七条二項の報告期日の前に満了しない期間（報告期日後に満了する期間）だけが、BGB第三二三条一項の「相当期間」として妥当する。では、それ以外は無効、無意味なのか。Huberは、BGB第三二三条一項の規範目的は「債務者は、契約履行と反対給付の獲得のラストチャンスを持つべき」であり、この契約を履行するためのチャンスが倒産法において客観的かつ利益適合的なのは、管財人によって既に前もって履行が選択されていない限り、報告期日の時点であるとする。[49]

なお、申立が拒否あるいは財団不足により却下された場合は直ちに解除できる。債務者に費用がない以上、契約履行のための現実的なチャンスは意味がない。売主が却下前に何ら期間を設置してない場合、BGB第三二三条二項三号又は同条四項により期間設置なしに解除できる。また、他の理由による却下の場合は倒産法第一八条（支払不能の虞れ）、第一七条（支払不能）、第一九条（債務超過）によりBGB第三二三条二項一号に該当し、期間の設置なしに解除できる。[50]

三　倒産手続開始後の解除・目的物の取戻し

この段階では、貫徹力喪失説によると、倒産手続開始に伴って売主は自らの履行請求を貫徹できない以上、BGB第三二三条一項は「満期」、「履行せず」という点で前提を欠き、買主の管財人の履行選択があって初めて財団に対して及び財団からの履行請求が貫徹可能になる。手続開始後の管財人の占有権につき、かつての消滅説では説明が困難であったが、この判決とBGB第四九九条二項二文で明らかとなった。つまり、貫徹できないだけで、いわば一時停止である。したがって、占有権は持続しBGB第四四九条二項により売主の解除によって初めて抜け落ちる。しかし、履行に関して報告期日まで猶予されるため、それまでは売主の権利行使は基礎を欠く。手続自体は既に前章で述べているため、以下では解除との関連のみ記す。

(1)　履行選択

買主の管財人による履行の選択は、それまで貫徹できない履行請求権と質的に同様の請求権を生じさせる形成権の行使となる。明白な履行請求は受領が必要な意思表示の行使であり、BGB第一三〇条から第一三二条の適用があり、他の形成権同様に撤回や条件付けはできない。残金の支払は財団債権者として倒産法第五三条で先立って請求される。契約は倒産手続外で貫徹され、目的物は財団に留まり、占有権は継続する。最後の支払で停止条件は成就し財団の所有物となる。

履行選択にも拘らず管財人が支払わない場合、ラストチャンスは再度有効となるから、売主はBGB第三二三条一項に基づき相当な期間の設置後に売買目的物の返還を求めることができる。実体法上の権利は取戻権で行使される。

(2)　不履行選択

買主の管財人が履行を拒絶し又は請求の表明をしない場合、売主は直ちに解除し得る。ラストチャンスを与えることは意味がないので、BGB第三二三条一項の期間設置は必要ない。解除の表明は返還請求で行われ、管財人の占有権と買主の期待権は消滅する。所有権留保のように停止条件付で譲渡された目的物の場合は完全取得を前提とする倒産法第一〇五条二文（可分給付における返還請求権を否定）は該当しない。

契約の解除はＢＧＢ第三四六条以下による。売主は既履行部分の返還義務を負い、同時に倒産法第一〇三条二項一文に基づき不履行による請求を行う。両者は相殺の関係で決済される。

(3)　特約による取戻し

実務では売主の取戻しに関する特約が用いられる場合がある。これに関して二〇〇七年にＢＧＨは、倒産手続においては、所有権留保の下で供給された装置を代金支払まで仮に取り戻すとの約款条項は、ＢＧＢ第四四九条二項の本質的な基本思想に反し、ＢＧＢ第三〇七条二項一号、一項一文により消費者取引に関しては無効と判示した(51)。

事実は、ある装置が消費者に対して所有権留保の下で供給された際、約款に「顧客が支払を遅滞した場合、供給者は供給物を支払あるまで自己に取り戻す権利を有する。」との条項があり、この条項の効力が争われたものである。ＢＧＨは、立法者の意思は「解除なければ取戻しなし（keine Rücknahme ohne Rücktritt）」が原則であり、債務法改正時の理由書の「先履行した側に優先を与えるのは債務法に馴染まない」を引用した上で、「確かにＢＧＢ第四九九条二項は任意規定で別個に合意可能であるが、条文がモデルとしての機能を有する限り、少なくとも消費者取引においては約款によりＢＧＢ第四九九条二項を回避することはできない」と判示した。

この事案で問題となった条項では、代金請求権を維持したまま目的物を債権者が占有することとなり、状態は質権と同様となるから、肯定され得る余地がある。しかし、所有権留保はあくまでも売買契約の問題であり、コンツェルン留保が無効とされたのと同様に、売買に妥当する理論（解除なければ取戻しなし）を回避することは認めない意図と考えられる。

小　括

政権交代やEU指令という背景があったものの、かつての債務法改正作業を踏まえた改正が実現した。所有権留保については従来同様に解釈規定であるから個別の合意は可能であることを前提に、取戻しは解除によること及び代金請求権の消滅時効後の解除が明確化された。また、関連するBGB旧第四五四条は削除され、消費者信用法、約款規制法がBGBに取り込まれた。もっとも、特別法については適用範囲・内容とも従前と同様である。

債務法改正後の実体法・倒産法においては、以下の特徴を有する。

① 停止条件付所有権移転の明確化（BGB第四九九条第一項：物権的効力）。

② BGB旧第四五五条では規定されていた特別の解除権（特権）の否定（BGB第四九九条第二項：債権的効力）

③ 「引渡が先履行」との合意内容であるから、契約を解除したときのみ目的物の返還が請求できるとして、実行手続は解除によることが明確化（BGB第四九九条第二項）。

④ 消滅時効の抗弁により解除ができないという原則に対して、例外的に解除（取戻：実行）を認める（BGB第二一六条第二項第二文）。

⑤ BGB第三二三条による解除に必要な期間設置に関して不要とする個別合意は可能。しかし、特別規定が適用される場合は、期間設置が必要。

⑥ 既に成立した解除権を倒産手続開始前に行使することは可能。しかし、倒産手続申立後に設置された解除のための期間は、BGB第三二三条が「ラストチャンス」の趣旨であり、また倒産法第一〇七条二項も管財人に留保目的物の利用を判断する期間を認めているため、報告期日の後に満了する期間設置のみが妥当する。

⑦ 倒産手続開始後は、貫徹力が喪失するため売主は請求を貫徹できず、管財人の履行選択によって実体法上の契約関係が貫徹される。したがって、管財人の履行選択後の不履行があればBGB第三二三条一項に基づき期間を

設置して目的物を取り戻すことができる。不履行選択の場合は期間の設置不要で直ちに目的物の返還を請求できる。

第一編でみたように沿革的には解除権との関係が重要であった。その後、ＢＧＢで停止条件付所有権移転と構成されたため、物権的請求権の行使と整合性ないし裏返しとして期間設置不要の解除権が対応していた。しかし、既に倒産法では即時の取戻しは不可能となり、その後の債務法改正においては、消費者信用法の思想は一般法に取込めることを理由に「特別な解除権は不要」として、一般の解除手続によることが法定された。即ち、即時取戻しは消費者契約においては否定され、それ以外の場合は合意による即時取戻しは可能であるが、いずれにせよ解除構成によることが明確化された。ＢＧＨも、立法者の「解除なければ取戻しなし」を重視し、消費者取引において約款によって条文を回避することはできないとして判示している。したがって、物権の行使という側面は後退し、「売買契約」の個別問題として認識、処遇され、債務法改正においても特権については「債務法ではなく物権法」の問題として忌避されている。以上からは、再び改めて解除との関係が問われることになる。

以上で、ドイツにおける所有権留保に関する実体法及び倒産法上の取扱いに関する検討を終え、次章以下では、わが国に関して同様の分析を行う。先に述べるならば、わが国ではドイツ法の影響を受けてきたにも拘らず、解除権との本来的な関係は意識されず、先履行した売主に対して特権が承認されている点をどう考えるかである。

（1）　Gesetz zur Modernisierung des Schuldrechts vom 29. November 2001, BGBl. Teil I Nr. 61/2001 vom 29. 11. 2001 S. 3138 ff. 転換されたEU指令は次のものである。Die Richtlinie 1999/44/EG des Europäischen Parlaments und des Rates vom 25. Mai 1999 zu bestimmten Aspekten des Verbrauchsgüterkaufs und der Garantien fur Verbrauchsgüter（ABl. EG Nr. L 171 S. 12）; Die Richtlinie 2000/35/EG des Europäischen Parlaments und des Rates vom 29. Juni 2000 zur Bekämpfung von Zahlungsverzug im Geschäftsverkehr（ABl. EG Nr. L 200 S. 35）; von Artikel 10, 11 und 18 der Richtlinie 2000/31/EG des Europäischen Parlaments und des Rates vom 8. Juni 2000 uber bestimmte rechtliche Aspekte der Dienste der Informationsgesellschaft, insbesondere des elektronischen Geschäftsverkehrs, im Binnenmarkt ("Richtlinie uber den elektronischen Geschaftsverkehr", ABl. EG Nr. L 178 S. 1). 債務法現代化法については、半田吉信『ドイツ債務法現代化法概説』信山社（二〇〇三年三月）が詳細である。なお、本書では、インターネット上で公開されている立法資料を参照した。本文中の特に言及のない条文は、改正後のＢＧＢのものである。

（2）ドイツにおいては、請求権の消滅時効の完成により債務者に抗弁権が生じるのであり、債権そのものは存続し時効により消滅するわけではない。この点において、消滅時効と表現することは誤解を招くことが懸念される。しかしながら、取得時効に対比する意味での消滅時効であること、用語として定着していることから、本書では、消滅時効との表現を用いる。

（3）債務法改正により瑕疵担保責任が債務不履行責任化したことに伴い、瑕疵物をめぐる関係が双方未履行の双務契約に該当し、管財人の履行選択権の対象となった。所有権留保が合意されていた場合も含めて瑕疵担保責任と履行選択権につき、拙稿「ドイツにおける瑕疵担保責任の債務不履行化と倒産管財人の履行選択権」熊本法学一〇六号（二〇〇九年三月）五一頁。

（4）Diskussionsentwurf eines Schuldrechtsmodernisierungsgesetzes vom 4. August 2000, S. 298ff.

（5）vgl. BGHZ 70, 96, 99.

（6）BGH, NJW 1979, 2195, 2196.

（7）Bundesminister der Justiz (Hrsg.) Gutachten und Vorschläge zur Überarbeitung des Schuldrechts, Bd. 1, 1981, S. 246ff., 310f. [Peters/Zimmermann].

（8）BGHZ 34, 191, 196.

（9）Diskussionsentwurf eines Schuldrechtsmodernisierungsgesetzes, S. 527ff.

（10）Entwurf eines Gesetzes zur Modernisierung des Schuldrechts vom 9. Mai 2001, S. 279f.

（11）討議草案の改訂版において、文言の修正がなされた。Konsolidierte Fassung des Diskussionsentwurfs eines Schuldrechtsmodernisierungsgesetzes auf der Grundlage des Diskussionsentwurfs eines Schuldrechtsmodernisierungsgesetzes, der hierzu vorliegenden Stellungnahmen und der Ergebnisse der Beratungen der Arbeitsgemeinschaften zu den einzelnen Komplexen und der Kommission Leistungsstörungsrechts vom 6. Marz 2001, S. 9.

(12) 専門化委員会による消滅時効に関する改訂判（二〇〇一年三月二二日）の第二一〇条として規定された。

(13) Entwurf eines Gesetzes zur Modernisierung des Schuldrechts, S. 566f.

(14) Stellungnahme des Bundesrates vom 13. 07. 01, Drucksache 338/01, S. 56.

(15) vgl. Palandt/Putzo, BGB-Komm., 60. Aufl., 455, Rdnr. 27.

(16) Gesetzentwurf der Bundesregierung Bundestags-Drucksache 14/6857 vom 31. 8. 2001 mit Stellungnahme des Bundesrats, S. 62.

(17) Beschlußempfehlung und Bericht des Rechtsausschusses（6. Ausschuß）, S. 317.

(18) Diskussionsentwurf eines Schuldrechtsmodernisierungsgesetzes, S. 444; Entwurf eines Gesetzes zur Modernisierung des Schuldrechts, S. 475.

(19) RG, JW 1915, 11901 1191; BGH, JZ 1958, 167; BGH, NJW 1960, 1568.

(20) Manfred Wolf, Sachenrecht, 20. Aufl. 2004, S. 309.

(21) Götz Schulze und Florian Kienle, Der Kauf unter Eigentumsvorbehalt - eine Kehrtwende des Gesetzgebers?, NJW 2002, S. 2843.

(22) ＢＧＢ第三二三条［不給付又は債務の本旨に従ってなされなかった給付による解除］

「① 双務契約において、債務者が弁済期の到来した給付を履行せず又は債務の本旨に従って履行しない場合は、債権者は、債務者に相当期間を定めて給付又は追完履行を催告したにも拘らず、その期間を徒過した場合に、契約を解除することができる。

② 期間の指定は、

一　債務者が、給付を真摯かつ最終的に拒絶し、

二　債務者が、給付を契約上指定された期日又は特定の期間内に履行せず、かつ債権者が契約上給付利益の存続を給付の適時性に結びつけ、又は、

三　両当事者の利益を考慮して即時の解除を正当化する特別の事情が存在する場合は、不要である。

③ 義務違反の種類に従って期間の指定が問題にならないときは、その代わりに催告がなされる。

④ 債権者は、解除の要件が発生するであろうことが明らかな場合は、既に給付の弁済期の到来前に解除し得る。

⑤債務者が一部給付を履行したときは、債権者は、その一部給付に全く利益を有しない場合にのみ、契約全部を解除することができる。債務者が給付を債務の本旨に適って履行しなかったときは、義務違反が重要でない場合、債権者は、契約を解除することができない。

⑥債権者が、解除を正当化する事情についてもっぱら又は主として責めを負う場合、又は債務者の責めに帰すべからざる事情が債権者が受領遅滞に陥ったときに生じた場合には、解除は、排除される。」

(23) Manfred Wolf, a. a. O., S. 309. 半田・前掲一一二頁。

(24) Manfred Wolf, a. a. O., S. 309.

(25) まず、消滅時効の効果として、権利が消滅するのではなく債務者の抗弁、あるいは強制できない債権となる制度（権利存続型）と、わが国のように権利自体の消滅とする制度（権利消滅型）が考えられる（旧民法の時効（旧民法証拠編第八九条以下）は、権利得喪の強力な推定を生じさせ、一定の証拠によってだけこれを破ることができるとしていた）。権利存続型の制度を採用している国にはドイツ（債務者による抗弁権）・フランス（訴権の消滅）があり、権利消滅型の制度を採用している国には、日本・スイスがある。次に、附従性については、権利存続型において、担保権の附従性は影響を受けない（ドイツ）、担保権は時効により消滅する（フランス）との制度があり得る。権利消滅型においては、わが国のように、附従性により物的担保は消滅することになる。ここで注目すべきは、スイス法の規定である。例えば、スイス法債務法第一四〇条は、「動産質権は債権消滅後も実行を妨げられない」と規定する。

(26) この点につき、北川善太郎『注釈民法（五）総則（五）』有斐閣（一九六七年一一月）三二三頁は、「一面で、担保物権の附従性をどの程度厳格に解すべきかという問題、他面で、時効消滅は担保物権の附従性を当然に肯定する程度の強い効力を持つべきかという問題、に関連する。この点で、かなりの立法例は時効の効果としてむしろ弱い効力を認めているのが参考になろう。」と指摘する。検討に当っては、法定か約定か、占有か非占有か、により、様々な要素を考慮する必要があろう。被担保債権の消滅時効と担保目的物の返還については、抵当権、質権、留置権に関して、林錫璋『債権と担保』法律文化社（一九九七年一月）三頁。

(27) ＢＧＢ第三二五条［損害賠償と解除］
「双務契約において損害賠償を請求する権利は、解除により排除されない。」

(28) 帰責事由については、渡辺達徳「ドイツ債務法現代化における帰責事由―その内容及び機能について―」判例タイム

ズ一一一六号（二〇〇三年六月）二二一頁。

（29）Mathias Habersack und Jan Schurnbrand, Der Eigentumsvorbehalt nach der Schuldrechtsreform, JuS 2002, S. 835.

（30）Götz Schulze und Florian Kienle, a. a. O., S. 2843.

（31）Marion Rinke, Die Kausalabhängigkeit des Anwartschaftsrechts aus Eigentumsvorbehalt, 1998, S. 170.

（32）Peter Bülow, Die isolierte Ausubung des Eigentumsvorbehalts nach 449 BGB, Betr 2002, S. 2091.

（33）Stefan, Smid, Kreditsicherheiten in der Insolvenz des Sioherung sgebers, Kohlhammer, 2003, S. 25.

（34）Michael Huber, Rücktrittsrecht des Vorbehaltsverkaufers in der Insolvenz des Vorbehaltskäufers, NZI 2004, S. 59.

（35）BGHZ 89, 189.

（36）BGHZ 103, 250; BGHZ 106, 236.

（37）BGHZ 150, 353; BGHZ 155, 87. 以下の三点は、Michael Huber, a. a. O., S. 58. による。

（38）Reinicke/Tiedtke, Kreditsicherung, Luchterhand, 2006, S. 296. も同様の見解を述べる。

（39）ハンス・プリュッティング・三上威彦／訳「ドイツにおける近時の判例にみられる倒産管財人の選択権」慶應法学六号（二〇〇六年八月）三一三頁も同様の見解を述べる。

（40）プリュッティング・前掲三一六頁。記述では、貫徹力喪失説の箇所では、履行請求権という言葉と同時に「契約の処理」（三一二頁）、「契約の履行を拒絶……契約の履行を請求」（三一三頁）と表現されており、個別債権レベルの問題ではないことが示唆されている。

（41）Michael Huber, a. a. O., S. 60.

（42）Michael Huber, a. a. O., S. 60.

（43）倒産法第一一二条［解約告知の禁止］

「相手方は、次の理由に基づいて、債務者が使用賃借人又は用益賃借人として成立させた使用賃貸借関係又は用益賃貸借関係を倒産手続開始後に解約告知することができない。

一．開始申立前の時期に生じた使用賃貸料又は用益賃貸料の支払の遅滞

二．債務者の財産関係の悪化」

（44）Marotzke, Heidelberger Komm. z. InsO, 3. Aufl（2003), § 107 Rn. 31, 32a. この見解に対して、Häsemeyer は反対し、

一一二条ではなく九一条を指摘する（Fn. 87; Insolvenzrecht, Rn 18. 35）。もっとも、Häsemeyer の前提は取戻権ではなく別除権との立場である。

(45) 倒産法第一〇八条［継続的債務関係の継続］
「① 不動産又は部屋についての債務者の使用貸借関係及び用益賃貸借関係並びに債務者の雇用関係は、倒産財団に対して効力を有するものとしてなお存続する。このことは、債務者が使用貸借人又は用益賃貸人として関与し、かつ取得又は製造について費用を支出した第三者に対して担保目的で譲渡された目的物に関する使用貸借及び用益貸借にも適用される。
② 相手方は、倒産手続開始前の時期についての請求権を倒産債権者としてのみ主張することができる。」

(46) Michael Huber, a. a. O., S. 60. 立法者は第一一二条の検討において「所有権留保の下で供給された目的物同様に……賃貸又は用益された目的物は管財人によって債務者の支払遅滞を理由として奪われるべきではない。（RegEInsO, BT|Drucks. 12/12443, Brgre. zu §126）」と述べていたことから、賃貸関係と所有権留保付売買の要保護性に差をつけたと考えられる。

(47) 倒産法第一七二条［動産その他の利用］
「① 倒産管財人は、利用により生ずる損失を倒産手続開始から債権者に対する継続的な支払によって補填するとき、この管財人が換価することができる動産を倒産財団のために利用することができる。塡補義務は、利用により生じる損失が別除権を有する債権者の担保を害する範囲においてのみ、生じるものとする。
② 倒産管財人は、別除権を有する債権者を害しない範囲において、その動産を附合、混和及び加工することができる。別除権を有する債権者の権利が他の物に対して存続するとき、債権者は、新たな担保をそれが従来の担保の価値を超える範囲で解放しなければならない。」

(48) Ganter, Münchener Kommentar 2ur Insolven zordnung 2. Aufl., §47 Rn. 65.

(49) Michael Huber, a. a. O., S. 61.

(50) Michael Huber, a. a. O., S. 61.

(51) BGH, Urteil vom 19. 12. 2007 - XII ZR 61/05（OLG Frankfurt a. M.）NJW-RR 2008. 818.

第三編　わが国の展開と担保構造

第一章　わが国における史的展開

第三編では、ドイツ法と同様の視点から、わが国の状況を考察する。まず、前提として歴史的な展開を振り返り、わが国では何がどう考えられてきたのかを時代を区切り明らかにする（第一、二、三節）。また、これまでみたように、ドイツでは「先履行した者への特権は債務法になじまない」として、「売買法における解釈規定」では「特別の解除権」は否定されるに至った。特権を与えるか否かが物権法の問題であるならば、わが国の動産売買先取特権について確認する必要がある（第四節）。

第一節　立法過程から戦前まで

わが国では、明治以降の近代国家へと転換する過程において、外国の法制度を採用してきたことは周知のとおりである。したがって、所有権留保についても外国の影響からわが国に採り入れられてきたとも考えられる。では外国の影響を受ける以前に、売買代金の完済まで所有権を留保するという発想が、わが国にはあったのだろうか。もちろん、その前提として、売買契約と所有権の移転がどう考えられていたのか、さらに、そもそも所有権概念がローマ法的な所有権概念と同じなのかは、検証する必要がある。所有権が売買代金の完済により移転することが前提ならば、売主が目的物を先に引き渡した後に代金債権確保のために、どのような手段が採られたのであろうか。以上の興味は尽きないものの、わが国の民法典制定以前の状況は概観するに留め、今後の課題とする。

一　民法典制定前

(1)　立法作業における所有権移転の扱い

一八七一年（明治四年）、諸品売買取引心得方定書により、明治政府は取引における証書の厳格な書式を定め、これに反した証書に証拠能力を認めなかった。[(1)] しかし過度の厳格な措置は私権保護の妨げとなることから、一八七五年（明治八年）に諸品売買取引心得方定書は廃止され、契約趣旨を証書に記載すれば足りると改めた。[(2)] また、一八七二年（明治五年）、寛永二〇年（一六四三年）に定められた田畑永代売買禁止令は解除され、高請のない土地や町地は官の関与が必要ではあったものの、自由売買が原則となった。担保については、一八七三年（明治六年）八月、動産不動産書入金穀貸借規則が公布された。[(3)] このような幕府法との調整・整理と並行して、法典の編纂作業に向けての準備が進められていった。[(4)]

開国後はイギリス、アメリカ等と取引があったことから、実際の取引において、"conditional sale"として代金支払と所有権移転が関連づけられていたと推察される。具体的には、例えば明治初年のある定約書によると、「若シ月賦金相滞候節ハ品物戻シ廃約可致候」との一文がある。[(5)] 代金支払と所有権の移転が対応するのは、当時の日本人においても特に違和感があったとは思われない。当時、フランス法以上に実務としては英米法の影響があったと考えられる点は注意を要する。また、先の約定書の一文は、ドイツ法同様に解除と所有権の留保（ないし移転）が明確に決定できていないと評価可能な点は興味深い。

では、当時進行していた法整備において、所有権移転はどう扱われたのであろうか。周知のとおりフランス法の影響が強くみられ、一八七二年の明法寮改刪未定本民法第六巻では、第六四一条がフランス民法第一五八三条に対応して所有権は売買契約で移転すること、第五六七条がフランス民法第一六〇三条に対応して売主の義務は目的物の引渡しと保証であること、第六五八条がフランス民法第一六〇四条に対応して引渡しとは買主の所有に移すことと定められていた(6)。また、当初より他人物売買は無効とされ、動産売買先取特権が規定されていた。一八七二年の皇国民法仮規則では条文数、内容は同一であり、一八七八年の明治一一年民法草案でも、ほとんど同じであった(7)。

一八七三年に来日したボアソナードを加えて一八八〇年から民法編纂が開始された。旧民法草案では、第二編「財産」において、前置條例の第五〇一条で「財産ハ各人若ハ公私ノ無形ナル人ノ資産ヲ形成スル權利ナリ　コノ權利ニ二種アリ物上ノ權及ヒ對人ノ權卽債權是ナリ」として、第一部「物權」（第五三一条以下）、第二部「人權卽債權幷ニ義務ノ總則」（第八一四条以下）と編成された。明治一一年民法草案では、第二編は「財産及ヒ所有權の種類」であり、旧民法草案では、物権と債権の概念に基づき条文が整理された点は注目に値する。また、旧民法草案第一一六一条に売買は「代價ヲ受ケテ…所有權ヲ轉移シ若ハ轉移スル義務ヲ約スル契約ナリ」と定めるものの、フランス民法第一五八三条(8)にあるような所有権の移転自体に関する内容は存在していない。しかし、所有権の移転については、第二節「賣買契約ノ効力」第一款「所有權ノ轉移及ヒ損失擔當」の冒頭の第一一八一条において「賣買契約ハ賣渡シタル物ノ所有權ノ轉移及ヒ其損失擔當ノコトニ就テハ第八百五十一條、第八百五十二條、第八百五十五條及ヒ第九百三十九条ニ定メタル普通法ノ規則ニ從フ」としてフランス民法第一五八四条、一六二四条が参照されている。そして、第八五一条は「動産、不動産ヲ問ハス有償又ハ無償ノ名義ヲ以テ確定物ヲ與フルノ合意ハ其引渡ニ關セス直ニ所有權ヲ約權者ニ轉移ス但合意ニ設クルコトアル停止ノ未必條件ニ就キ後ニ規定スルモノハ比例ニ在ラス」として、所有権移転については停止条件を付けることが可能としていた(9)。

一八九〇年に成立した旧民法においても草案は踏襲された。財産編第一部が「物權」、第二部が「人權及ヒ義務」と編成され、財産取得編の第三章「賣買」、第二節「賣買ノ効力」、第一款「所有權ノ轉移及ヒ危險」の冒頭第四四条が草案第一一八一条に該当し、草案第八五一条が第三三一条として、「特定物ヲ授與スル合意ハ引渡ヲ要セスシテ直チニ其所有權ヲ轉移ス但合意ニ附帶スルコト有ル可キ停止條件ニ關シ下ニ規定スルモノヲ妨ケス」と規定された(10)。

以上から、明治一一年民法草案の段階では、物権と債権が区別され、売買契約自体と所有権の移転時期は別に定め得る事が既に意識されていた。もっとも、注意しなければならないのは、所有権移転に関する規定の趣旨である。一八九一年に公刊された磯部四郎『民法〔明治二三年〕釈義』では、所有権移転に関する規定は、合意後引渡前に物につき損害が生じた場合、その損失はいずれに帰属するのかを決めるための法律規定であり、例外として停止条件が付いている場合に所有権は直ちに移転しないという意味は、条件が成就した場合は「遡及効」で合意の時より権利移転が起ったことになるが、成否未定の間は未だ確定していないという意味での例外規定であった(11)。また同年の井上正一『民法〔明治二三年〕正義』は、当事者は、停止条件が付いている場合、合意と共に所有権が移転するか否かを知ることができず、条件成就の時にはっきりと知ることができるのみである(12)、と述べている。この時点では条件成就に遡及効があったことに注意を要する。したがって、この規定は、所有権の移転時期自体を別途取り決めるという趣旨ではなかった。

なお、民事訴訟法に先だって、一八八三年〔明治一六年〕にボアソナードによる「財産差押法草案」が注釈を付して刊行され各裁判所に配布された。また、一八九〇年〔明治二三年〕に制定された旧商法の第三編破産編は、やはりフランスに倣い商人破産主義を採っていた。フランスでは商人破産主義故に個別執行においては平等主義を採っている。つまり、立法初期の実体法・手続法はフランス法的な制度設計であった。その後、手続法はドイツ法に傾斜していった。ドイツでは一般破産主義故に個別執行では優先主義〔差押えによる質権成立〕を採っている。比較法的には、わが国では、手続法と前提とする実体法の規定がかみ合っていない。今日まで金銭執行における債権者の競合は平等主義であること、担保権の実行については債務名義を要しない点は注意を要する。

(2)　判決及び学説

文献において現在の意味における所有権留保を見出し得るのは、直接に所有権の留保を争うものではないが、一八九四年の磯谷幸二郎博士による三池鑛山震災損害要償第一審事件の判決文の紹介である(13)。この事件において直接争われたのは危険負担に関する問題であり、判決理由において「當事者ノ明カナル合意ヲ持ッテ代金擔保ノ一方法トシテ其所有權ヲ大藏省ニ留保シタルモノニシテ解除ノ条件ヲ附シテ全然所有權ヲ原告ニ移シタルモノニ非ス」と判示されていた。[14]このことから、所有権留保特約は既に利用され、裁判所もこれを承認していたことは明らかである。

また、この裁判を契機として、一八九五年に「所有権留保付特定物売買契約において条件成就前に売買目的物が毀損・滅失した場合の危険はどちらが負担するのか」とでもいうべき討論が行われた。[15]一八九〇年に旧民法が公布されその後の改正準備期間でもあり、危険負担についても、所有者が負担する見解と債権者（買主）が負担する見解があり、フランス法の影響が強い時期でもあったため、所有者が負担するとの見解が多数であった。[16]以下、討論の中から所有権留保に関連する発言を掲載する。[17]

・中山成太郎「（危険負担に関してではあるがドイツ民法草案理由書から）賣主ガ物ヲ引渡シタ瞬間ガ履行ノ瞬間ナリト考フ（三八六頁）」

・塚田達二郎「（当事者の意思解釈及びドイツ民法草案理由書から）賣主ハ此ノ合意ニ依ッテ前ノ賣買契約ヲ解除スル解除權（Rücktrittrecht）ヲ留保シタモノデアル（四七三頁）」

・梅謙次郎「賣買其物ハ條件附デハナイ、單純ナ賣買デアル、唯所有權移轉ノ時ニ就テ代金云々ト云フコトガ條件ニナッテ居ル（六八九頁）」、「私ノ解シテ居ル所デハ條件ハ既往ニ遡ナイ、故ニ所有權ノ移轉ハ代價ヲ完納シタ日ニアル（六九二頁）」

・清野長太郎「賣主ハ……當然所有權ヲ移轉スベキモノデアルノニ……所有權ヲ保持シテ居ラウト云フ最モ安全ナル地位ニ立ッテ居ルノデアル、即チ賣買契約ノ上ニ於イテ賣主ハ非常ニ安全ナル利益ヲ得テ居ル、買主ハ対價ヲ支拂フ義務ヲ負ヒナガラ目的物ヲ引渡アルマデハ所有權ヲ得ルコトハナイ、買主ハ哀レナ地位ニ立ッテ居ル、而シテ賣主ハ誠ニ都合ノ好イコトヲヤッテ居ル（三〇二頁）」

・加藤幹雄「代價ノ完納マデハ所有權ハ停止シテ居ルト云フ當事者ノ意思ニ依テ買主ニ移ラヌト云フコトガ明デアル（四〇〇頁）」

・高木亥三郎「特約ヲ以テ代價完納マデ所有權ノ移轉ヲ停止スルトイフ當然ノ結果ヲ停止シタ場合デアル（四八三頁）」、「所有權ヲ移轉スルノ時ガ賣主ガ義務ヲ終ッタ時ト信ジマス（四八五頁）」

・西久保弘道「附屬物ヲ引渡シタノミデ重ナル所有權ガ移ラヌノニソレヲ完全ナ履行トハドウシテモ言ワレマセヌ（五七七頁）」

・植村俊平「特定物ノ賣買ニハ其合意ト倶ニ直ニ所有權ヲ移スト云フハ學者若クハ立法者ガ勝手ニ定メタル規則ニ過ギズ、……此規則ハ當事者ニ反對ノ意思ナキ場合ニノミ適用スベキ意思推測ノ標準タルニ過ギズ、故ニ當事者間ニ明カニ反對ノ意思アリテ合意ノ當時ニハ未ダ所有權ヲ移轉セズト明約アルトキハ其意思ヲ貫カシムルガ必要ナリ（七五八頁）」、「賣主ガ自己ノ利益ノ爲メニ所有權ノ移轉ヲ停止スルトキハ此停止ノ爲メニ（説令偶然ニモセヨ）自巳ニ危險ヲ冒スコトアルベキハ當然ナリ（七六〇頁）」

二　民法典制定後

(1)　所有権移転過程

一八九六年に民法典が公布され、第五五五条で売買について、第一七六条で物権変動を生じる法律行為について、それぞれ規定された。第一七六条は物権変動について意思主義を採用したことから、物権変動の法律行為は、一般の法律行為におけると同様に意思表示のみで成立し、これによって当事者間においては完全に物権変動の効果が生じることとなった。注意すべきは、ドイツ法同様に条件成就に遡及効が否定され、真の意味で合意と所有権移転時期の分離が問われることになった点である。

梅健次郎は、他人物売買と関連する記述において、売買に関するボアソナードの見解を引用した上で新民法の理解としては誤りであり、売買の成立で直ちに所有権が移転するのではなく所有権移転義務が生じるのであり、当事者が直ちに権利を移転するという場合は、所有権移転義務が直ちに履行されたに過ぎないと述べていた(18)。また、権利の即時移転というのは売買の要素でも何でもなく、例として、ボアソナードは反対するが、不動産を今売却しても直ぐに所有権は移転しないという取決めは差し支えないと述べていた[19]。また、杉山直次郎も「單一ノ行爲ノ其内容ノ一部分ノミヲ條件ニカカラシムルコトハ認ムル克ハサル觀念ナルカ如シ然レトモ予ハ尚是ヲ以テ當事者ノ意思ヲ認メ得ル法力ノ及フ範圍ナルト解ス」と記している[20]。

明治末期からは、ドイツ法学の影響と共に物権行為の独自性・無因性を認め、目的物の所有権移転時期は、登記若しくは引渡し又は代金支払の時とする学説が支配的となり、第一七六条の意思表示とは物権の変動を直接その内容とした意思表示であるとの見解が有力視された。所有権留保に関しても同様であり、三潴博士は、「物權ノ設定移轉ハ單ニ當事者ノ意思表示ノミニ因リテ其効力ヲ生スルモノトシテ意思主義ヲ採リタルカ爲メニ動産ノ場合ニ於テハ目的物ノ占有ヲ移轉スルト否トヲ問ハスシテ之カ所有權ヲ留保スルコトヲ得ヘシト考フ、（六七頁）」とされ、所有権留保自体は、当事者意思から有効であることを前提とされている。また、「我民法ノ下ニ於テハ所有權留保ノ法律的構造ハ……獨逸民法ノ如キ解釋的規定ヲ有セサルカ故ニ疑ハシキ場合ニ於テハ之ヲ停止條件ナリト見ルコトモ不可能ナリ從ッテ停止條件ナリヤ解除條件ナリヤハ一ニ當事者ノ意思ヲ解釋シテ決スルノ外ナシト答ヘサルヲ得ス然リト雖モ多數ノ場合ニ於テハ停止條件ナルコト獨逸民法ノ解釋的規定アルト同一ナルヘシ、（六九頁）」とされるが、明文のないことを理由に、法律的構造としては、所有権の移転を譲受人の純粋随意条件に係らしめる合意であるとすれば足りるとされる[21]。また石田博士は、三潴博士の論文を引用し、「所有權讓渡の物權契約を爲して其の移轉を讓受人の義務の履行に係らしめる附款であり、所有權留保の特約のもとに於ける讓渡契約は、讓受人の義務の履行を停止条件とする所有權讓渡の契約である」とされる[22]。

しかし、その後にさらに再びフランス民法的解釈態度からの反論も受けて、一九二一年（大正一〇年）に、末川博士がそれまでの見解に対し、「一個の行為の中に債権的効果の発生と同時にこれによって直ちに物権の変動までもを発生させる意思があるものと解すべき」との見解を発表され、多くの学者により支持され、その後の通説的見解となった。これまでの変遷を受けて所有権留保については、「賣買契約が條件附だといふのではなくて、所有權の移轉が條件附だといふのであるが、斯やうに觀ることは、民法第一七六條の解釋上物權契約の獨自性を認めるにしても認めぬにしても、可能であり、從つてまた、特定物の賣買について、所有權は賣買契約と同時に買主に移轉するといふ見解に從ふも或は別に物權契約を要するといふ見解に從ふも何れにしても肯認されるべきところである」とされるに至った。(23)(24)

(2)　実際の利用形態

所有権留保は主に割賦販売契約の一特約としてなされることが多く、契約文言としては、「代金全額の支拂を完了する暁を以て所有權を取得する條件にて＊＊（品名）を購求可致候」というのが一般的であり、これは英文の“agree to purchase the said ＊＊ under the condition that I will not obtain the ownership untill I have paid the full value of the ＊＊.”の訳文であるとされている。(25) わが国では、ミシンの販売において割賦販売が普及していったようである。(26) また、目的物については、動産・不動産共に所有権留保特約は可能であるとされていたため、(27) 不動産についても所有権留保はかなり広範に行われていたようである。(28)

所有権留保特約付割賦販売においては、目的物の先渡しの形態がほとんどであった。(29) そのため、代金完済まで所有権は売主にある以上、目的物の引渡後代金完済までの間、買主の売買目的物使用は、他人の物の使用となってしまう。そこで、所有権留保特約と共に賃貸借特約も締結されるのが通常の形態であった。しかしながら、貸借料という名目であっても、その実質は売買代金の分割払であり、その本質は売買に他ならないことは明らかである。(30) もっとも、このように解すると買主が目的物を占有し利用する関係を説明しなければならず、この点は、所有権留保特約自体に目的物の使用貸借性があると考えられていた。(31) このように賃貸借の形式と融合している点は、割賦販売法制定以前のドイツの状況に類似する。

第二節　戦後の展開

一　実　体　法

(1)　割賦販売法の制定

戦後の経済復興と共に月賦販売の利用はますます増加していった。まず、自動車等のメーカーによる割賦販売が軌道に乗り、テレビ・電気洗濯機のような家庭電器製品等の大量生産・販売の必要から、メーカーないしその系列の月賦販売会社が割賦販売を行った。チケット制、クーポン式販売や月賦百貨店等、その形態も多様化する傾向にあり、[32]また金融機関も消費者信用を始め、提携ローンやクレジットカード取引が普及し始めた。[33]この頃には、様々な信用供与の形態が登場し、既に統一的把握ができない状況にあった。[34]また、法律雑誌等においても特集が組まれ、[35]立法化を望む動きが強くなり、[36]一九六一年に割賦販売法が施行されるに至った。[37]

割賦販売業者による契約解除に伴う損害賠償については割賦販売法第六条に規定され、目的物が返還された場合は通常の使用料の額、又は販売価格から目的物が返還された時点の価格を控除した額が通常の使用料の額を超えるときはその額（第一項第一項）、返還されない場合は割賦販売価格に相当する額（第一項第二項）のそれぞれに法定利率による遅延損害金を加算した金額を越えることはできないとされている。

問題は「通常の使用料」の算定ということになるが、この額が既払部分と約款に記載されることが多かったために明確化する必要があるとして、立法時には、同一の商品の賃貸業がある場合の料金を一応の基準とすることが意図されていた。[38]損害賠償又は違約金の予定については同条第二項において定められ、やはり販売価格から既払分を控除した額とこれに対する法定利率による遅延損害金の額を加算したものしか認められていない。

その後、割賦販売法については、一九六八年に前払式割賦販売業者に対する規制を強化する改正が行われ、さらに一九七二年に消費者保護の見地から購入者の利益保護を目指す改正がなされ[39]、通産省企業局長通達として「契約約款の作成基準及び標準契約約款」が提示された。

(2)　所有権移転時機の再考

このような動きを受けて、所有権留保の意欲的な研究が盛んに行われ[40]、また外国法の紹介等もあり、その後の学説にも影響を及ぼしていった[41]。

また、割賦販売法施行と同じ一九六一年に、日本私法学会において「動産売買における所有権移転の時期」というシンポジウムが行われた[42]。このシンポジウムで主張され注目を集めたのは、要約すると「一律に所有権移転という把握を避け、所有権の内容ないし具体的効果と結びつけて所有権移転の問題を考察すべきであり、ことに、対抗要件具備前の所有権の性質というものに考慮をおいて、この問題を取り扱うべきである」というものであった。この見解は、その後も鈴木禄弥教授等により主張されている[43]。そして、同様の視点から所有権留保を考察するものも現れた[44]。

(3)　不　動　産

一九七一年六月に宅地建物取引業法が改正され、宅地建物取引業者が自ら売主となって割賦販売を行った場合においては、原則として所有権留保が禁止されることとなった[45]。従来の文献では、不動産に関し所有権留保が利用されない理由として宅建業法の規制が指摘されるのみである[46]。しかし、売主が直接に与信し所有権留保を合意した分割払方式から、金融機関による抵当権を伴う融資を受けた一括払方式が中心となった結果と解するのが、正確であろう。

(4)　流通過程（買主による譲渡）

経済活動が高度化するにつれ、機械類・自動車等の売買における即時取得や、いわゆるディラー・サブディラーの関係についての判例が増加したため、所有権留保の担保としての限界を論じるものや[47]、流通過程における所有権留保に関して考察するものが現れた[48]。

これまで問題となってきた事例のほとんどは、自動車の販売過程におけるディラーとサブディラーとの間における所有権留保の効力を最終的な買主であるユーザーに主張できるかという問題であった。また、目的物の譲渡という問題は、流通過程に限ったことではなく、二当事者間においても起こり得る問題である。この点につき、譲渡は買主による債務不履行であり否定する見解と買主は代わりに転売債権を取得するから問題はなく肯定する見解がある(49)。さらに、買主が代金完済前に目的物に第三者のための譲渡担保を設定するような場合が問題となる。本書では、処分の可否（第二章第一節）、譲渡担保の設定（第三章）につき検討する。

(5)　複数当事者間の所有権留保（売主による譲渡）

今日の実社会においては、特に消費者が買主となる場合には、信販会社や銀行が関与した複数当事者関係にあることが多い。信販会社・銀行等の介入した複数当事者取引においては、これまで論じられてきたような二当事者間を前提とする議論では、現状の問題の検討・解決の役に立たないと指摘されている(50)。

複数当事者関係における所有権留保について論じる場合には、まずこの複数当事者関係自体について考察する必要がある(51)。複数当事者関係においては、いったん販売店から買主に所有権が移転した後で信販会社に譲渡担保として供されるとする見解(52)と、販売店に留保された売買目的物の所有権が信販会社に直接担保として移転されるという見解がある(53)。本書では、判決例で関連する点を後述する（第三章）。

二　手続法

実務面における研究が進み(54)、所有権留保の担保としての効力が問題となる強制執行・破産・会社更生における取扱いに重点が置かれるようになった(55)。特に買主の破産の場合、売主に所有権があるという前提からは目的物を取り戻せることになり、反対に担保として構成すれば十分であると考えると優先弁済を認めればよいと考えられる傾向にあった。しかしその後の研究においては、このような二者択一的な思考方法を採らず、所有権留保の内容を検討した上で効力を導き出そうという努力がなされ、その結果、「所有権留保は、担保ではあるが、実行にあたり買主より目的物の引渡しを受け、換価することが重要な意味を持つ」と解されるようになった(56)。

さらに一九七四年、最高裁が仮登記担保に関して担保としての側面を重視する立場に立つ判決を出したことから、担保法の研究に大きな影響がみられた。所有権留保に関しても例外ではなく、担保として考えるということに力点が置かれるようになった(57)。また、譲渡担保等の他の担保と競合した場合の問題についても論じられるようになった(58)。本書では、競合事例につき判決例を後述する（第三章）。

その後、一九八〇年、民事執行法が施行され、優先弁済の訴が廃止されることとなり、今後は配当異議手続によることとなった。当然、所有権留保についても、担保として構成する場合にどのように対処するか、検討が試みられた(59)。また、一九八〇年のフランス倒産処理法の改正(60)、第二編で述べたドイツでの倒産法制定作業開始を受けて、わが国においても、倒産における所有権留保の取扱いの研究がさらに多くなった(61)。

第三節　バブル経済後の処理、規制緩和・構造改革の影響

ヨーロッパにおいてはＥＵの存在が特徴的である一方、わが国ではバブル経済の処理、資産流動化への対応、という経済的要請に対応した改正である点に特徴を有する。特に二〇〇一年に首相になった小泉純一郎が推し進めた規制緩和・構造改革の影響により大立法時代とも評されている(62)。以下、年表を記し、関連する扱いにつき言及する。

実体法	一九九三年　特定債権法 ＊リース・クレジット業界の再建の小口化販売による資金調達を円滑にするための緊急立法（二〇〇四年の信託業法の附則により廃止） 一九九八年六月　債権譲渡特例法公布 一九九九年二月　経済戦略会議の答申「日本経済再生への戦略」において、不動産の流動化を促進するために民法・民事執行法の改正を具体的に提言 二〇〇一年二月　法務大臣より法制審議会に担保・執行法制の見直しに関する諮問に基づき「担保・執行法部会」設置（六月民事執行制度の見直しに関する諮問） 二〇〇二年三月　担保・執行法部会「担保・執行法制の見直しに関する要綱中間試案」公表、意見照会 二〇〇三年一月　担保・執行法部会「担保・執行法制の見直しに関する要綱案」決定（二月審議会決定） 二〇〇三年六月　担保・民事執行法改正法の成立
倒産法（破産法）	一九九六年八月　法務大臣より法制審議会に諮問 一九九六年一〇月　法制審議会倒産法部会において倒産法制全体についての見直し作業が開始 一九九七年一二月　法務省民事局参事官室「倒産法制に関する改正検討事項」公表、意見照会 ＊バブル経済崩壊後の不況の長期化と倒産事件の増加から必要性の高いものから法整備する方針が決定。 一九九九年一二月　民事再生法 二〇〇一年五月　倒産法部会の下に破産法分科会設置 二〇〇二年一〇月　法務省民事局参事官室「破産法等の見直しに関する中間試案」公表、意見照会 二〇〇二年一二月　会社更生法改正 二〇〇三年七月　倒産法部会「破産法等の見直しに関する要綱案」決定（九月法制審議会決定）

実体法	二〇〇三年九月　法務大臣の諮問に基づき「動産・債権担保法制部会」設置 二〇〇四年　二月　動産・債権担保法制部会「動産・債権譲渡に係る公示制度の整備に関する要項中間試案」公表、意見照会 二〇〇四年八月　動産・債権担保法制部会「動産・債権譲渡に係る公示制度の整備に関する要項中間試案」決定（九月審議会決定） 二〇〇四年一一月　改正法（動産譲渡登記制度）の成立 二〇〇七年　民法（債権法）改正検討委員会 二〇〇九年一〇月　法務大臣から民法（債権関係）の改正に関する諮問（一一月より法制審議会民法（債権関係）部会の審議が開始）
倒産法（破産法）	二〇〇四年六月　破産法改正

まず、倒産法制に関して改正議論が本格化し、当初は手続の一本化等の様々な点が議論された(63)。非典型担保に関しても、特に譲渡担保と所有権留保については別除権であることを明確化することが求められたため、一九九七年に法務省民事局参事官室から各機関に送付された「倒産法制に関する改正検討事項」の意見照会では、「破産手続及び会社更生手続において、譲渡担保権及び所有権留保特約付売買契約の売主の権利は、別除権又は更生担保権として取り扱うことを法文上明確にするものとするとの考え方」が問われた(64)。この考え方については、「賛成意見が大多数で

あったが、所有権留保付売買の売主の権利については取戻権の対象とすべきである等の理由から反対する意見も相当数あった」とされている[65]。開始当初は抜本的な検討が予定されていたが、経済界の要請もあり必要性の高いものから整備する方向へ転換された。

その後に開始された担保・執行法制の検討は、経済戦略会議でも明示された短期賃貸借制度の見直し、抵当権の実行としての強制管理制度の導入や、いわゆる執行妨害に対処することが主眼に置かれていた[66]。そのため検討項目は当初より限定されており、非典型担保は特に検討項目になっていなかった。会議においてもほとんど言及がなく、第一回会議（二〇〇一年五月）及び第二回会議（同六月）において、中小企業の金融の円滑化、資産流動化という点から、債権譲渡登記の記載事項の簡易化、在庫等の動産の譲渡担保のための登記・登録制度の制定を要望する意見が述べられたに過ぎない。

一方、倒産法部会破産法分科会では、担保・執行法制における検討が開始されたことを受けて、第三回会議（同七月）では、契約の中身が明らかでなくどう認定するかに時間がかかることから、とりあえず倒産法で譲渡担保をこういう形で扱うという一定の方針を出した方が実務的にも望ましいとの認識は共有されつつ、「譲渡担保等に関して実体法上に規定されていない間に倒産の場面についてだけ様々ある考え方のうちのどれかを前提にした内容で立法することが果たして妥当なのか」との意見が出された。その結果、譲渡担保については、いわゆる担保的構成を前提として担保・執行法制部会の審議の進捗状況等を考慮しながら破産法の中で別除権、更生担保権としての扱いがどういう形で規律が可能であるかを検討する方向が了承され、所有権留保も同様とされた。

しかしながら、担保・執行法制部会の第八回会議（二〇〇二年一月）では、新たな譲渡担保法制の構築、特に集合動産の譲渡担保制度、その公示制度の創設については実質的に見送られ、倒産法部会破産法分科会の第九回会議（同三月）でも、実体法上の法律的な規律が明確でない以上、今改正で倒産法独自の規律を設けることは断念された[67]。

その後、二〇〇三年三月に閣議決定された「規制改革推進三か年計画（再改定）」において、動産・債権譲渡担保法制の整備による資金調達の円滑化につき、ニーズの有無、問題の洗い出しにつき検討を行うことが決定され、法務大臣の諮問を受けて動産・債権担保法制部会が設置された。取引社会の一部の者の特定目的のための法整備であるから特別法の形が採られた。法整備のニーズは「対抗要件」であったため、いわゆる担保権的構成では公示される実体的権利としての「譲渡担保権」自体を検討する必要があった。しかしながら、資産流動化にも対応する必要があったことから、担保目的と真正譲渡の差を設けず、一律に利用できる「所有権移転」に関する対抗要件制度として創設された。所有権留保は所有権が移転しない合意であるから権利が移転したという対抗要件に該当しない。しかし、意見照会では、買主により処分された場合に備えて売主の留保所有権を登記できるよう希望する意見もあった(68)。

以上の倒産法制、実体法の改正で特徴的なのは、いずれも総論的には（資産の流動化への対応も含めて）バブル経済処理への対応として改正されたことである。しかし、倒産法制においては、まず実体法上の問題を明らかにしてほしいと要望がありながら、実体法では、必要最小限の改正で対応しており、一定の温度差を感じざるを得ない。もっとも、対抗要件の具備に留めたことは、中身を定めないというコミットメントのシグナリングと解することもでき、実務の努力により利用されている非典型担保について、国家法としては自律的な運用を奨励しサポートする姿勢とも考えられる(69)。なお、二〇〇六年以降、債権法を中心とする民法典の改正気運が高まり、実際に作業が開始されている(70)。しかし、そこでも所有権留保・譲渡担保そのものに関しては正面から論点として挙げられていない。

第四節　動産売買先取特権

民法第三二二条において、売買における売主の代金債権確保のための動産売買の先取特権が定められている。この民法第三二二条は、一般にフランス民法第二一〇二条第四号に基づいて規定されたとされており、所有権留保との関係については、基本的に異なる担保として認識されている。しかし、売主の債権確保として機能することは同じであるため、以下、若干の言及を行う。

一　フランス法からの継受

フランス民法第二一〇二条〔動産の未払対価についての先取特権〕

「第四号　未払の動産物件の代金　但し、債務者が期限付で購入したか期限無しで購入したかを問わず、その物がなお債務者の占有にある場合に限る。売買が期限無しに行われた場合は、その物が買主の占有にある限りそれらの物件の返還を請求してその転売を阻止することもできる。但し、その返還請求を引渡しから八日以内に行い、かつ、物件がその引渡しが行われたときと同一状態にあることを条件とする。」

フランス法においては、売買契約により、即ち物権契約を必要とせずに所有権が移転するのが原則である。したがって売却した物を取り戻すためには、売主は、取戻権原を備えておく必要があり、先取特権がこの権原に該当と解されそうである。しかしフランスにおいては、先取特権はローマ法の "rei vindicatio（所有物返還請求訴権）" に沿革を持つとされている。なお、本来ならばドイツ同様に歴史的経緯を検討しなければならないが、以下で概略を記すに留める。[71]

フランク時代から一二世紀頃までの動産の売買は、物の単なる引渡し（tradition）又は代価の支払によって完成していた。したがって、代価を受けることなく物を引き渡した売主は、その物の返還を一般に請求できなかった。その後、イタリアで勃興したローマ法研究の影響と商業の復活による著しい発展から、一三世紀末には、所有権の移転には代価の支払が必要であるという慣習が広がり、代金の確保に所有物返還訴権を利用することが浸透していった。

これを受けて一四世紀の半ばになると、現金売買において代金支払のない売主の「取戻訴権（action en revendication）」は一般化することとなった。但し、買主に期限を付けることで支払を遅らせる信用売買においては、代価の支払を受けない売主は、目的物を取り戻すことはできなかった。[72]

その後一六世紀にかけて飛躍的に進歩した商取引においては、むしろ信用売買の売主の利益が問題となった。そこで、買主は売買（所有権移転）とは無関係に容仮占有（á titre de précaire）として、目的物を所持するという慣行が普及した。これについて判例・学説は、所有権の移転を阻止するものではなく、売却された物の代金に対する優先抵当権（hypothéque de préférence）を売主に付与する効果であると決した。この判断に基づき一五八〇年改正パリ慣習法では、第一七六条（現金売買）、第一七七条（信用売買）として規定が設けられるに至った。現金売買では第三者の善意取得との調整のために取戻し可能な期間が八日間と解釈され、信用売買においては取戻権原がないことから、売却した物件を差し押さえた買主の債権者に対する優先権に過ぎないとされた。この信用売買における権利を後生の学者が先取特権（privilége）とよんだのである。しかしながら、一八世紀中葉には、パリ商事裁判所が買主破産時においては、債権者平等の原則から、これらの優先的効力を制限するに至った。

一八〇四年に制定されたフランス民法典では、一五八〇年改正パリ慣習法第一七六条、一七七条が踏襲され、フランス民法典第二一〇二条第四号に取戻訴権と先取特権として規定が設けられた。しかしながら、期限無しに行われる現実売買の取戻訴権の根拠については、売買により所有権が移転するという原則からは見出せなくなったために、現在では担保の付いた目的物の転売を阻止する効果を保障する目的のために与えられた先取特権の延長、又は制裁的効力の意味しかないと解されている。したがって、フランス民法では、支払のない売主の保護は、先取特権による価値の優先的把握が原則とされている。なお、解除には遡及効があり、解除した売主は当初から所有権者であったことになる。

ボアソナードが作成した旧民法典債権担保編第一五六条[73]は、フランス民法典第二一〇二条をほとんど模倣したものであった。ボアソナードによると「売主は自ら買主の財産を増加させたのだから、その増加に直接貢献した者が優先的にとれないのでは、公平に反する」とされ、これが現行民法典に承継された[74]。

この動産売買先取特権については、目的物の占有が買主の下から離脱すれば目的物の追及力が及ばないことから実効性に欠けると考えられ、あまり評価されていなかった。しかしながら、買主破産時の効力が見直され、さらに最高裁昭和五九年二月二日第一小法廷判決（民集三八巻三号四三一頁）が買主破産後の物上代位権行使を認めたことから、先取特権の再評価がなされたのは、周知のとおりである。

二　整理と分析

ドイツにおける所有権留保の展開及びBGB制定過程とフランスにおける売主訴権及び先取特権の展開・制定過程は極めて類似する。即ち、売主の代金債権確保のために「目的物の取戻し」のための「物権」について、ドイツでは物権契約の採用から「停止条件付所有権移転」とされ、フランスでは契約の効果としての所有権移転の採用から「取戻訴権」のオプションであった「価値の優先的把握」が本流化したものと考えられる。

もちろんフランス法の先取特権の沿革が所有物返還請求訴権であることから、わが国の先取特権も直ちにその性質を有するということは、直接的に結びつくものではない。しかし、わが国では、「目的物の取戻し」のための「物権」は法律により用意され、先履行者の特権としての効力の付与が選択されている。これを前提に、所有権留保につき、合意に基づく優先権の確保を認めるのか、認めるとしてどのような効力を与えるか、さらにはそもそもどのような思考・手法により把握・理解していくかが問題となる。

鈴木禄弥教授は、多くの判例を検討した上で、動産売買先取特権の機能について、買主が転売したとしてもその転売代金が未払である限り、売主はその転売債権を差し押さえて転付を受けることにより、転売人（買主）の転売による先取特権も売主に移転し、売主は目的物に対して先取特権を行使できるという解釈を展開されている。そしてこのように解した上で、動産売買先取特権を「法定所有権留保」とされ「約定所有権留保」を補充するものであるとの見解を主張されている。[75] なお、フランスにおいても所有権留保について承認した一九八〇年の倒産法改正の折りに、「売主はスーパー先取特権者（superprivilégie）にさえなり得る」として、反対されていた。[76]

しかし、次章で述べる所有権留保を担保権と解する見解は、所有権留保と先取特権の同一的把握を意図していないため、なぜ所有権留保を先取特権とは別の担保権の設定と読み替えなければならないのか、そして当事者の採用した形式から離れる以上、担保的効力の根源は何なのかという問題を明らかにする必要がある。

なお、効力につき付言すると、「目的物の取戻し」のための「物権」として所有権留保を合意しても、目的物につき即時取得が成立した場合は目的物を取り戻すことはできない。しかし、「占有改定」では一般に即時取得が否定されるため未だ取戻しが可能である。これに対して、先取特権は、第三者の善意悪意を問わず「占有改定」で主張できなくなると一般に解されている。さらに、解除とも効力を比較すると、民法第五四五条一項但書により、対抗要件（あるいは権利保護要件）を得た第三者に対して、売主は目的物の返還を主張できない。もっとも、解除については従来は不動産を念頭に議論されており、動産につき「占有改定」及び善意悪意は具体的に意識されていない(77)。

所有権留保にどの程度の効力を与えるかについては、先取特権との比較と共に民法第五四五条一項但書との関係も考慮する必要がある（基本的には解除前の第三者）。そして注意しなければならないのは、以上の先取特権及び解除については、債権者が何ら予防策を事前に施していない場合に法が与えた効力（立法者の判断）であるのに対して、非典型担保は、契約自由の原則に基づき事前に予防策を講じた場合に、倒産法も含め、その合意がどう扱われる（べき）かという問題である(78)。この点に関する私見は次章で述べる。

小　括

わが国の所有権留保をとりまいてきた状況からは、以下の特徴を指摘できる。

① 民法制定以前に実務で既に利用されており、これは当時の通商状況から英米の契約書の影響と考えられる。

② 旧民法制定時に既に物権と債権が意識されており、所有権移転に関する条文において停止条件が考慮されていた。もっとも、その趣旨は、条件の遡及効との関係であり、移転時期を任意に定められるという趣旨ではなかっ

た。

③　一八九五年に所有権留保付売買の危険負担に関する法学協会の討論が行われ、当時の見解を伺うことができる。特に、梅博士はボアソナードと異なり、売買の成立で直ちに所有権が移転するのではなく所有権移転義務が生じ、移転時期の取決めは可能と考えていた。その後は、ドイツ法の影響を受けて停止条件付所有権移転と解され、これは物権行為を観念しない立場からも肯定された。

④　実際の利用は、ミシンの割賦販売で普及し、また不動産においても活用された。戦後の消費拡大により様々な形態が利用され一九六一年に割賦販売法が規定されるに至った。また、一九七一年に宅地建物取引業法で業者が自ら売主となり割賦販売を行った場合は所有権留保が禁止された。しかし、実際は、金融機関による抵当権を伴う融資による一括払の普及が不動産で所有権留保が利用されない原因である。

⑤　流通過程、クレジットが利用された場合、倒産における効力等、個別具体的な場合にどのような効力を認めるべきかというアプローチに基づく研究が中心であった。具体的には次章で述べるように、抵当権類似に取り扱うとの傾向にあった。

⑥　二一世紀にかけてバブル経済後の対応、構造改革・規制緩和による立法が行われ、倒産法制からは実体法の検討が投げかけられたが、各種特別法は新たな対抗要件の創設が中心であり、その後の民法改正作業でも所有権留保・譲渡担保は俎上に載っていない。

⑦　フランスの先取特権は、「取戻訴権」のオプションであった「価値の優先的把握」が本流化したものであり、発生的にはドイツと類似する。わが国では、先履行者への優先権を承認しているものの、解除の場合も含め、転得者に対する追及効は強くない。もっとも、これらは何も手当をしていない場合の判断であり、事前に予防策を講じた場合は合意の効力という点で改めて検討する必要がある。

民法典は契約自由の原則に従って、不動産、動産を区別することなく、その売買を完全に自由、無法式とした。そして、特殊な売買については何も規定せず、さらに売買の種類・目的物を区別することなく、共通に規定している。このことは、資本主義の高度化に伴い動産の種類物売買が中心となるにも拘らず、現実的には不動産の特定的な売買に焦点を当てて規定していることから、今日の要請に応えたものにはなっていない。

また今日では、とりわけファイナンスリースやファクタリング等、これまで利用されていなかった新たな法形式による担保形態が発展し多様化する状況の中で、単に望ましい効力の考察では、様々な事例及び各類型また実体法上及び手続法上において、とりわけ他の関与者との関係を整合的に律することはできない。

次章では、学説の状況を具体的に分析・検討する。

（1）明治六年太政官二一二号布告は年号月日を記載することを要求し略記に証拠能力を認めず、明治六年太政官二三九号布告は証書に実印を要求しこれを欠く場合の証拠能力を認めなかった（牧英正・藤原明久編『日本法制史』青林書院（一九九三年四月）二九四頁）。

（2）前記太政官布告を廃止し、年月日脱漏、印章無き証書にも効力を認めた（牧・藤原・前掲二九四頁）。

（3）この規則の研究としては、三宅長策「動産書入ノ効果」法学協会雑誌一一下（一八九三年）六〇五頁がある。

（4）民法編纂の材料にするために、人事（婚姻、相続等）と財産（所持、契約等）に関する全国の慣例が調べられた。その結果については、『全國民事慣例類集』として、明治一三年七月に印行された（商事法務研究会から平成元年に発行）。明治初期の土地担保制度の研究をするものとしては、伊藤孝夫「明治初期担保法における一考察」法学論叢一二八巻四・五・六号（一九九一年三月）三三四頁。平井一雄「非典型担保論史（譲渡担保論史）明治初期から昭和二〇年まで──」獨協法学四〇巻（一九九五年三月）一頁（『日本民法学史・各論』信山社（一九九七年四月）一五一頁所収）など。

（5）「特集・月賦販売の法律関係資料、明治・大正割賦風俗」法律時報二七巻三号（一九五五年三月）四二頁。

（6）「第六四一条：一方ヨリ未タ物件ヲ渡サス他ノ一方ヨリ其價ヲ拂ハスト雖モ其物件ト其價トヲ互ニ協議シタル上ハ其雙方ノ間ニ於テ賣買ヲ爲シ了リタルモノトシ買主ハ賣主ニ對シテ其物件所有ノ權ヲ得可シ

第六五七条：賣主ノ爲メニ重大ナル義務二箇アリ其一ハ賣拂フタル物件ヲ引渡ス可キ事又一ハ其ノ物件ヲ保証ス可キノ事ナリ

第六五八条：物件引渡トハ賣拂フタル物件ヲ買主ノ所有ニ移スコトヲ云フ」
出典は前田達明・編『史料民法典』成文堂（二〇〇四年一月）二六六頁。

(7)　明法寮改刪未定本民法の第六四一条が第一二六一条に、第六五七条が第一二七九条に、第六五八条が第一二八〇条に規定された。もっとも、第一二八〇条では、「賣リタル物件ノ保有ヲ買主ニ移スヲ云フ」として「所有ニ移ス」から変更されている。また、動産売買先取特権については第一六七〇条の第四に定められ、それまでフランス民法同様に「且買主ヨリ更ニ之ヲ他人ニ賣拂フコトヲ拒ムヲ得可シ」とされていた文言が消滅し、条文末に記載される各号の理由では、第四については「義務者ノ財産ヲ権利者ノ増加シタルニ原クモノトス」とされている。

(8)　フランス民法第一五八三条は「売買は、物が未だ引き渡されておらず代金が未だ支払われていない場合であっても、物と代金についての合意がなされたときから当事者間においては完全であり、買主は売主との関係において所有権を取得する。」と定める。

(9)　さらに、売主の義務を定める第一一八三条は、「賣主ハ量定物ノ賣買ニ關シ所有権ヲ轉移スル義務ノ外尚ホ總テ賣渡シタル物ヲ引渡スノ義務其物ノ引渡ニ至ルマテ之ヲ保存スルノ義務並ニ以下ニ定メタル原因ニ基キタル妨碍及ヒ追奪ニ對シ賣主ヲ擔保スルノ義務ヲ有ス」とし、売主の所有権移転義務に言及する。

(10)　財産取得編第二四条一項は「賣買ハ當事者ノ一方カ物ノ所有權又ハ其支分權ヲ移シ又ハ移転スル義務ヲ負担シ他ノ一方又ハ第三者カ其定マリタル代金ノ弁済ヲ負担スル契約ナリ」と規定する。特定物は、財産編第一六条第一号に「特定物即チ其家、其田、其ノ獣ノ如キ殊別ナル物」と規定されている。また、草案第一一八三条は、第二款「賣主ノ義務」冒頭の第四六条に規定されている。

(11)　磯部四郎『民法〔明治二三年〕釈義　財産編第二部　人権及ヒ義務（上）』：日本立法資料全集別巻八三』信山社（一九九七年六月）一四二九頁。一四三〇頁には例として、甲と乙の間で「本年中他所に移住することがあれば家屋を譲渡する」という合意では、條件が成就すれば合意の日に「遡って」効力が生じるが、不成就の場合は合意は消滅するので、所有権の移転は条件の成否で確定する、と述べられている。

(12)　井上正一『民法〔明治二三年〕正義　財産編第二部　巻之壱：日本立法資料全集別巻五五』信山社（一九九五年一〇月）一九八頁。

(13)　争われた事例は次のようなものであった。原告は、大蔵省の管理する三池鉱山の営業権、付属物件等を一五年の年賦で払下げを受け、代金完納に至るまでは貸下とし、その所有権は原告に付与しないことを約したが、その後、代金完納前に、原告の使用中に偶然に震災が起こり、一大部分である勝立抗が水害により採掘に従事することができなくなってしまった。そこで、原告が、所有権は被告にあり、復旧事業の費用、及びその間の得べかりし利益の賠償を求めたのである。第一審においては、不可抗力であり被告の責に帰すべきではないこと、損害賠償請求ではあるが結局は代金額の変更であり、当事者間に代金変更は一切しないという特約があることから、原告の請求を棄却している。第二審においては、第一審を破棄し、損害賠償の義務があるとして差し戻した。その理由としては、所有権の移転を後日に期したような場合は、不可抗力による目的物の毀損・滅失等の危険は所有者たる売主が負担するのが原則であり、買主の負担とするのは非常な特約であるとした。上告審は、契約成立の後引渡前においては、目的物が毀損・滅失することもあるが価値が増加することもあり、一定の代金をもって売買契約が成立した以上は、その価値の増加は買主の利得であり売主は何の利得もしないことから考えると、所有権の所在によってのみ判断するのは不当であるとし、原判決を破棄した（磯谷幸二郎「三池鑛山震災損害要損《ママ》第一審事件」法学協会雑誌一二巻上（一八九四年）六七頁、富谷鉎太郎「三池鉱山震災損害要償第二審事件」法学協会雑誌一二巻上（一八九四年）四一四頁、原嘉道「三池鉱山震災損害要償上告事件」法学協会雑誌一三巻上（一八九五年）四二頁）。

(14)　磯谷・前掲七〇頁。

(15)　「討論・特定物賣買ノ契約ヲ結ヒ賣主ハ物件ヲ引渡シ買主ハ代價ヲ定期ニ支拂フコトヲ約セリ但代價ノ担保トシテ所有權ノ移轉ヲ代價完納ノ日迄停止セリ此場合ニ於テ天災ニ因ル物件一部ノ消滅ハ代價減少ノ理由ト為ヤ否ヤ」清野長太郎、法学協会雑誌一三巻四号（一八九五年）二八一頁、中山成太郎（同五号三七七頁）、加藤幹雄（同三九五頁）、塚田達二郎（同六号四六七頁）、高木亥三郎（同四八一頁）、西久保弘道（同七号五六二頁）、梅謙次郎（同八号六六〇頁）、植村俊平（同九号七五六頁）。

(16)　この討論においては、中山成太郎、塚田達二郎、梅謙次郎が債権者主義を主張し、清野長太郎、加藤幹雄、高木亥三郎、西久保弘道、植村俊平は所有者主義を主張していた。

(17)　頁は前掲文献中の掲載頁である。

(18)　梅謙次郎『民法〔明治二九年〕債権　第二章　契約（第一節〜第三節）和仏法律学校明治三六年度講義録：日本立法資料全集別巻二一』信山社（一九九六年九月）四八頁以下。

(19)　梅・前掲書九六頁。
(20)　杉山直次郎「割賦拂契約ヲ論ス」法学志林一三巻八・九号（一九一一年八月）一七三頁註四。
(21)　三潴信三「所有権留保論（承前）」法学協会雑誌三五巻五号（一九一七年五月）七一頁。
(22)　石田文次郎「擔保的作用より見たる所有權留保契約」法学新報四一巻六号（一九三一年六月）二四頁。
(23)　「所有權は普通ならば買主に移轉していると觀らるべきところを、特に留保して條件附きとして置くといふ」のが、この約款の専ら期待するところであるとされる（末川博「月賦販賣と所有權留保」民商法雑誌一巻五号（一九三五年五月）八頁）。
(24)　大審院は、売買契約における所有権の移転時期に関して、民法施行以前から、いわゆる独自性否定の態度を示しており（大判明二八年一一月七日民録一巻四号二八頁、大判明三〇年六月七日民録三巻六号二五頁）、民法制定後も一貫してフランス民法的な解釈を採り続けた。大審院は物権行為の独自性を認めない立場から、当事者が物権変動を生ずべき法律行為をなした場合において、その行為時において物権変動を生じるのに何ら障害のない場合においてはその時に、障害の存在する場合は、その障害が除去又は消滅の時に当然に、物権変動を生じると解してきた。特定物の売買において、登記・引渡又は代金の支払の時に所有権移転の効果を生じる旨の特約を妨げないけれども（大判大七年九月一一日民録二四巻一六七五頁）、これなきときは、売買契約締結の時に目的物の所有権は買主に移転する（大判大二年一〇月二五日民録一九巻八五七頁、大判大六年一二月二七日民録二三巻二二六二頁、大判大七年二月二八日民録二四巻三〇七頁、大判大八年七月五日民録二五巻一二五八頁等）。以上の大審院の態度を最高裁も踏襲し、「売主の所有に属する特定物を目的とする売買においては、特にその所有権の移転が将来なされるべき約旨にでたものでない限り、買主に直ちに所有権移転の効力を生ずるものと解するを相当とする。」と判示した（最判昭三三年六月二〇日民集一二巻一〇号一五八五頁）。さらに、不特定物売買についても、「原則として目的物が特定したときに所有権は当然に買主に移転するものと解すべきである」と判示した（最判昭三五年六月二四日民集一四巻八号一五二八頁）。これにより最高裁の態度は確定したとみられている。なお、所有権留保の特約に関しては有効であり、これを否定するものは見あたらない。
(25)　末川・前掲五頁。
(26)　わが国の組織的な月賦販売は、明治三九年にシンガーミシンにより開始されたとされている（川本暉夫「特集・割賦販売―その実態と分析―ミシンの前払式割賦販売形態と当面する問題」ジュリスト三八二号（一九六七年一〇月）五七頁）。そもそもの代金の分割払については、深見義一「分割払販売制発達史考」前掲法律時報二七巻三号特集一一頁に解説されている。

（27）この時期には、「不動産の割賦払については動産と同じと考える（杉山・前掲一八一頁）」、「不動産について無効にする理由がない（三瀦・前掲一三頁）」と考えられていた。なお目的物について各国との比較をしつつ考察するものとして、谷口知平「月賦販賣の目的物―所有権留保の目的物」経済学雑誌一巻七号（一九三七年一〇月）三五頁がある。

（28）例えば、「家屋の売買についてその例が少なくない（石田・前掲一四、二六頁）」、「土地建物から有価証券に至るまで広範に行われている（末川・前掲一頁）」など。一般的には「不動産は動産よりも所有権留保を許すべき理由大なりと謂ひうる（谷口・前掲三六頁）」ということになろう。大正末期の文化住宅の割賦による建売については、「資料、明治・大正割賦風俗」前掲法律時報二七巻三号特集四四頁。なお有価証券については、杉山博士も言及され（杉山・前掲一八二頁）、大正七年に有価証券に対する規制が行われ、その後に証券取引法第六六条に基づいて「有価証券の割賦販売に関する規則」（昭和二三年証券取引委員会規則七号）が定められた。

（29）前払式とでもいうような、代金賦払の途中又は代金の完済を待って、目的物が引き渡されるものもある。なお、前述のミシンにおける販売のほとんどは、この形態であった。これは、割賦購入の頭金の支払にも苦労する庶民層の希望に応えるものとされ、一種の貯蓄に類似した性格があった。前掲法律時報特集四〇頁に掲載されているミシンの割賦販売の契約書には、中央に「払込が全部完了になるまではこのミシンの所有権は会社にあります」と、大きく記載されている。

（30）杉山・前掲一八〇頁など、ほとんどの文献が肯定する。

（31）例えば「本質的には賣買であるが、買主をして物の使用収益をさせる點では、賃借に類する要素が結合してゐると観るのが、最も素直な考へ方であらう」と述べられている（末川・前掲五頁）。

（32）一九五八年九月五日付で、通産大臣から百貨店業者に対して、割賦販売の自粛勧告がでている。

（33）売主が買主に直接に信用を与えるのではなく、売主以外の者が信用を供与する形態のものである。協同組合（専門店会などと称する）、信販会社などが介在し、個別割賦に対し総合割賦ともよばれた。詳細については、「割賦販売制度の諸形態」前掲ジュリスト特集二一頁以下を参照。現在では、チケット制はほとんどみられないが、当時はチケットを質入れするなどの問題があったようである（高橋勝好「月賦販売等をめぐる犯罪」前掲法律時報特集一六頁、幾代通「チケットを利用するサラリーマン金融の法律問題」前掲ジュリスト特集三〇頁など）。

(34)　来栖三郎『法律学全集二一　契約法』有斐閣（一九七四年九月）一六〇頁（売買の効力（四）割賦販売）において、これらの諸形態及び割賦販売につき詳細な研究がされている。

(35)　例えば、前掲法律時報二七巻三号特集や、ジュリスト一九一号特集など。

(36)　例えば、小西清治「我が国における月賦販売制度と社会立法の要請」私法一八（一九五七年四月）六五頁、藤田正次「我が国における割賦販売の現状と諸問題」前掲ジュリスト一九一号特集二二頁など。もっとも、既に杉山博士は、立法について検討され（杉山・前掲一八三頁）、三潴博士も立法による解決が適当であろうとされていた（三潴・前掲（承前）七六頁）。

(37)　後述するように、割賦販売法第七条は割賦販売による指定商品の販売について目的物の所有権は、賦払金の全部の支払があるまで、割賦販売業者に留保されたものと推定する。割賦販売法については、藤田正次「割賦販売法案について」ジュリスト二〇二号（一九六〇年五月）五二頁、『法律時報資料版五　特集・割賦販売法案をめぐって』（一九六一年三月）四頁など。

(38)　小松国男「割賦販売法案について」法律時報資料版五（一九六一年三月）七頁。

(39)　期間を四日とするクーリング・オフ制度の法制化により、流通秩序法としての性格に、消費者保護の思想が加わることになった。その後、割賦販売法は随時改正されている。

(40)　代表的なものとしては、「特集・割賦販売―その実態と分析―」ジュリスト三八二号（一九六七年一〇月）二三頁（当時の状況について全体的、かつ、詳細な記述がある）。また所有権留保に関して、代表的なものを挙げると、幾代通「割賦販売―所有権留保売買」『契約法体系Ⅱ　贈与・売買』有斐閣（一九六二年八月）二八九頁、神崎克朗「所有権留保売買とその展開」神戸法学雑誌一四巻三号（一九六四年一二月）四八三頁、米倉明「流通過程における所有権留保（一）～（三・完）」法学協会雑誌八一巻五号（一九六五年一〇月）四七一頁、同八二巻一号（一九六六年一月）一四頁、同二号（一九六六年二月）一六二頁（『所有権留保の研究』新青出版（一九九七年一月）所収）、竹下守夫「所有権留保と破産・会社構成（上）・（下）」法律時報二五巻二号（一九七三年二月）一頁、同三号（一九七三年三月）二頁など。

(41)　山田晟「〈紹介〉Ludwig Raiser、物権的期待権」法学協会雑誌七九巻四号（一九六二年九月）一一九頁、山崎寛「所有権留保売買―留保買主の期待権の譲渡―」ドイツ判例百選（一九六九年五月）九二頁、船越隆司「期待権論―所有権留保の場合を主眼に―」法学新報七二巻四号（一九六五年四月）二五頁、岡本詔治「所有権留保売買において占有をなす権

利」『創立五十周年記念論文集』松山商科大学（一九七三年一二月）六〇九頁など。

(42)「動産売買における所有権移転の時期」私法二四（一九六二年一〇月）三頁。この見解は、川島博士などの賛同を得た。

(43)鈴木録弥「特定物売買における所有権の移転時期」『契約法体系Ⅱ贈与・売買』有斐閣（一九六二年八月）八五頁、同「所有権移転時期という問題の考え方」『我妻先生追悼論文集　私法学の新たな展開』有斐閣（一九七五年九月）二四九頁（以上は『物権法の研究』創文社（一九七六年七月）所収）。

(44)鈴木・前掲各論文。淡路剛久「割賦販売約款の紹介と法律問題」前掲ジュリスト三八二号特集三三頁。なお既に末川博士も買主の目的物使用に関してではあるが、「經過的な状態として存在するのに過ぎぬ」と述べられていた（末川・前掲六頁）。もっとも末川博士は、所有権の移転時期に関しては、この見解とは異なっている。

(45)宅建業法第四三条第一項。内容については特別法による修正という観点から後述する。

(46)不動産を対象としたものとして、望月礼二郎「いわゆる『家の割賦』について」ジュリスト一五二号（一九五八年四月）六四頁（参考資料として月賦販売契約書例が付いている）、高橋忠次郎「第八章 所有権留保―割賦販売住宅を中心として―」中川善之助ほか監修『不動産法大系二 担保』青林書院新社（一九七一年一月）六〇七頁がある。宅建業法改正後のものとしては、三藤邦彦「不動産の譲渡担保・所有権留保」私法三四（一九七二年一〇月）三三頁、滝沢聿代「建築請負契約における所有権留保」ジュリスト七七〇号（一九八二年七月）一〇七頁、近江幸治「不動産の質・譲渡担保・所有権留保」ＮＢＬ二六六号（一九八二年一〇月）三〇頁（不動産においては、物権変動過程が担保的機能を持っていることの具体的な現れとみればよく、特殊な担保形式ととらえる必要はないであろう、とされる（三八頁））、本田純一「不動産所有権留保売買の遡及的合意解除と第三者」判例タイムズ五一四号（一九八四年二月）一六九頁、後藤巻則「第八章　所有権留保」遠藤浩ほか編『注釈不動産法三 不動産担保』青林書院（一九九〇年二月）七六八頁などがある。

(47)主に判例を整理・検討するものとして、佐久間重吉「所有権留保の担保機能の限界」Law School 21（一九八〇年六月）九八頁、山口忍「所有権留保付建設機械の即時取得」判例タイムズ四四一号（一九八一年七月）四〇頁、大島和夫「所有権留保売買と第三取得者の地位」神戸外大論叢三三巻六号（一九八三年一月、『期待権と条件理論』法律文化社（二〇〇五年一〇月）所収）一九頁、安永正昭「所有権留保における担保的機能の限界」旬刊金融法務事情一〇三三号（一九八三年八月）六頁など。また、判例の理論を検討するものとしては、米倉明／（きき手）森井英雄「〈対談〉所有権留保売買における目的物権の引揚と権利濫用法理（上）（下）」ＮＢＬ二八二号（一九八三年六月）二二頁、同二八五号（一九八三年七月）五三頁。

(48)　米倉明「流通過程における所有権留保再論」『法学協会百周年記念論文集（三）』（一九八三年一月、米倉・前掲書に所収）三三九頁、三上威彦「所有権留保買主破産の場合における単純拡大所有権留保と交互計算留保」民事訴訟法雑誌二九巻（一九八三年二月）二五頁、宮川聡「変型所有権留保の研究〔ドイツ・日本〕（一）・（二）」産大法学一九巻一号（一九八五年五月）一頁、同三号（一九八五年一一月）一頁、松井宏興「第四講 所有権留保売買で残された基本的論点は何か―拡大された所有権留保の法的有効性と効力について―」椿寿夫編『講座　現代契約と現代債権の展望三　担保契約』日本評論社（一九九四年九月）一〇一頁。

(49)　船越教授は「（買主の占有移転に売主の同意を要する見解に対して）引渡による譲渡の自由を認めても、動産の場合その移動性（貸借により他人に使用させるに止らず、留保買主自身他の地で用い得る）の点から考えると、特にそれ故に留保売主の取戻権が困難になるとは言い得ない。（仮令、引渡による譲渡を制限しても、なお留保売主には即時取得による危険が存在する。）。期待権が譲渡されても、留保買主は依然代金支払債務を負担しており、その支払遅滞の際、期待権の譲受人が目的物を保持するためには支払をなさねばならぬことになるので、留保売主にとって担保力は寧ろ増大することになる。」として、「アメリカ法で譲渡禁止の特約がある場合にも、留保買主はその権利を譲渡できるとされていることは、このような Interessenabwägung の結果であろう。」と述べられる（船越隆司「期待権論―所有権留保の場合を主眼に―」法学新報七二巻四号（一九六五年四月）三三頁）。

(50)　増田晋・山岸良太・古曳正夫「所有権留保をめぐる実務上の問題点」金融財政事情研究会『担保法大系（四）―実体法・手続法・実務の交錯』（一九八五年一〇月）四〇二頁は、信用の分野で行われている所有権留保の実行については、解除は必要とされていないとの見地から、約款の私案を試みる。また、小峰勝美「クレジット取引と自動車の所有権留保（一）」ＮＢＬ四三〇（一九八九年八月）二〇頁は、統計から、信用供与様式が変化し、割賦販売から消費者信用供与機関に変化していると指摘する。クレジット会社の所有権留保について考察するものとして、小峰勝美「クレジット取引と自動車の所有権留保（五・完）」ＮＢＬ四三五号（一九八九年一〇月）二二頁、佐藤昌義「クレジット会社の所有権留保」ＮＢＬ四六三号（一九九〇年一二月）三七頁などがある。

(51)　ドイツにおける状況を検討するものとして、泉圭子「ドイツ第三者融資取引に関する一考察―第三者与信型取引の法的構造解明に向けて―（一）～（六・完）」同志社法学四五巻三号（一九九三年九月）一三五頁・同四号（一九九三年一一月）一〇五頁・同五号（一九九四年一月）一〇三頁・同六号（一九九四年三月）六七頁・同四六巻一号（一九九四年五月）一六九頁・同二号（一九九四年七月）一〇五頁などがある。また、米倉教授や大島教授も述べられているように、ドイツにおいては英米法、特にアメリカ法の研究が盛んになされているようであり、わが国においても、アメリカ法との比較検討が望まれるが、今後の課題としておく。

(52) 佐藤・前掲三九頁は、「販売店の店員が商品の所有権はクレジット代金完済まで販売店から直接クレジット会社に移転する旨の説明をしていることは、まずない。そのため購入者側としては、かかる特約のある売買契約を締結しているという認識を持っておらず、また販売店側としてもかかる特約のある売買契約を締結させているという認識を少なくとも契約締結時販売店の店員は持たずに契約している。販売店から直接クレジット会社に所有権が移転する旨を定めた約定があるということをもって、販売店・購入者間の売買契約においても、かかる特約の存在があることを認めることは困難であろう。」と述べた上で、直接所有権が移転するためには特約の存在の認識が必要であるとして、結論としてはクレジット会社に譲渡担保に供されると解するのが当事者意思に合致すると主張する。

(53) クレジット会社は、立替払契約の場合には譲渡担保ではなく法定代位の効果として所有権留保権を取得すると主張し、信販会社の営業の進め方として、買主自身に信用力を見出してゆこうとする考え方が強く、売買目的物自体を担保物としてとらえることが少ないと指摘されている（小峰・前掲「クレジット取引と自動車の所有権留保（五・完）」）。また安永教授は、信販会社が立替後に留保所有権を代位するとして、買主から信販会社への譲渡担保ではないとする（安永正昭「所有権留保の内容、効力」『担保法大系（四）―実体法・手続法・実務の交錯』金融財政事情研究会（一九八五年一〇月）三八六頁）。

(54) 米倉明・森井英雄「変態担保研究一　所有権留保①　ネームプレートの効用―機械類売買における売掛金債権担保のための機能―」ＮＢＬ六八号（一九七四年七月）六頁（米倉明『所有権留保の実証的研究』商事法務研究会（一九七九年九月）所収）。

(55) この頃に、法務省民事局参次官室から、強制執行法案要綱案（第一次試案）が発せられた。全文については、判例タイムズ二七一号八三頁、ジュリスト五〇五号五九頁など。要綱案については、座談会、解説、論文等数多く発表された。文献については、民事法研究会「〈研究ノート〉『強制執行法案要綱案（第一次試案）』について」法学雑誌一九巻一号

（一九七二年九月）九八頁を参照。

(56) 代表的なものであり、その後この問題の通説的見解となったものは、竹下・前掲論文である。また、強制執行に関するものとして、松本博之「所有権留保と強制執行─強制執行法案要綱案（第一次試案）第一一四を契機として─」法学雑誌一九巻一号（一九七二年九月）一〇七頁、石川明「所有権が留保された割賦販売の目的物に対する売主の強制執行」法学新報八〇巻一号（一九七三年一月）三五頁などがある。

(57) 米倉明・森井英雄「変態担保研究一二　所有権留保⑫　留保売主と第三者異議の訴（Ⅲ・完）」ＮＢＬ九〇号（一九七五年六月、米倉・前掲『所有権留保の実証的研究』所収）三三頁（同論文は、譲渡担保、所有権留保への類推を強く主張する）。高木多喜男「動産変態担保への影響（特集・仮登記担保権論の展望）」法律時報五七一号（一九七五年一〇月）五〇頁。

(58) 鈴木禄弥「所有権留保と譲渡担保の競合（最近担保法判例雑考一三）」判例タイムズ五二四号（一九八四年六月）四五頁、半田吉信「所有権留保と譲渡担保の競合関係」千葉大学法学論集一巻一号（一九八六年九月）七九頁。双方とも最判昭五八年三月一八日判決に関するものであり、本編においても第三章で後述する。

(59) この点を論じるものとして、半田吉信「民事執行法と所有権留保」ジュリスト七六四号（一九八二年四月）八七頁、林家礼二「譲渡担保・所有権留保と第三者異議の訴え」民商法雑誌九三巻臨時増刊号（一）（創立五十周年記念特集一判例における法理論の展開）（一九八六年一月）二九〇頁。

(60) 従来は明文規定がなく、判例は、買主への破産宣告後の取戻権行使を認めていなかった。フランス法については、西澤宗英「所有権留保と取戻権（一九八〇年五月一二日法について）」判例タイムズ四五〇号（一九八一年一一月）三四頁、滝沢聿代「フランス法における所有権留保条項」『野田良之先生古稀記念─東西法文化の比較と交流』有斐閣（一九八三年六月）四七七頁、山野目章夫「フランス破産法制における所有権留保売買の処遇〈紹介〉」季刊・民事法研究四（判例タイムズ五〇七）（一九八三年一一月）二〇一頁、道垣内弘人「買主の倒産における動産売主の保護─所有権留保の効力を中心として（一）～（六・完）」法学協会雑誌一〇三巻八号（一九八六年八月）一頁・同一〇号（一九八六年一〇月）六六頁・同一二号（一九八六年一二月）六三頁・同一〇四巻三号（一九八七年三月）七二頁・同四号（一九八七年四月）六一頁・六号（一九八七年六月）五四頁（以上、『買主の倒産における動産売主の保護』有斐閣（一九九七年七月）所収）、田村耀郎「所有権留保論への一視点」島大法学三〇巻臨時増刊号（一九八七年三月）一七九頁（フランス法の視点から所有権留保制度を鋭く批判する）、クロードウィッツ／西澤宗英訳「フランス倒産法における債権者の地位」法學研究六二巻二号（一九八九年二月）四一頁、西澤宗英「一九九四年フランス倒産法改正について」青山法学論集三六巻二・三号（一九九五年一月）一八九頁。

(61) 竹下守夫「非典型担保の倒産手続上の取扱い」鈴木忠一ほか編『新・実務民事訴訟法講座一三 倒産手続』日本評論社（一九八一年一〇月）三六五頁、矢吹徹雄「所有権留保と破産手続」判例タイムズ五一四号（一九八四年二月）一一五頁、三上威彦「基本的所有権留保と破産手続（上）・（下）」季刊・民事法研究七（判例タイムズ五二九）（一九八四年八月）二五頁・同八（判例タイムズ五三六）（一九八四年一一月）五〇頁、小林昭彦「所有権留保と民事執行手続上の問題点」『担保法大系（四）―実体法・手続法・実務の交錯』金融財政事情研究会（一九八五年一〇月）四三三頁、道垣内・前掲、米倉明「所有権留保売買における更生申立て解除特約の効力」『金融担保法講座（三）―非典型担保』筑摩書房（一九八六年三月）一七七頁など。

(62) バブル経済後の処理と立法作業については、拙稿「バブル経済後の日本における担保法の変化と立法手法に対する評価―動産譲渡登記制度の制定過程を例に」『李善永博士還暦記念・土地法の理論と実務』韓国・法元社（二〇〇六年一二月）七一七頁。

(63) 当時抜本的に論じたものとして、倒産実体法研究会「倒産実体法の立法論的研究（一～七）」民商法雑誌一一二巻四・五号（一九九五年八月）二九七頁、同六号（一九九五年九月）一一七頁、一一四巻四・五号（一九九六年八月）二九二頁、同六号（一九九六年九月）一三〇頁、一一五巻三号（一九九六年一二月）一〇二頁、同四・五号（一九九七年二月）二五六頁、一一七巻一号（一九九七年一〇月）一四四頁、「特集　倒産法制見直しの課題」ジュリスト一一一一号（一九九七年五月）六頁『別冊NBL六〇　倒産手続と民事実体法』商事法務（二〇〇〇年一〇月）、『別冊NBL六九倒産実体法』商事法務研究会（二〇〇二年五月）。その後、論点を絞ったものとして、「特集　破産法改正の論点」ジュリスト一二三六号（二〇〇二年一二月）六頁。担保権の処遇については、担保権消滅請求制度を中心に論じられた。

(64) この「倒産法制に関する改正検討事項」については、金融法務事情一五〇三号（一九九八年一月）五六頁に掲載されている。その概要については、深山卓也「『倒産法制に関する改正検討事項』の概要（一）～（四・完）」NBL六三二号（一九九八年一月）四三頁・同六三三号（一九九八年一月）三六頁・同六三四号（一九九八年二月）三一頁・同六三五号（一九九八年二月）三六頁、深山卓也・古閑祐二・花村良一・坂本三郎「『倒産法制に関する改正検討事項』の概説（一）

号（一九九八年三月）六〇頁。また、意見として、高木新二郎「新倒産法のあり方（上）・（下）」ＮＢＬ六三六号（一九九八年三月）六頁・同六三七号（一九九八年三月）三三頁が、座談会として、伊藤眞・才口千晴・佐伯照道・高田裕成・山本克己「倒産法改正の方向と検討課題（一）〜（三・完）」ＮＢＬ六三四号（一九九八年二月）六頁・同六三五号（一九九八年二月）二六頁・同六三六号（一九九八年三月）三一頁などがある。

(65)　深山卓也・古賀祐二・花村良一・筒井健夫・坂本三郎「『倒産法制に関する改正検討事項』に対する各界意見の概要（五・完）」ＮＢＬ六五一（一九九八年一〇月）二六頁。

(66)　担保・執行法制の改正については、道垣内弘人・古賀政治・小林明彦・山本和彦『新しい担保・執行制度』有斐閣（二〇〇三年一〇月）が詳しい。

(67)　後に民事局第二課長である小川秀樹氏も対談で同様の経緯を述べられている（『ジュリスト増刊　新破産法の基本構造と実務』（二〇〇七年一二月）四六二頁）。

(68)　法務省のＨＰで公開された意見照会の結果に挙げられている。

(69)　拙稿・前掲「バブル経済後の日本における担保法の変化と立法手法に対する評価」七三三頁。

(70)　研究プロジェクトである民法改正委員会の議論（特別座談会「債権法の改正に向けて（上）―民法改正委員会の議論の現状」ジュリスト一三〇七号（二〇〇六年三月）一〇二頁、同下一三〇八号（二〇〇六年三月）一三四頁）と私法学会のシンポジウム（特集「契約責任論の再構築」ジュリスト一三〇八号（二〇〇六年六月）八一頁）が大きなインパクトを与えた。その後、民法改正委員会とは別の形で作業が進行している。

(71)　以下は、今尾真「動産売買先取特権による債権の優先的回収の再検討序説―フランスにおける動産売買先取特権制度の史的考察―」早稲田法学会誌四五巻（一九九五年三月）一頁以下の研究による。また、道垣内・前掲書七三頁以下にも史的記述がある。

(72)　ＢＧＢ第四五四条と同旨であろう。

(73)　「動産物ノ売主ハ代価弁済ノ為メ期限ヲ許与シタルト否トヲ問ハス其代価及ヒ利息ノ為メ売却物ニ付キ先取特権ヲ有ス若シ補足額ヲ以テスル交換アリテ其補足額カ譲渡シタル物ノ価格ノ半ヲ越ユルトキハ先取特権ハ其補足額ノ為メ交換物ニ付キ存在ス」

(74) 今尾・前掲七頁、一一頁注三。
(75) 鈴木禄弥『物的担保制度の分化』創文社（一九九二年六月）七四八頁以下（初出、判例タイムズ四八一号、一九八三年）。このような解釈にあたっては、先取特権に随伴性があるか否かは一応疑問の余地があると断られている。
(76) 今尾・前掲四二頁注一〇。
(77) 所有権留保を解除と考える場合、何に関する善意悪意かは検討の余地がある。また、主観的要件に関連して詐害行為取消権も考察の対象たり得る。従来論じられていた特定物債権が損害賠償債権に転化する場合と異なり、金銭債権が解除により目的物の返還請求権となる場合である。この場合は転化とは考えられないが、被保全債権と詐害行為の時期との関係で「契約」の存在をどう解するかが焦点となる。
(78) 望ましい効力については、道垣内・前掲書が検討する。債権者平等の原則や債務者の財産らしくみえ信用に影響を与えること（道垣内・前掲では「外観的支払能力」とよぶ）、との関係で、立法者の判断に服するか、合意が尊重されるかはいずれも考えられる。

第二章　学説の展開

わが国においても所有権留保について停止条件付所有権移転と解するのが、判例・通説であるとされている。したがって、本書の立場からは、ドイツ法でもみたように、採用された法形式に関して前提となる条件理論との齟齬が生じないかを検討する必要がある。

本章では、まずわが国の条件理論について検討し（第一節）、しかる後に所有権留保に関する学説を整理分析する（第二節）。なお、学説についてはドイツ法同様に実質的な所有権の帰属が如何に解されているかという点から整理する。

第一節　条件理論との関係

一　期待（権）と将来の権利の関係（1）

条件付権利とは、条件が成就することによって生ずべき権利のことであり、それは将来の権利である以上、現在既に効力が確定しているものではない。成立や移転の確定は条件の成就に係っている。その意味では、将来に確定するであろう権利にしか過ぎない。しかし、これを現在の視点からみれば、将来権利を取得するという法律関係であり、この法律関係からは、将来権利を取得するという希望・期待・見込みのようなものが生じる。権利移転の成立（合意）と効力の発生の間に一定の時間が存在し、成立後効力発生前に将来発生する効力を確保・保護するには、条件成就の効力に遡及効を採用しない以上、その間の状態である期待を捉えておくしかない。したがって、この現在の状態である期待を法律上保護する理由・必要が生じるため民法第一二八条は「相手方の利益を害することができない」と定め、第一二九条は「条件の成否が未定である間における当事者の権利義務」と表現している。民法典制定過程において、第一二八条の「利益」、第一二九条の「権利」が期待（権）を指していたことは、速記録から疑いがないとされている。(2)もっとも、一般に使用される条件付権利という言葉が、期待（権）を指すのか、将来の権利を指すのか不明確であることは、法典調査会でも既に指摘されていた。さらに学説も期待（権）と条件付の将来の権利との違いを意識しないままに使用していると指摘されている。(3)今日では、民法第一二八条により保護されて権利性を有するとしても、この期待は、物権でも債権でもなく、支配権でも請求権でも、また形成権でもないとされている。(4)さらに、この期待権が財産的価値を有するときは財産権の一種とみることは差し支えないとされてきた。(5)では、期待（権）とは何なのか。しかし、本格的に検討するものは少ない。

権利帰属要件・効果帰属要件などから財産管理・処分を考察する於保博士は、事実上の希望と期待権につき「積極的に、一般的に有効要件又は法定条件とよばれ、私のいわゆる効果帰属の要件が発生すれば、さらに、権利取得のためには、何らの法律行為をも要することなくして、直ちに権利を取得しうべき地位にあり、しかも消極的に、相手方または第三者においても、特に侵害しうべき権限を有しない限り、このような地位を侵害してはならないという拘束を受けている、ということをもって区別の標識となすべき」とする。(6)そして、ドイツにおいてみられた、あたかも胎児に例えて将来の権利の前段階とする見解に対しては、「期待権につき停止条件であれば現在の権利ではなく、現在の権利とするならば解除条件とするしかない。しかし、それでは期待権と将来の権利は同じとなり、期待権そのものの処分も意味を持たない」と指摘する。(7)さらに、「権利を取得すべき期待または地位そのもの（期待権）」と「かかる期待または地位を保護するために法律よって与えられた権利（期待保持権）」を明確に区別する必要があり、いずれにせよ期待権を将来の権利の発展段階と解することは、単に現象的な比喩であり、本質的な説明ではないとする。(8)結局、「期待権は、あたかも占有権におけると同じく、一定の状態において、即ち一定の要件（有効要件及び効果帰属要件）が備わるならば、さらに当事者の権利取得のための法律的行為を要することなくして、直ちに権利を取得しうべき状態において、これを保護するために与えられる現在の権利」として、状態権であるとする。(9)

二　権利者による中間処分の効力

旧民法に影響を与えたフランス民法第一一七九条では、条件成就の効力の遡及が採用されている。しかし、民法第一二七条第一項に定められるように、停止条件付法律行為の効力は条件成就の時より生じ、その効力は遡及しない。この点は前述したＢＧＢ第一五八条においても同様であり、条件が成就するまでは譲渡人に権利が帰属している。したがって、民法典及びＢＧＢには条件成就による遡及効の規定がない以上、条件成就の効力の発生は条件成就の時からとする通説からは、権利者による中間処分の無効を導くことはできない。

ところで、民法第一二七条第三項によれば、当事者間で条件成就の遡及効を合意することは妨げないと規定されている。そこで、当事者の合意に物権的遡及効を見出して、中間処分の効力を無効にすることが考えられる。実際、この当事者間の遡及効の合意の効力に関して、立法者は当事者間の合意に物権的効力を認めていたとされ、多くの学説も同様に解している。(10)しかし、立法者が参考にしたＢＧＢ第一草案第一三〇条においては、合意による遡及効には債権的効力しかないと規定されていた。

また、中間処分禁止を規定する民法第一二八条につき起草者はＢＧＢ第一草案第一三五条（ＢＧＢ第一六一条）を参考にした。ＢＧＢ第一草案第一三五条は、条件成就前の売主の第三者への処分（中間処分）は、条件が成就すれば、中間処分が条件成就により発生する効果を毀損・滅失する限りにおいて、その中間処分が無効であると規定している。しかし、民法典にはこのような中間処分の効力については規定されなかった。したがって、中間処分に関する規定が存在しない以上、中間処分は条件が成就しても有効であり、ただ第一二八条違反により、処分者が損害賠償義務を負

う と解される。しかし、多数の学説は、第一二八条をＢＧＢと同様に中間処分の効力を制限すると考えている。なぜならば、そう解しなければ第一二八条は大半の意義を失うからである。(11)

以上から、中間処分に関しては、条件成就の効力ではなく、対抗要件、つまりまず中間処分による第三者への権利の移転があり、その後の条件成就により条件付権利者への権利の移転が発生するのだから、むしろ二重譲渡と同様に考えて、対抗要件の具備で判断すべきである。(12) なぜならば、遡及効の効力発生自体と、生じた権利関係についての対抗の問題は、一応別に考えることができるからである。

三　条件付権利者による処分——期待権と将来の権利の関係

期待権を状態権とする立場からは、「条件付の将来の権利」は区別される。第一二九条の処分とは期待権の処分と条件が成就すれば取得し得る権利の処分の双方を指しており、例えば、前者は、「条件が成就すれば一千万の債権を取得し得る地位を五〇万で譲渡する」、後者は「条件が成就すれば生じる一千万の債権を一千万で譲渡する」、と異なる。後者はその権利を取得した場合にはという条件が付いているから、条件成就により譲渡契約が効力を生じ、譲渡されることになる。(13) 於保博士は、「将来の権利が発生することで処分権が処分者に帰属し、効果帰属の要件が満たされ、先行処分の効果は相手方に帰属する。(14) また、期待権存立の基礎である直接に権利を取得すべき地位は、将来の権利の処分をなすことより他に方法はなく、将来の権利の先行処分行為は有効であり、効果帰属の要件が具備されることで直接に権利を取得しうべき地位を取得する」と述べる。(15) したがって、例えば将来債権譲渡においては、先行処分されているのは「将来の権利」であり、譲受人が債権発生時に直ちに権利を取得するのは、基礎たる期待権も同時に譲渡されたからである。(16) 担保においても、例えば、抵当権が設定された家屋の火災保険金請求権が予め債権質として提供されているのも、将来の権利である。於保博士は、処分行為という点で、「処分の物体が現存するということは、当面の問題ではない。したがって、期待権が与えられていて既に財産的の価値をもっている、ということもまた全く焦点をはずれた議論である」とする。(17) 以上からすると、当事者が経済的価値を見出して取引の対象として処分されているのは取得の蓋然性、即ち現在価値が計算された「将来の権利」であり、期待権は権利帰属の根拠に過ぎない（以上は第一編でみたLarenz の見解に近い）。

所有権留保においても同様に思考すると、買主が有しているとされる経済的に価値を有する対象は期待権ではなく「将来の所有権」となる。問題は、未だ処分権原がない時点で買主はこれらを自由に利用・処分できるかであり、可能として処分・利用禁止が当事者間で合意された場合の第三者への効力である。例えば、流通過程における正常な取引、あるいはドイツの判決例や次章で述べるわが国の判決にあるように買主が目的物を譲渡担保に供した場合が考えられる。

まず、第一二九条の存在及び他人物売買が有効であることを考えると、期待権者は、期待権と将来の権利につき先行して単独で利用・処分可能である（その上で即時取得の問題となる）。その実現可能性（追完）は一定の要件の発生――所有権留保であれば代金の支払――に係っているに過ぎない。追完が予定されている以上、未だ処分権がないというだけでは、買主による先行処分を否定する必要はなく、権利取得の蓋然性――既払割合と不履行可能性――を算定した上での処分は肯定される。先行処分は原則自由であるから、契約の相対効あるいは債権譲渡禁止特約に関する第四六六条二項の趣旨からも、処分禁止特約は善意の譲受人には対抗できない。確かに先行処分が現在の権利者への侵害となりそうであるが、一定の要件が発生（追完）すれば現在の権利者は権利を失う（かつそれが予定されている）のであり、この問題は条件が係っている事実――支払の継続――に対する影響度として捉えるべきである（次章の判決例において具体的に検討する）。その点では、流通過程における正常な取引では買主は処分の反対給付として代金を得るので、売主は予めこれを捕捉することが可能であり、予め合意により予防策を講じるべき場面では債権管理としてはそうすべきである（延長された所有権留保）。しかし、処分が譲渡担保の設定の場合は、得られた融資金は返還せねばならず、また売主にとっては債権者の増加を意味するため、問題となる。(18)

では、将来の権利の先行処分のみならず、目的物までも第三者に引渡（処分）された場合はどうなるのか。状態権としての期待権は将来の権利が帰属する根拠であり、現時点の占有権原があるとは解されないから、単なる占有となる。もっとも、条件が存続する以上は追完が予定されているから、やはり直ちには否定する必要はない（以上については、次章の判決例において具体的に検討する）。

これに対して、条件自体への侵害の場合、追完の可能性が消滅するため、先行処分の無効が確定する。この場合、四宮博士によって指摘されているように、現在の期待権を被侵害利益として観念するか否か、するとして両者の関係をどう考えるかが問題となる(19)。

以上、条件理論との関係は、ドイツと比較した場合、中間処分を無効とする規定がないこと、及び対抗要件主義である点に留意する必要がある。さらに、予め述べると所有権留保に関する学説では Larenz, Flume 等のような条件理論を踏まえた見解がない。もちろん、当事者の合意内容を停止条件付所有権移転としか構成し得ないわけではない。これまでも、次節に述べるように、経済的価値が売主と買主双方に分属すると指摘され、それに基づいた法律構成が提唱されてきた。本節で確認したように、条件理論からは当事者が経済的価値を見出しているのは将来の権利の現在価値であり、将来の権利の現在価値は既払割合と不履行可能性から算定される。では、条件理論は、契約当事者間での価値の分属を法的に認める端緒となるのか。

第二節　学説の展開

所有権留保付売買に関しては、後述する米倉教授を除き、ほとんど総ての説が形式上は停止条件付所有権移転であるが実質は担保権であると説明する。学説は所有権留保にどのような担保的効力を与えるべきかについては論じるが、なぜ担保権と構成できるのかにつき言及するものは少ない。

以下においては、収集し得た文献を基に実質的な所有権帰属を基準とする分類を試みる[20]。なお、本来ならば、関連する様々な問題点につきどのように考えられているのかを検討すべきであるが、各見解の提唱される意図・目的が異なるために、本書においては各見解の基本的な部分の提示のみを行う。また、売主帰属・分属・買主帰属については一応の分類であり、この点につき最後に検討する。

一　所有権は売主に帰属する

この立場は、売主に所有権があることを前提としつつ、買主の権利に物権性を承認するかしないかで大別できる。

(1)　停止条件説

所有権留保は停止条件付所有権移転であり、条件が成就するまでは、所有権は売主にあるとする見解である。したがって、買主は目的物の処分はできないが民法第一二九条の規定が適用される。また第三者は、即時取得により保護されると考える。この見解は、法形式に則した考え方であり明治当初から主張され文献の数も多い[21]。そこで本書では、条件付所有権移転と解した場合に特徴的な問題点、具体的には、条件成就前に売主又は買主により目的物が処分された場合の効果、及び買主の占有・使用権原に着目する。

まず、目的物の処分について、初期においては、所有権留保を停止条件付所有権移転という形式どおりに捉え、買主に目的物の処分権はなく、売主は目的物を有効に処分し得るとする見解であった。当初は条件との関係が意識され、買主に目的物の処分権はないが、条件成就の効力から中間処分の効力を考える見解であった。

所有権留保に関するわが国最初の論考において杉山博士は、売主による中間処分は民法第一二八条により無効となり、買主は保護されるとする[22]。また、三潴博士は、ドイツのように特別な規則がない以上は第一二八条から無効を導くことはできないとしつつ、新たに所有権を譲り受けた第三者は、不動産については登記、動産については引渡しがなければ第三者に対抗できない以上、同様の結果をみることが多いと指摘する[23]。その後、末川博士も、売主の新たな所有権譲渡について、第一二八条の解釈上懐疑があるとしながら、動産の譲渡については、対抗要件の関係で完全な処分は難しいと指摘していた(24)。さらにその後も、買主処分を未確定的無効として追完（条件成就）が可能であり、その効力は遡及効を有し条件の成就により遡及的に有効になるとして、無権代理行為に対する追認と同様の理解が提唱され(25)、また神崎博士は、特に買主処分時に即時取得が否定される場合、例えば第三者が所有権留保付売買であることを知っているようなとき、買主と第三者間の目的物の売買は、むしろ条件付権利の売買と考え、無権原者の処分という扱いを避けようとした(26)。

もちろん同時に担保としての側面も意識され、既に石田博士も、抵当権同様に担保される債権と所有権の間に附従性があり(27)、買主が目的物処分により取得する金銭その他に対する売主の物上代位を認めていた(28)。当初は体系書等では担保で触れられることはなかったが、勝本博士は『担保物権法』において、売主による処分は有効であり、買主は損害賠償請求をなし得るに過ぎず、第三者は完全な所有権を取得し、買主は債務の履行後も目的物を取り戻し得ず(29)、また、買主による処分は買主に処分権原がないため無効となり、第三者が即時取得をしない限り、売主は所有権に基づき第三者に返還を請求できる、と述べる(30)。

買主の目的物使用については、前章で述べたように、所有権留保と共に賃貸借契約又は使用貸借契約が同時に締結されることが多かった。しかし実質はあくまでも売買契約であるため、これらの特約は名目的なものに過ぎないと解されてきた。ところがこのように解すると、売買代金完済前の買主の目的物使用権原の根拠について、改めて説明する必要がある。まず、貸借とは異なり、目的物の将来の返還を予定しておらず、賃料も目的物の代金を基準に定められた代金支払であり、賃貸借としての基本的要素を欠く以上、本質的にはあくまでも売買であり、買主の目的物の使用は、ただ経過的な状態にあるに過ぎない、と主張された(31)。もっとも、売買ではあるが、あくまでも賃貸借的要素を重視する見解もあった(32)。しかし、所有権留保を担保権の設定であると捉える見解からは、貸借契約を解除し目的物を取り戻したところで売買契約の解除がない限り売主は目的物をほしいままに処分することはできず、貸借契約の解除は買主から使用・収益をできなくさせ買主の地位を奪うことから実質的には売買契約の解除を意味する、と反論されている。[33]

(2)　買主の権利を物権とする停止条件説

この立場では、基本的に(1)の見解と同様に条件成就までは売主に所有権が帰属することを前提に、その実質が担保であるという点を重視し、売主の権利を担保目的に制限し、買主に既に何らかの物権が帰属していると考える。

①　道垣内弘人（一九九〇年：譲渡担保と同様に考える）

「譲渡担保と異なり所有権の移転が起こるのではないこと、個々の解釈論にあたって売買契約の存在を無視し得ないこと（所有権留保は売買契約の附款である）から、特別の考慮が必要な場面も多いが、この見解は基本的に正当である」ことを前提として、[34]「債権者が担保目的で所有権を有しているという点で譲渡担保と同じであり、同じ法効果を与えれば十分である。[35]債権者に所有権が帰属するが担保目的に制限され、債務者に物権的な権利が帰属する。[36]この物権的権利に基づいて、買主は、占有・利用権を持つ。売主には、物権変動がないので対抗要件の必要がない。買主の物権的期待権は対抗要件具備の必要があるが、目的物の引渡しにより具備されたと考える。[37]」

実行については、「占有・使用は物権的期待権に基づくものであり、解除は不要」と考える。その理由として、「売買ではなく担保目的物の側面が問題になるからだ」とする。[38]

②　鳥谷部茂（一九九三年：独自の内容を持つ）

「売主は所有権を有するが、その行使は債権回収を確保する範囲に限られ、[39]また、買主に物権的権利が帰属する。[40]」

実行については、「売買代金の支払が滞ったときは、売主が所有権に基づいて目的物を取り戻して代金債権に充当する」とされるものの、売買契約の解除については言及されていない。[41]また買主の権利は、「将来所有権を取得し得るという物権的地位の他に、目的物の利用権、受戻権、清算請求権なども含む」と解されている。[42]

③　高橋眞（二〇〇七年：買主は物権的地位を取得）

「所有権留保は譲渡担保の場合とは異なり、もともと売主＝債権者が所有権を有しており、債務の完済とともにこれが完全に買主に移転するというものである。所有権の移転時期は売買契約の当事者間で決めることができ、論理的に、いったん完全な所有権が買主に移ると考えることは、売主の有する留保所有権を担保的機能に限定されたものと解するために必要な前提ではない。他方、目的物を利用する買主の地位は売買に基づくものであり、貸借型契約のように目的物を返還することを前提とするものではない。即ち買主は、目的物を他人の物としてではなく、売主の担保権を害さないという制約を受けるものの、自己の物として利用することができる。

したがって買主は、所有権を取得するのではなく、目的物の利用権及び所有権を取得できるという期待権から成る物権的地位を取得するものと考える。他方、売主には所有権が残存し、それは代金債権担保の目的に制約されたものであるが、第三者に対しては先取特権者よりも強力にその権利を主張する根拠となる。[43]」

解除については、「解除の形式がとられることは、所有権留保が売買契約中の特約として行われていることに対応するものであり、実質的には担保権の実行を意味する。」として差額清算が必要であるとする。[44]

二　所有権は売主・買主双方に帰属する

(1)　所有権を諸権能に分ける

④　淡路剛久（一九六七年）

この見解は、所有権の移転について所有権をその諸権能に分解して検討し、また紛争の各側面において所有権をめぐる争いを検討するというアプローチからなされたものである。[45] この見解は所有権留保が担保であることを重視する。「当事者間の関係は、第一次的には契約によることになり、その反面当事者間では物権関係を登場させる必要はない。[46] 第三者との関係については、売主が条件成就前に当該目的物を第三者に譲渡したときには、この売主の中間処分は二重譲渡となり対抗要件（引渡）で決まる、したがって、通常は買主が引渡しを受けており、買主が勝つことにな[47]

る。買主の目的物処分については、第三者が有効に所有権を取得し得ることが多々あり、また停止条件付で所有権移転を受けることができる。」(48)

また、「疑問を留保しつつ」であるが、買主への引渡後の目的物は、買主の責任財産を構成すると考える。(49) 即ち、目的物の引渡しと同時に、目的物は売主の責任財産から逸脱し、新たに代金債権が加わったとみるのである。したがって、「買主への引渡以後は、買主の責任財産に属せしめられ、買主の一般債権者はこれを差し押さえることができる。」と解する。また、破産の際にも同様に考え、「売主破産の場合には、目的物そのものは、もはや破産財団に帰属せず、代金債権のみが帰属する」と解し、買主破産の場合、目的物は破産財団に帰属すると述べる。(50)

(2)　所有権又は（目的物の）価値の分属

この見解については、所有権の移転時期に関して再考する見解からの指摘と、担保権として捉える考え方とに分けることができる。

⑤　鈴木禄弥（一九六六年：所有権移転時期の再考からの指摘）

所有権の移転時期は定めることができず、また定める必要もないとする見解からの考察である。この考え方によると、「目的物の所有権は移行過程にあり、誰の物かは一義的に答えられないということになる。(51)」したがって、当事者双方の履行が完了するまでの暫定的なものとして認めるにすぎず、両当事者が完全な所有権を取得し得るという状態を制度的に一時固定したものということになる。(52) つまり、所有権は質的に分属していることになる。(53)」と説明される。

「所有権の移転に関してのこのような見解をとる以上、所有権が、売主または買主の何れかに帰属しているということはなく、双方が所有権を取得し得る状態に一時固定するものとして認識されることになる。このように解することを前提とする限りは、譲渡担保であれ所有権留保であれ、売主・買主双方に所有権が帰属し得る状態に一時固定しているという同じ状態にあり、したがって、所有権の移転を利用する担保は、同じものとして把握することができる。

即ち、所有権留保については、譲渡担保の一亜種といってもよいが、目的物と債権の間の牽連性、法律的形式的所有者の変更がない点が特色であり(54)、外観が異なるにすぎない。売主が第三者に主張できるのは買主の期待権のマイナスの付いた所有権であり(56)、したがって買主の権利は、一種の物権的なものであり、対抗要件が必要である(57)。また、実行については、売買契約の解除と考えるか、担保権の私的実行と考えるか、いずれにせよ買主からの返還を受けることが不可欠である(58)。」

⑥　竹下守夫（一九七三年）

その後の学説に大きな影響を与えた見解である(59)。前述の鈴木教授が主張される可逆的状態を「一方で、留保買主に物権的内容を持ち所有権に近似する条件付所有権を、他方で、留保売主に担保的内容に縮小された所有権を与えることによって、固定化しようと試みたものに他ならない。」と評価した上で(60)、以下のように述べられる。

「所有権留保は形式は停止条件付所有権移転であるとされるが、条件成就前の買主の権利については、第一二八条により法的な保護が与えられており、買主の有する期待は高度に確実性のあるものであるから、条件成就前においても法的権利として承認することができる(61)。さらに、以下の点から物権性を有する。第一に、買主の条件付所有権は、売主の所有権行使を物権的に制限する(62)。第二に、条件付権利を売主の承諾なしに譲渡することができる(63)。第三に、条件付所有権は即時取得され得る(64)。以上の検討に加えて、権利の目的物が、独立であり特定性を有し、かつ、占有により公示され得るから、物権的権利とみるのに障害はない。ただし、物権性を有するとしても、その存在は売買契約に依存しており、売買契約が消滅すれば、それとともに消滅する(65)。

所有権に表象される目的物の価値は、所有権移転過程を実質的ないし経済的にみるならば、代金の支払に応じて逐次売主から買主に移転すると捉えることができる(66)。したがって、代金完済前において、この価値は分属する(67)。即ち、買主の有する条件付権利の実体は、買主に移行・分属した所有権価値なのである。したがって、条件付権利が留保売主の所有権行使を物権的に制限するのは、買主に分属した価値の売主による破壊の禁止であり、また、条件付所有権の処分が許されているのは、この分属した価値に対する留保買主の支配の自由の保障である(68)。」

また、所有権留保に特徴的なこととしては、「任意の方法で換価するために、売買契約を解除することなく目的物の引渡を請求することができることであり、留保売主のこの利益は、法的権利として保護されてしかるべきである。」とされている。[69] この権利は、破産法旧第二〇四条（現一八五条）第一項規定の「目的を処分する権利」となるため、目的物の引渡しが請求できると考える。[70] そして、「売主にこのような権利を承認しても、清算義務があり、買主の目的物の引渡義務と売主の清算金支払義務は同時履行の関係に立つ」と解した上で、[71]「売主の権利は、買主の条件付所有権により制限される結果、具体的には、買主が残代金の支払を怠るときは、目的物を任意の方法により換価し、その換価金から残代金債権の優先的満足を受けるという担保的内容である」と考える。[72] したがって、所有権留保については、「形式上は所有権であるが、任意の方法による換価権を伴った担保権的権利に縮小されたもの」と解されている。[73]

⑦　高木多喜男（一九七三年：担保権として捉える）[74]

「譲渡担保と同じく、当事者の用いている法形式を離れ、残存代金を被担保債権とする担保権（留保所有権）が売主に存し、所有権よりこれを差し引いた物権的地位が買主に帰属すると構成する。[75] 一旦、所有権は買主に移転し、買主が、売主のために譲渡担保を設定したと同じ法律関係とみてよいと考えるのである。[76] こうすることによって、代金額の減少に応じて、変動する当事者の経済的地位に応じた法律関係の形成が可能になる。したがって、譲渡担保との違いは、形式的な法律構成の面での相違であって、実質的関係においては、ほとんど異なるところがない。[77]」

従来は、以上の記述から、この見解は所有権留保を譲渡担保と解する説であるとされてきた。しかし、所有権留保を譲渡担保と解する場合には、この見解が譲渡担保に関してどのように解しているのかを確認する必要がある。

譲渡担保については、「債権者は目的物に対し債権担保の範囲内で目的物価値を支配すれば充分であり、目的物の残余価値は設定者に帰属していると解すべきである。[78]」とした上で、所有権は両者に分属していると説明できるとする。[79] また、法律構成については、「債権者には譲渡担保と呼ばれる一種の担保権が帰属し、設定者には所有権より右の譲渡担保権を差し引いた権利が残存していると構成すべきであり、そのような見解が有力である。」とした上で、「具体的構成については、いわゆる抵当権説に組したい」とする。[81] もっとも、その後、所有権の分属を前提に、債権者は被担保債権の範囲で価値を把握すると制限し、債務者の利用権を物権的に保護する法律構成として、この状態は抵当権・質権と同様であるから担保権として構成する。[82] そして、抵当権との権能の違いを指摘し「抵当権と構成することにどれだけの実益があるかは疑問」とされる。[83]

この見解は、「代金額の減少に応じて、変動する当事者の経済的地位に応じた法律関係」を形成するためには、「譲渡担保と同じく、所有権が売主と買主に分属していることを肯定しなければならない」としている。[84] その上で、所有権の分属を受けて、買主の物権的地位については、「残存代金を被担保債権とする担保権（所有権留保）が売主に存し、所有権よりこれを差し引いた物権的地位が買主に帰属すると構成すればよい」としている。しかし、この分属による見解が、その後の担保権の設定とする見解で引用され、その基礎になっている点は注意を要する。

解除については、「留保所有権を担保権として純化するには、契約の解除と構成することなく、譲渡担保と同じく、被担保債権の遅滞による担保権の実行として捉えるのが妥当であろう。」とされるが、「契約の解除、担保権の実行のいずれの構成をとっても、実質的に変わりなく、また、変りがあってはならない。」とする。[85]

⑧　平野裕之（二〇〇七年：所有名義は売主であるが実質は担保権）

「所有権的構成を認めるが、買主にも使用収益を可能とする物権的な権利の分属を認め、また、売主は契約解除するまでもなく、代金債権回収のために目的物を取り戻し、処分する権利を担保の実行として認められるというべきである。」として、一応、所有権は移転していないことを前提とする。[86] しかし、その実質は、「所有権的構成を採用しつつ、所有権の分属を認めて、所有名義は売主に留保しつつ、債権者である売主の所有権を実質担保権とし、債務者である買主に物的利用権及び期待権を認めたい。」とする。[87]

また、⑥高木多喜男の見解に対しては、「売主と買主の両者を所有者とする趣旨であろうか。それとも所有権の交換価値と利用権が分属するという趣旨であろうか。後者であれば、抵当権でも所有権の『分属』である。」と指摘する。[88]

(3)　解除特約、目的物は共有関係

⑨　三上威彦（一九八四年）

この見解は、まず、考察にあたっては、担保機能を有するだけで典型担保と扱いを同じにする必要はなく、採用された法形式より考察すべきであると主張する。[89]その上で、所有権留保の意義として、無担保の危険防止、及び買主遅滞による信頼関係の破壊に基づく期間を定めて催告する必要のない解除権の留保と考える。[90]

「売主は、条件が成就するまでは、所有権移転を妨げない不作為義務を負っているのだから、所有権移転義務は代金支払義務に対応し、完全な所有権を移転するまで履行は完了しない。[91]条件成就までの目的物については、売主、買主は、目的物の上の所有権を共有している関係にあると考え、その持分割合は、買主の割賦金の支払により決まる。[92]そして、このような共有の視点からは、例えば、売主による目的物の譲渡は、持分権の譲渡ということになり、また、目的物の占有・使用権原については、共有物の規定である第二四九条の規定に基づくことになり、その具体的な使用方法については共有者間の合意によることになる。[93]したがって、期待権も留保所有権も共有持分権であり、そう解することによって、あらゆる事象が合理性を持って説明され得る。[94]」

三　所有権は買主に帰属する

(1)　実質的関係を重視

⑩　田中実（一九五九年）

買主への所有権帰属を前提とする見解からは、買主による目的物の処分は無権原者による無効な処分とはならないため、肯定的に捉えられることになる。

「買主の目的物処分は無権原者の処分ではなく、条件付権利の処分ができるのであるから、目的物を譲り受けた第三者は、条件付権利の取得は可能である。[95] その根拠としては、実質的に買主が所有権を有することを認め、売主に残された所有権には担保的機能を認めれば足りる。そしてこの買主の処分について、違法性の認識がなければ横領罪にならない。[96] 買主の目的物の占有・使用については、基本的には売買であり、また買主は条件付に所有権移転を受けたのだから、当然に占有・使用できる。[97]」

(2)　抵当権の設定

この見解は、形式上も抵当権の設定であると考えるかどうかで、二つに分けられる。

⑪　幾代通（一九六二年）

「徹底的にその実質について考察すれば、所有権は買主に移ったが、同時に売主は代金債権のために抵当権の設定を受けたという状態に準ずるということができる。ただ、その場合の売主の得た担保権は、形式においては制限物権たるの線を超えて所有権であり、他方買主の所有権は形式上はたかだか停止条件付所有権のごときものであり（必ずしも適切な用語とは思わないが、以下仮に用いておく）、しかも適切な対抗要件の制度がない。[98] このような法律上の純形式的な側面と、経済的・社会的事実としての実質的側面との背離と交錯とを、なお法律構成上如何に調整してことを合理的に処理すべきかという点において、譲渡担保と類似の問題をもっている。というよりも、所有権留保の現実的関係自体が、ひとたび所有権を買主に移転して直後に逆方向へ譲渡担保に入れたと同様、ないしは、二段の手続を省略したのと同じであるといえないでもないからである。[99]」

この見解はその後の所有権留保の研究に大きな影響を与えている。[100] この見解は、買主は、実質的には抵当物所有者兼債務者であると考えれば、所有権の処分は可能であり、物権的にも有効であると考える。したがって、買主の目的物処分は横領罪になるとの見解に対しては否定的である。売主の債権は、所有権留保という形式での抵当権の追及力によって保障され、またそれで足りるとする。[101] この見解は、一般には、所有権留保の合意を譲渡担保の設定であるとする説の根拠になっているが、上記のように実質を抵当権と捉えていると解することが妥当であろう。

⑫　米倉明（一九七四年）

この見解は、実質的にも形式的にも所有権は買主に移転し、売主は売買代金を被担保債権とする抵当権を設定したと考える。(102)

「所有権留保売買においては、売買契約の締結により、代金は未済であるが、所有権は買主に移転する。そして、それと同時に残代金債権を被担保債権とする抵当権が留保売主のために設定される。『所有権留保』という用語によって当事者が表現しようとしているのは、このような動産抵当権の設定である。当事者は抵当権設定を目的としてはいるものの、適切な用語（法概念）を発見し得ないために、抵当権設定を『所有権留保』と表示したにすぎない。」物権法定主義に対しては、慣習上の物権であるとする。売主の抵当権の公示については、「公示の要請は第三者保護にあり、買主からの譲受人は、民法第一九二条により保護され、売主からの譲受人は、民法第九四条第二項の類推適用により買主の所有権の主張から保護される。(103)」とする。

(3)　担保権の設定

この見解は、所有権留保の合意は担保権の設定であると考える説であり、いわゆる「所有権的構成」から「担保権的構成」の流れの中で有力に主張された見解である。

⑬　大島和夫（一九七九年）

「所有権留保において目的物の所有権は、契約成立と同時に移転し、売主に残されるのは、一種の担保権、特に譲渡担保と解したい。(104)所有権移転に代金完済という停止条件の付いていること自体が、理論的にそのような結論を引き出すことを証明し得るのではないか。(105)」

しかし、その後は、当事者の合意を抵当権・担保権とすることについて、「どのような場合にどのような要件の下でそのような変更が許されるのか明確にする必要があろう」、とした上で、流通又は担保としての利用が前提とされている商品の売買においては「目的物の現実の占有を伴わない所有権は、もはや所有権としては認められず、担保権以上の扱いは受けられない」という政策判断によって当事者の合意が変更されることを明示すべきとされる。さらに、担保的構成を採ったからといって、個別的な問題の答が自動的に引き出せるものではないことも指摘する。[106] そして、担保であるからと演繹的態度を採ることは疑問とされ、「判例のように債権者に所有権を認めつつ担保目的に即した規律をかぶせることで十分な妥当性がある」とも述べられる。[107]

⑭　伊藤進（一九八〇年）

⑦の高木教授の主張を正当とされた上で以下のように述べられる。

「所有権留保の設定により、売主には残存代金を被担保債権とする担保権（所有権留保）が存在するにすぎない。[108] 売主は、被担保債権と共に留保所有権を有効に処分することができ、[109] 買主は実質上の所有者であり、買主の期待権は留保所有権の付いた所有権である。[110] 実行については、契約の解除による目的物の取戻しであるが、実質的には、担保権実行に他ならない。[111]」

⑮　矢吹徹雄（一九八四年）

「所有権留保売買は、売買契約と『所有権留保』という担保権設定契約が混合した契約であり、その結果、売主としては、所有権から『所有権留保』という担保権を差し引いた権利及びそれに伴う対抗要件を移転すれば、その義務を履行したこととなる。[112] 所有権留保という独立の担保権を正面から認めてよいのではないか。[113]」

⑯　安永正昭（一九八五年）

「売主の所有権は支払とともに減少していく代金債権の担保のためのものであり、他方、代金支払と共に、経済的実体からみれば、買主がその所有者にふさわしくなってくる。そこで、右実体に見合うように売主に留保された所有権の内容、効力を可能な限り担保目的に制限していくべきであり、他方、買主の地位も、目的物取得のために既になされた給付に見合うよう、かつ、そのイニシャティブにより所有権が完全に移転するとの期待を法的に充分保証するよう、法律構成しなければならない」とされる[114]。

もっとも、「所有権留保の場合、公示方法がまだ必ずしも十分なものとはいえず、また、権利の実行方法を目的物の引き上げという方法によっているので、抵当権と割り切って考えることにはやはり抵抗がある」とされ、一応、所有権把握形式の担保とした上で、その内容、効力について担保目的との関連で制限的に理解していくべきであろうとされる[115]。

解除については売買契約上の買主の地位を無視するわけにはいかないとして、「買主の目的物の占有、特に利用に関する権原を奪うためには、やはり契約解除による以外にはないと考えざるを得ないと思われる。」と述べる[116]。

⑰　近江幸治（一九八八年）

「所有権留保は、売買代金を担保するにすぎない以上、売主の留保した『所有権』は、一種の担保権であると解すべきであり[117]、所有権留保付売買を担保権の設定として考えた方がよい[118]。実行については、担保権の実行としての返還請求とされ、法律構成として実務においては契約の解除が使われているようであるが、担保権の私的実行ともとれる[119]。」

⑱　実務からの指摘

売買契約の枠の中で担保として把握するのではなく、所有権留保を売買契約とは完全に切り離された担保権の設定と考える見解である。この見解は、実務において所有権留保の実行にあたっては契約の解除は必ずしも行われていない点を主張し、実行にあたり解除を必要とする場合の不都合及び問題点を指摘した上で、実行の際に売買契約の解除を必要とする学説を批判する。

「所有権留保については、担保権設定が実体であり、完済された後で売買契約が顕在化する。所有権留保は、売買契約とは切断された独自の担保契約であり、信用供与者のファイナンス債権を担保する非典型担保である[120]。買主は売買契約の解除に関係なく、取り戻されることを承知しているのであり、買主の地位の保護は、清算義務を課すことにより、図るべき問題である。」[121]

この見解の主旨は、「所有権留保は単なる解除権の留保ではなく、また所有権による取戻しを認める以上、取戻しと契約の解除の関係は、論理的必然の関係に立たないと認めなければならない」とされることである。[122] つまり、現在の実務において所有権留保が利用される状況では、売主が買主に直接信用を与える場合はまれであり、信販会社などの第三者による信用供与がなされているのがほとんどの場合である。しかし、学説はこの現状の考察を行わずに、従来どおりの売主による買主への信用の供与を想定し、目的物の取戻しには契約の解除が必要であると考えていると指摘する。現実には、第三者が信用を供与し、この与信の担保として留保された所有権を売主から担保として譲り受けるのであるから、売主としての地位の譲渡ではないために、債権回収の際に解約の解除が必要であるとしても、留保所有権を譲り受けた第三者は、契約の解除をしたくてもその権原がないのである。[123]

(4)　解除権の留保、解除特約

⑲　小西清治（一九五七年）

この見解は、割賦販売法施行前に月賦販売につき立法を主張する見解である。基本的には、ドイツ法を参考に立法論が展開されている。

「所有と占有とが乖離する点について危惧する。[124] 月賦販売を信用付与の本来の形に立ち返らせることを目的に、[125] 月賦販売の目的物については、引渡により所有権は移転するとすべきである。所有権の留保は、債務不履行の場合の解除権の留保であり、債権的効力としてのみ是認すべきである。[126] 実行にあたって、所有権の留保によることと、買主の債務不履行に基づく解除によることについては、債権契約の解除と所有権留保との間の明確な理論付けが不可能なのではないか。[127]」

「抵当権は抵当の十分なることを前提として直接請求の満足に導くものであるが、所有権留保はこの目的を達し得るものではない。それは、本来望ましくない物の取戻しの場合の売主の権利を保障するにすぎない。物の買主は、その物の利用によって支払のための手段とする場合が多い。その場合は物の取戻しは、担保のためにも一つの経済的不合理を意味することとなるのである。[128]」

⒇　柳勝司（一九八二年）

特定物売買の所有権の移転について、第一七六条の解釈の問題として、「当事者ノ意思表示」は売買の意思表示と読むべきであるという立場からの見解である。

「観念的な所有権移転だけに向けられた意思表示に法的効力を認めるべきでない[129]。売買とともに特定物の所有権は、仮に当事者が所有権留保という用語を用いているにしてもそれにこだわることなく、契約の効力として買主に移転している。したがって、当事者が所有権留保をしている具体的な目的は、代金支払の確保に他ならず、それに対処する売主の手段は第五四一条による解除である。そして、この不履行解除の要件・効果について特約で変更を加えることは可能であり、所有権留保は、所有権移転自体に向けられた意思表示としては無効であるが、不履行解除の要件・効果を変更させる特約としては有効である。解除の意思表示を不要とする当然の解除として、買主破産時においても、買主破産前の代金不払いのため売買契約は解除されていることを立証することで、物の返還を破産財団に対して為し得る。[130]」

また、買主が既に目的物を第三者に譲渡していた場合には、「第三者の転売行為は、最初の売買を当然に解除させることを意味する特約である。この特約により、第三者が現れる直前、ないしは同時に、買主は無権原者であったことになり、第三者が善意取得をしない限り、売主は物の返還請求できる可能性が出てくる。」とする。[131]

(5)　特約を否認、無条件

㉑　三宅正男（一九八二年）

民法典の規定から、所有権留保を体系的に考察された数少ないものの一つであるとされている。[132]

「売買契約以外に、特に所有権の移転について何の形式も要求されていない意思主義を採用する以上、物が特定する限り、所有権は売買契約と同時に移転する。[133]そして、このような意思主義本来の立場では、所有権自体の移転に関する特約はあり得ず、実際の権利関係としては、外的な物の引渡債権だけが有る。[134]したがって、売主の唯一の権利は代金債権であり、物の先渡しをした売主は、売買を維持し先取特権を行使するか、解除による原状回復として、目的物を取り戻すことになる。[135]売主が目的物の返還を要求するには、代金不払いによる解除に基づく原状回復請求しかあり得ない。[136]この解除に基づく返還請求権は、意思主義をとる民法の下では、その反射として『所有』物返還請求権の内容を持ち、[137]転得者にも追及できるのが原則である。[138]なぜなら、原状回復請求権が消滅時効にかかった場合に、時効にかからない所有物返還請求権を認める余地がなくなるからである。[139]」

また、担保権としての把握を主張する見解に対しては、所有権自体の留保を否定するのは正当であるとする。しかし、この見解が、「代金債権は双務契約から生ずる対価関係に立つ債権であるために、貸金代金債権など単純な債権と異なる効力を有すること、つまり売主は代金債権を強制執行するか、代金支払に見切りをつけて売買を解除するかを選択できること、そして根本的な売買の効力として、売主は解除しない限り物の取戻しを裁判上請求できないこと、これらのことを軽視するのは不当である。」と主張する。[140]

「所有権移転を延期する意思表示により所有権を留保すれば、留保所有権に基づく請求ができると考えるのは、民法の意思主義体系からの逸脱である。直接に所有権移転に向けられた無法式の意思表示に、所有権移転なりその延期なりの効力を認めるのが、意思主義のように考えられているが、これは、土台がなく宙に浮いた、足がなく頭だけの、契約の文言だけに依拠する超意思主義である。[141]」

四　検　討

(1)　整理と分析

以上の分類は、所有権の状態・帰属を実質的にどのように考えるかという点から行ったものであり、この他にも幾つかの見解がある。[142] 当初は買主による処分の対象が物なのか権利なのか混乱がみられたが、その後は、前章でみたように、大きな流れとしては、所有権非移転構成（所有権は売主）から所有権移転構成（所有権は買主）に移っており、担保としての機能・目的を前面に押し出す、いわゆる「担保権的構成」が有力とされていた。積極的に「担保権とすべし」との主張も一部にあるが、多くは「担保権としての効力を与えれば十分」として担保物権の理論に服せしめる見解であった。これは、⑪幾代（一九六二年）による抵当権に準じること及び譲渡担保との同質性の指摘に代表されるように、譲渡担保との類似性を指摘し売主（債権者）に「所有権」という担保目的に比して過大な権利を認めることに対する否定的判断に基づくものであった。この判断は、判例が確立しておらず、規律する法のなかった時代では正当である。そして、学説の努力により、非典型担保に対しては清算義務を初め担保として扱うことが判例で確立し、仮登記担保法等の立法が実現されたことで担保としての共通認識は確立し、学説の当初の目的は達成された。

しかし、数は多くないが、どう法律構成「すべきか」と同時に「できるか」も意識されてきた。所有権を留保する売主の目的、合意の趣旨は、債権回収のための「目的物の取戻し」を確保することであり、その手段として、契約解除、所有権に基づく物権的請求権、動産担保権、との構成があり得る。具体的には、⑤鈴木（一九六六年：所有権のなし崩し的移転）、⑥竹下（一九七三年：分属する価値に権利性を承認）、⑦高木（一九七二年：所有権の分属の結果としての担保権）が主張された。特に、合意形式と乖離して担保権と解する主張は、抵当権に類する動産担保権は存在していないため、単に「代物弁済予約の対外効を認めよ」というに等しい。⑬大島（一九七九年）が指摘するように「なぜ、そのように解することができるのか」が問題となる。

ドイツにおける学説展開と比較した場合の特徴は、譲渡担保との同質性が強調されてきたこと、分属するのは所有権なのか価値なのか、所有権として量的分属なのか質的分属なのかは意識されていないこと、所有権移転時期の問題の影響を受けてはいるものの条件理論（一体説・二分説）との関係はほとんど意識されておらず、また時間的契機（Zeitmoment）に言及するものがないこと、解除条件との主張もあるがフランス法的理解に基づくものであり黙殺されていること、失権・解除権及び先履行者への特権との本来的関係はほとんど意識されていないこと、である。また、各構成間の比較検討、優位性の検証もなされていない。

まず、譲渡担保との同質性については、担保として所有権を使うとの合意では同じであり、指摘されるように、いったん買主に所有権が移転した後になされた譲渡担保と同じ状態にあるということは明らかではある。しかし、「同じ状態にある」ということは「同じもの」を意味するわけではない。譲渡担保は独立した担保契約であり、被担保債権と担保目的物の間に牽連性がない。また、交換価値の把握が意図されており、集合物も対象とし得る。これに対して、所有権留保は売買の附款であり、直接には売買目的物の取戻しの確保が意図されている。したがって、売買契約による所有権移転に続く譲渡担保の設定契約による二度目の所有権の移転を直ちに認めることはできない。さらに、二度の所有権移転手続を省略したと考えることも、当事者にそのような意思がない限り、肯定することはできない。

また、「形式と実質のズレ」が指摘されてきたが、譲渡担保でかつて論じられた虚偽表示との抵触は所有権留保では論じられず、フランス法的理解から売買において所有権移転義務を考えることができない、という形で一部で論じられたに過ぎない。さらに、譲渡担保において意識された「過大な所有権」という点は、売買においては少なくとも合意時点では妥当しない。したがって、かつて譲渡担保で「旨み」とされた丸取りや過剰となる危険は小さいため、清算を不要とする見解も多かった。もっとも、実際は支払額・方法（頭金・ボーナス払）や分割期間と目的物の現在時価は何ら関連性を持たないため、通常の売買契約解除と同様に清算の必要が生じる場合もあり、これは担保としての取扱いと何ら反するものではなく、非典型担保に清算義務が確立して以降は清算を要するとの見解が多い。従来の学説の意図は、担保としての効力の付与が目的であり譲渡担保との同一化という趣旨ではなかった。議論は譲渡担保が中心であり、もともと所有権留保については本格的な論考が少なく、担保として取り扱う方向が確立してからは論考自体ほとんどないこともそれを裏付けている。

次に、価値あるいは所有権の分属については、条件理論ではなく譲渡担保に関する議論を受けている点が特徴的である。我妻博士は譲渡担保に関し、「目的物の所有権は担保権者に帰属し、設定者の許ではゼロになっているが、その目的物の有する価値は、担保権者と設定者とに分属しているといわなければならない。いわば、所有権の価値的分属である。」としており、所有権それ自体の分属との見解は採っていない[143]。所有権の統一性・渾一を前提に価値の分属と構成するならば、あくまでもいずれかに所有権が帰属するとした上で、分属した価値自体に権利性を承認するしかない。そうすると、売主に所有権・買主に停止条件付権利又は売主に解除条件付権利・買主に所有権、のいずれかである。では、いずれの所有とするかは果して決められるのか。この問いに対する解答の一つがドイツの「時間的契機」であった。わが国では、⑥竹下の見解にこの要素がみられるものの、第一節で触れた条件理論から買主の有する価値を検討するものはなく、もっぱら所有権移転時期に関する論争を受けていた点に注意を要する。

その後に担保権と主張する見解の基礎となった⑦高木は、先の我妻博士の見解を引用した上で所有権の分属と指摘する。確かに、売買の附款である所有権留保については、形式として売買を採る譲渡担保以上に所有権の分属が妥当する。既にボアソナードは抵当権は所有権の支分権と解していたことからも[144]、担保権との構成は、同じ発想で売主に分属する所有権に対して「担保権」と名付けたと解される。つまり、担保としての効力を正当化するために分属する所有権（状態）を担保権と表現したに過ぎず、所有権留保という所有権とは別の担保権が慣習的に存在する、あるいは独自の物権として積極的に承認することが提唱されているわけではない。したがって、担保権の実行、即ち解除では実現できない（善意の）第三者に対する目的物の取戻しを確保するための根拠は所有権であり、当初から所有権を留保することと、まさに程度あるいは表現の差でしかない。⑫米倉は慣習上の動産抵当の表現であるとするが、抵当権とは望ましい現象（効果）を結論から説明したに過ぎず、担保として法定されていない以上は第三者との関係で換価権及び優先弁済権は出てこないため、執行の根拠はやはり所有権を持ち出さざるを得ない。

では、⑨三上の提唱するように端的に共有構成は採れないのか。確かに、指摘されるように共有構成は価値の分属に権利性を認めるためには好適である。近代的概念としての所有権という点では、売主に所有の意思があると解することも可能である。しかし、問題は売主の所有の意思の中身である。一体、「所有権を留保する」とは何が表現されているのか。

(2)　私　見

序章で述べたように、担保として処遇するために担保権として効力を類推する手法は、指導原理の確立という点で成果を上げた。しかし、当事者間の実体的権利関係、他の関与者との調整基準が明らかになるわけではない。以上にみた従来の見解は、構造の解明に苦慮しつつも、担保制度の類推を念頭に、所有権あるいは担保権によって目的物を取り戻して私的に実行することができるとしている。しかしながら、取戻しの根拠を所有権あるいはその一部を担保権と名付けても、換価権・優先弁済権は直ちにでてこない（この点で解除構成は優れている）。仮に換価権は所有権に基づく売却処分であるとしても、分属であるのに一方的に可能なのか。また優先弁済権とすると、売主は自己に所有権が帰属する物から債権の回収＝債務の弁済に充てているのか。もちろん、売主には物上保証人の意思はない。そこで、何も合意していない場合に特権を認める先取特権を前提として、当事者が予め予防策を合意したときの解釈であるから、目的物を取り戻した上で代金債務の弁済に充てるという合意も改めて取り込んだ上で認識する必要がある。具体的には、停止条件付所有権移転あるいは占有・解除との関係（第一段階）、表現されている合意の中身が何か（第二段階）、が基準となる。

まず、（停止条件付所有権移転は可能であることを前提に）条件理論との関係では、売主に帰属する所有権が目的物の分離・独占の根拠となる。買主は確かに経済的に価値を有するが、それは将来の権利の現在価値であり、認識としては地位あるいは状態である。また、構造の点では解除も目的物の分離・独占の根拠となり得る（前章で述べたように効力は僅差の可能性がある）。

次に、売買契約の附款としての所有権留保の意図は、代金不払時の保険として目的物を買主の責任財産から分離しておき独占することであるから、売主は目的物を取り戻して最終的には換価するとしても、売主が買主に対して確保したい権能は換価権・優先弁済権ではなく取戻しである。これは、単なる移転時期の明確化や危険負担の特約ではなく、反対給付の履行の煩わしさからの解放・損害賠償でもなく、代金債権そのものの回収のためである。したがって、特に売主にとっては、契約の解消ではなく、むしろ貫徹と考える必要がある。

以上の観点から「売買目的物を代金債権に充てる」ための法律構成として、契約解除、所有権に基づく物権的請求権、動産担保権を再度確認する。

解除権あるいは解除条件として構成した場合、確かに目的物の分離・独占の根拠となり得る。解除における目的物の取戻しの意味は、得られたであろう代金相当の損害の塡補に充てるため、と解すれば適合的である。[145]しかし、契約の（遡及的）消滅あるいは解消と付随する損害の塡補という効果が発生してしまうので、売買代金の回収（契約の貫徹）という売主の意図と齟齬が生じる。また、所有権が移転するため、転得者や他の債権者に対する第三者効が確保できないのが難点となる。さらに、わが国ではドイツと異なり先履行者への特権を認めるためか解除との本来的関係は意識されておらず、「解除なければ取戻しなし」との判断も直ちには妥当しない。

売主の意図及び第三者効との関係で単純な解除構成は採れないとなると、売主が有する権利は所有権あるいは担保権のいずれで表現するのが適切なのか。担保目的である以上、個別問題において担保としての処遇――被担保債権確保以上の効力を与えない――は当然として、第三者に対してその根拠の明示が必要である。また、Eichenhofer が用いた適合性や単純性等の指標からすると、物権法定主義や条件理論との関係、第三者に対する効力の根拠――目的物を取り戻すための権利であり換価権・優先弁済権ではない――から担保権との表現は劣後せざるを得ない。仮に、直截に抵当権あるいはそれを範とする担保権と解したとしても、法的性質として、買主は処分が自由であり、売主は引渡請求権を有しないことになり、目的物を分離しておき独占する（取り戻す）手段として適切ではない。[146]さらに、処分禁止や流抵当の特約と考える対応あるいは法創造は、原則の明確化という点から妥当ではない。

ここで注目すべきは、二〇〇〇年以降の論考(38)は、形式的にせよ所有権は売主に帰属すると明確に述べる点である。担保としての効力付与の共通認識が確立し、直接金融のための財産隔離が要請される等の経済事情の変化に伴って信託的発想が浸透し、動産譲渡登記制度も整備された後は、担保目的で所有権を有することは形式と実質がずれていると評価する必要性は弱い。今日的には、「名義」としての所有権は売主に帰属し、買主に分属する価値の実体は将来の権利の現在価値であると解するのが適合的である。

私見としては、契約の貫徹という観点、及び、先履行者への特権の付与を前提に売主が合意によって保有する所有権は代金不払時の保険として目的物を買主の責任財産から分離しておき独占するためとの理解から、反対に買主にとっては購入物をもってする最悪の代金支払方法の合意となるため、あたかも完済による所有権移転（追完）を前提とする担保のための代物弁済と認識できる（単なる類推ではない）。これは、順番を逆にする扱いであるが、状況としては、代金完済前に買主が第三者に先行処分をし、代金支払による追完によって先行処分が有効になるのと同じである。もちろん、売主には清算義務がある。売主の所有の意思の中身に基くため、裁判官による法創造にはならない。

実行に解除を要するか否かについては、買主の占有権原との関係が問題となる。もっとも、わが国ではＢＧＢ第九八六条に相当する条文はなく、これまでも解除との本質的なつながりは意識されることなく担保としての取扱いから「解除不要（が望ましい）」と主張されてきた。しかし、代金債権の回収という点で、契約関係の解消ではなく契約の貫徹であるから、理論的には契約を維持させる必要がある。また、買主の占有権原と期待権については、支払のための変則的な代物弁済として、占有及び期待権喪失が合意されていると解される。さらに、契約が存続するのであれば、買主に譲渡担保にいう受戻権的な権利状態を観念でき、解除におけるラストチャンス同様の状態を確保できる。もちろん、売買という契約の中で考えた場合、代金の履行遅滞であることも間違いなく、売主は解除権も行使可能である。しかし、損害賠償ではなく残代金回収を意図した売主からの解除の通知は、所有権留保の実行と解することになる。なお、私見では解除を不要とする点がドイツ法と異なるものの、先履行者への特権の付与は立法政策の問題であり、以上の見解が、わが国で発展した非典型担保に関する議論に沿ったものであると考える。

小　括

於保博士の見解に依拠すると、期待権とは一定の要件が成立することにより自動的に権利が得られるという状態権であり、保護のために法により与えられた権利は期待保持権として区別される。したがって、期待権を将来の権利の発展段階と解することは本質的な説明ではなく、期待権が財産的価値を有するというのは的外れである。当事者が経済的価値を見出しているのは、現在価値を算定した将来の権利と解される（期待権は権利帰属の根拠）。また、期待権の譲渡は将来の権利の譲渡と伴って行われる。他人物売買が有効であるのと同様に、期待権及び将来の権利の先行処分は可能となる。処分権が追完されない場合に否定されるに過ぎない（具体的には次章の判例で検討する）。

所有権留保に関してこれまで提唱された法律構成は以下のものである。

① 停止条件付所有権移転（法律構成のまま検討する初期段階から「名義」の帰属と考える方向）
② 所有権移転過程の固定化（諸権能に分解あるいは段階的に移転し価値が分属）
③ 所有権は分属し、売主に帰属する部分を担保権とする
③ 動産抵当権
④ 解除権（所有権の移転のみ合意するのは不可能）

当初は、形式どおりに売主に所有権があり、中間処分、買主の使用・占有につき論じられていた。担保としての効力を与えるという学説の努力により、非典型担保に関する判決の態度決定、仮登記担保法の立法の後は、形式的には売主に所有権の帰属を前提に、実質的に妥当な効力が主張される傾向にある。もっとも、非典型担保については、特に不動産譲渡担保の有害性から譲渡担保を中心に議論され、所有権留保については、担保としての効力を主張するために譲渡担保と同様の状態又は同様の効力の付与が強調されたに過ぎず、同じものと主張されたわけではない（この

点がドイツ法と状況・検討方法が大きく異なる)。担保権と主張する見解の多くが、法律構成に言及せずに、妥当な効力を提唱するものであり、判例学説で担保としての取扱いが固まった後は論考も少ないことがそれを裏付けている。

これまでの学説の展開を踏まえた結果、本書では、以下のように分析した。

① 所有権あるいはその一部としての担保権と解しても、目的物を取り戻す根拠は説明可能であるが、換価権・優先弁済権は直ちにでてこない(この点で解除構成は優れている)。

② 所有権の留保か担保権かは程度及び表現の差でしかなく、担保としての取扱いが確立した今日では、所有権の分属を担保権とよぶよりも、名義としての所有権は売主に帰属した方が、目的物の分離・独占を根拠付ける点で適切である。

③ 私見としては、採用された法形式(第一段階)からは、停止条件付所有権移転であり、買主は占有者としての保護を受け、分属する価値は将来の権利の現在価値である。先履行者への特権付与を前提とする担保としての合意(第二段階)からは、売主が合意によって保有する所有権は代金不払時の保険として目的物を買主の責任財産から分離しておき独占するためであり、買主にとっては最悪の代金支払方法であるから、変則的な代物弁済と認識できる。また、代金回収は契約の貫徹であるから実行に解除は必要なく、清算義務も課され得る。

次章においては、検討の場を判決例に移し、ドイツ法と対比するため、買主による代金完済前の期待権あるいは目的物の処分につき分析を行う。

(1) 日本の学説・通説については、金山正信『注釈民法(四)総則(四)』有斐閣(一九六七年九月)三三四頁を参考にした。

(2) 大島和夫『期待権と条件理論』法律文化社(二〇〇五年一〇月)三〇頁(初出「条件理論の歴史的考察(その一)」神戸外大論叢二九巻一号(一九七八年六月)九五頁)。

(3) 大島・前掲書九三頁(初出「条件の効力について—近代のドイツを中心にして—」神戸外大論叢二九巻五号(一九七

八年一一月）九七頁）。

（4）新井教授は、あらゆる条件付法律行為が第一二八条により保護されるのではなく、同条によって保護されるには権利性（不可侵性）が必要であるとした上で、「留保買主の権利が沿革的、法解釈的に保護されているドイツ法における動産の条件付所有権移転には権利性を承認することができる」とされている（新井誠「条件付権利（期待権）の侵害（昭和三九・一一・二三最高一小判）」『現代民法学の課題―森泉章教授還暦記念論集』法学書院（一九八八年九月）一五一頁）。

（5）既に早い段階で財産的利用については検討されていた（西川一男「條件ノ成否未定ノ間ニ於ケル權利及其之ヲ擔保ニ供シタル場合ニ於ケル擔保ノ性質」法学新法一八巻一〇号（一九〇八年一一月）六九頁）。

（6）於保不二雄『財産管理権論序説（復刻版）』有信堂高文社（一九九五年八月）三一六頁。

（7）於保・前掲三一九頁。

（8）於保・前掲三二〇頁。

（9）於保・前掲三二一頁。

（10）金山・前掲三三一頁。

（11）金山・前掲三三五頁。

（12）物権の遡及的取得により第三者に対抗するためには、予め対抗要件を具備することを要するとの見解が有力である（大島・前掲書二四頁、初出「条件理論の歴史的考察（その一）」九九頁）。

（13）石田穣『民法総則』悠々社（一九九二年一〇月）五〇七頁。

（14）於保・前掲三二七頁。

（15）於保・前掲三二五頁。

（16）於保・前掲三三二頁。権利の移転過程については、権利は譲受人に直接に移転し（三二八頁）、処分者に権利が帰属したことが問題ではなく、処分権が処分権者に帰属したか否かに係っている（三二九頁）とする。なお、バブル経済破綻後に盛んに活用されている建物賃料債権の将来債権譲渡、特に債務者不特定段階（あるいは長期間）の将来債権譲渡につき考えてみると、賃料債権への期待権が発生する前提である賃貸借契約自体が不存在・不安定であり、期待以前の予定・計画に過ぎず、譲受人が危険を計算すべきとされているので、保護に値する状態権ではない。

（17）於保・前掲三一五頁。

(18) Serickの見解として、この点は既に米倉『所有権留保の研究』新青出版（一九九七年一月）一〇〇頁（初出「流通過程における所有権留保二」法学教会雑誌八二巻一号（一九六六年二月）四九頁）に紹介されている。また、そもそも何が正常かが問題となり、譲渡担保の二重設定に関して平成一八年七月二〇日最高裁判決を契機に論じられている。

(19) 四宮和夫『民法総則第四版補正版』弘文堂（一九九六年三月）二七九頁注七において、第一に、不法行為と条件の成否との間に因果関係がない場合（例、Aが結婚したらBからもらえるはずの時計をYが壊した場合）、第二に、不法行為によって本来の条件の成否を問題とする余地がなくなった場合（もしAの文鳥が卵を生んだらひな鳥をBに与えようという贈与契約がある場合に、Yがその文鳥を殺したとき）を分けて考える必要があるとする。本書では、第一を目的物の破壊、第二を条件の破壊として、具体的には次章で検討する。

　第三者が目的物を毀損した場合は、損害賠償請求権は現在の権利者に帰属し、期待権者は、条件成就後に損害賠償請求権が行使可能となる。以上につき拙稿「所有権留保付売買目的物の滅失と損害賠償請求権の帰属」広島法学二〇巻四号（一九九七年三月）一六一頁。

(20) 従来の分類として代表的なものは、新田宗吉「所有権留保売買における法律関係（二・完）」上智法學論集二〇巻二号（一九七七年一月）一六四頁。これまでの分類におけるいわゆる停止条件説が本節の一、譲渡担保権説・担保権説が本節の二、抵当権説が本節の三に該当することになる。本書は実質的な所有権の帰属という基準により分類するために、例えば、従来は停止条件説とされる鈴木教授と竹下教授の見解は、実質的には所有権又はその価値が分属していると考えているため、そのように分類した。

(21) なお、後年も佐久間重吉「所有権留保の担保機能の限界」Law School 21（一九八〇年六月）は、「買主は目的物に対する処分権を有せず、買主のする譲渡・質入れ等の処分行為は物権的に無効であり、第三者は売主からの追奪に服すべきであって、例外的に即時取得の要件を充足する限り、保護されるにすぎない（九九頁）。また、占有も移転していない場合を考えた場合に、停止条件付所有権なるものはとうてい売買目的物の支配とみることはできない。」と主張する。

(22) 杉山直次郎「割賦拂契約ヲ論ス」法学志林一三巻八・九号（一九一一年）一七二頁注三（富井先生の民法原論一巻五〇四頁引用とある）。なお、石田文次郎「擔保的作用より見たる所有權留保契約」法学新報四一巻六号（一九三一年六月）二七頁は、第一二八条から、買主が代金を完済した場合には売主の処分行為は無効となるとされるが、絶対的に無効かどうかは言及されていない。

(23)　三瀦信三「所有權留保論（承前）」法学協会雑誌三五巻五号（一九一七年五月）七四頁。
(24)　末川博「月賦販売と所有権留保」民商法雑誌一巻五（一九三五年五月）九頁。また、末川博士は、買主による処分の場合、買主は処分に関して横領罪に問われるとする（八頁）。
(25)　佐々木坦「月賦販売に於ける法律問題（下・完）」會社實務の友五一輯（一九五八年六月）一二頁。
(26)　神崎克朗「所有権留保売買とその展開」神戸法学雑誌一四巻三号（一九六四年一二月）は、「売主は売買代金完済による条件成就まで留保商品の完全な所有者であり（五一一頁）、売主の中間処分は買主の所有権取得を妨げる限りで無効であり、買主は第二譲受人に優先する（五一一頁）、買主には直接占有する義務があり（四九〇頁）、条件の成否未定の間の買主の占有権は債権的な権利である（四九二頁）、この条件付権利の譲渡が可能である（しかし直接に占有を移すことはできない）（四九六頁）」とする。
(27)　石田文次郎・前掲二八頁。
(28)　石田文次郎・前掲二九頁。
(29)　勝本正晃『担保物権法下巻（改訂新版）』有斐閣（一九五一年一月）二七六頁。
(30)　勝本・前掲二七八頁、末川・前掲八頁。
(31)　杉山・前掲一七九頁は、割賦販売の中の特約の一つとして、所有権留保特約と同様に賃貸借特約についても論じている。末川・前掲六頁は、本質的には売買であるが賃借に類似する要素が結合している、経過的な状態にあり売主の所有権も本来の機能はない、とする。勝本・前掲二七六頁は、所有権留保契約に付随又は別の約款（無名契約）とする。幾代教授は、「賃貸借としての基本的要素を欠き、売買と賃貸借ではなくて、あくまで売買としてこれをとらえねばならない。無名契約、慣習によって認められる収益権」とする（幾代通「月賦販売の法律構造」法律時報二七巻三号特集・月賦販売の法律関係（一九五五年三月）八頁）。
(32)　谷川久「動産割賦売買契約における債権確保のための諸条項と問題点」法学雑誌一〇巻三号（一九六四年二月）は、使用貸借関係は所有権留保売買の付随的属性である（六七頁注八）、使用賃借と構成することと売買たる本質とは抵触しない（六六頁）とする。宮内竹和「割賦販売の実体と法律問題」ジュリスト三八二号特集・割賦販売―その実態と分析―（一九六七年一〇月）は、たかだか『停止条件付所有権』とでも称すべき浮動的な権利にすぎないので『他人の物の使用者としての地位』を重視すべき（二九頁）、契約解除により使用貸借契約を失効せしめて目的物を直接取り戻す（三二頁）

とする。なお、後述するように、幾代教授が二九四頁において、「適当な用語ではないが、買主の所有権は形式上はたかだか停止条件付所有権のごときものであり、」と述べられている。

(33) 米倉・前掲三三頁。
(34) 道垣内弘人『担保物権法』三省堂（一九九〇年一一月）三〇五頁。なお、二〇〇四年以降は有斐閣より『担保物権法』として出版されているが、内容に変更はないため以下の出典は先に出版された文献による。
(35) 道垣内・前掲三〇四頁。
(36) 道垣内・前掲三〇五頁。
(37) 道垣内・前掲三〇六頁。
(38) 道垣内・前掲三〇九頁。
(39) 鳥谷部茂「第九章 非典型担保」石田喜久夫ほか編『青林法学双書　物権法』青林書院（一九九三年四月）三一九頁。
(40) 鳥谷部・前掲三一八頁。
(41) 鳥谷部・前掲三一六頁。
(42) 鳥谷部・前掲三一九頁。
(43) 高橋眞『担保物権法』有斐閣（二〇〇七年四月）三四八頁。
(44) 高橋・前掲三五二頁。
(45) 淡路剛久「割賦販売約款の紹介と法律問題」ジュリスト三八二号特集・割賦販売―その実態と分析―（一九六七年一〇月）三三頁。
(46) 川島博士、鈴木教授の見解を引用される（淡路・前掲三九頁）。
(47) 淡路・前掲四〇頁。
(48) 淡路・前掲四一頁。
(49) 淡路・前掲四二頁。
(50) 淡路・前掲四二頁。
(51) 鈴木禄弥「譲渡担保」石井照久ほか編『経営法学全集九 企業担保』ダイヤモンド社（一九六六年八月）三一五頁。
(52) 鈴木禄弥「所有権移転時期という問題の考え方」『我妻先生追悼論文集　私法学の新たな展開』有斐閣（一九七五年

九月）二六二頁（『物権法の研究』創文社（一九七六年七月）所収）。
(53) 鈴木・前掲「所有権移転時期という問題の考え方」二六三頁。
(54) 鈴木禄弥『物権法講義（三訂版）』創文社（一九八五年三月）（初版一九六四年）二七四頁。もっとも、記述は僅かである。
(55) 鈴木・前掲「譲渡担保」三二〇頁。
(56) 鈴木・前掲「譲渡担保」三一一頁。
(57) 具体的には、所有権移転請求権保全の仮登記、現実の引渡しを挙げられる（鈴木・前掲「譲渡担保」三一一頁）。
(58) 鈴木・前掲『物権法講義』二七五頁。
(59) 竹下守夫「所有権留保と破産・会社構成（上）・（下）」法律時報二五巻二号（一九七三年二月）一二頁・同三号（一九七三年三月）二頁、「非典型担保の倒産手続上の取扱い」鈴木忠一ほか編『新・実務民事訴訟法講座一三 倒産手続』日本評論社（一九八一年一〇月）三六五頁。
(60) 竹下・前掲(上)一九頁。
(61) 竹下・前掲(上)一〇頁。
(62) 目的物の引渡しを受けた買主は条件成就によって取得すべき権利について既に対抗要件を備えており、条件成就前においても、売主の中間処分において指図による占有移転で対抗要件を具備した第三者からの目的物の請求を拒否できなければ、既に取得すべき権利について対抗要件を備えた買主に第一二八条の趣旨が貫かれないことになる。したがって、売主の中間処分は、条件成就前においても既に無効であると考えるのである（竹下・前掲(上)一〇頁）。
(63) 第一二九条により条件成就によって取得される権利の規定に従って処分可能であり、これは条件成就による権利取得の際に予めその権利自体の取得の要件を具備させておくと同時に、条件付権利が無条件の権利と性質を同じくするためであるとされる（竹下・前掲(上)一一頁）。
(64) 第一二九条の条件付法律行為への適用の問題ではなく、条件付権利の即時取得であるとされる（竹下・前掲(上)一一頁）。
(65) 竹下・前掲(上)一二頁。
(66) 竹下・前掲(上)一二頁。

(67) 竹下・前掲(上)一三頁。
(68) 竹下・前掲(上)一三頁。
(69) もっとも、法定の要件を充足していれば、一般の売買契約の解除も当然になし得ることを前提とされている（竹下・前掲(上)一七頁）。
(70) 先取特権の別除権では競売をするしかないので、所有権留保の別除権は大きな意味がある（竹下・前掲(下)四頁）。
(71) 言及されておられないが、所有権の価値が分属すると考える以上、売主には、目的物の換価金から満足を受けた後で、その残余を返還する義務が生じるのは当然であろう（竹下・前掲(上)一八頁）。
(72) 竹下・前掲(上)一九頁。
(73) 竹下・前掲「非典型担保の倒産手続上の取扱い」四〇〇頁。
(74) 柚木馨・高木多喜男『法律学全集19 担保物権法（新版）』（有斐閣、一九七三年九月）六一二頁（所有権留保）。柚木博士が記述された初版（一九五七年七月）においては所有権留保の記述はなく、また譲渡担保の見解についても対内的・対外的に分けて考察されている。さらに、柚木博士は、『注釈民法』の割賦販売における所有権留保を記述されているものの、このような見解は述べられていない。この見解は、新版において高木教授が述べられているように全面的に書き改められた部分であり、その後の高木多喜男『担保物権法』（有斐閣、一九八四年一月）三四八頁「所有権留保」の記述と同一であることから、高木教授の見解である。
(75) 柚木・高木・前掲六一三頁。
(76) 幾代教授の論文から引用される（柚木・高木・前掲六一三頁）。もっとも、幾代教授のこの見解については、以下の部分で考察を加える。
(77) 柚木・高木・前掲六一四頁。
(78) 柚木・高木・前掲五八二頁。
(79) 我妻栄『新訂担保物権法（民法講義Ⅲ）第三版』（岩波書店、一九七一年）六〇〇頁を引用される。もっとも、後述するように厳密には異なる内容である。
(80) 鈴木・前掲『譲渡担保』一六九頁を引用し、「質権・抵当権の設定の場合に、設定者には、所有権から右権利を差引いた物権的地位が残存するにすぎないが、それでも設定者を所有者と呼ぶのと同じ意味で、譲渡担保の場合にも設定者に所有権が存するということは、許されよう」とする。

(81) 柚木・高木・前掲五八三頁。なお、第三版（一九八二年）五五一頁では抵当権説と明言されている。
(82) 高木・前掲三一五頁。
(83) 高木・前掲三一六頁。
(84) 柚木・高木・前掲六一三頁。
(85) 柚木・高木・前掲六一六頁。
(86) 平野裕之『民法総合3　担保物権法』（信山社、二〇〇七年九月）三〇八頁。
(87) 平野・前掲三一〇頁。解除不要とする点については三一一頁で再度触れられている。
(88) 平野・前掲三〇九頁注三四九。
(89) 三上威彦「基本的所有権留保と破産手続(上)」季刊・民事法研究七判例タイムズ五二九（一九八四年八月）四四頁。
(90) 三上・前掲三〇頁。
(91) 三上威彦「基本的所有権留保と破産手続(下)」季刊・民事法研究八判例タイムズ五三六（一九八四年一一月）四二頁。
(92) 三上・前掲(上)五四頁。
(93) 三上・前掲(下)五四頁。
(94) 三上・前掲(下)五五頁。
(95) 田中実「割賦販売における法律問題」ジュリスト一九一号特集・月賦販売（一九五九年一二月）一五頁。もっとも、売主の中間処分については言及されていない。
(96) 例えば、割賦で購入した物が不要になり、友人に譲渡した場合などが考えられる（田中・前掲一六頁）。
(97) 代金完済前でも目的物に対する実質的な所有権を、少なくとも条件付権利という形において、認めて差し支えないとし、したがって、危険負担・修繕義務は買主が負うとする（田中・前掲一六頁）。
(98) 幾代通「割賦販売―所有権留保売買」『契約法体系Ⅱ　贈与・売買』（有斐閣、一九六二年八月）二九四頁。
(99) 幾代・前掲二九四頁。譲渡担保と同じ状態にあることについて、幾代教授は、石田論文等で既に指摘されているとされるものの、石田博士は「譲渡担保と所有権留保については債権担保の作用で同じであるが、所有権留保には fiducia の性質がない」と論じられており、両者は異なるものと認識されていた（石田文次郎・前掲一五頁）。

(100) 例えば、柚木・高木・前掲など。この文中の文言がそのまま使用されている場合も少なくない。

(101) 幾代・前掲二九六頁。

(102) 米倉・前掲三六頁。なお三〇〇頁以下も参照（初出「変態担保研究二 所有権留保② 目的物の利用関係—所有権留保売買契約と買主の使用収益権能との法的性格をめぐって—」NBL六九号（一九七四年八月）一三頁）。

(103) 米倉・前掲三七頁。もっとも、所有権留保と譲渡担保とを同列に考えてもよいかは疑問であるとされ、さしあたりは肯定すると述べられる（米倉・前掲四四頁注二七）。

(104) 大島和夫「所有権留保と条件付所有権移転」神戸外大論叢三〇巻二号（一九七九年七月）六七頁。後に「所有権留保売買と第三取得者の地位」神戸外大論叢三三巻六（一九八三年一月）三二頁では一種の動産担保権と考えるとされる（それぞれ、大島・前掲書一四七頁、二一五頁）。

(105) 大島・前掲「所有権留保と条件付所有権移転」六七頁（大島・前掲書一四七頁）。

(106) 以上の指摘は、大島「条件理論と期待権」『民事法理論の諸問題（上）—奥田昌道先生還暦記念』成文堂（一九九三年二月）一〇九、一一〇頁（大島・前掲書一七四頁）。

(107) 大島「条件理論と期待権」一三二頁（大島・前掲書一九四頁）。

(108) 「売主の目的が担保であることに注目し、売主の権利を担保目的の範囲に限定するとともに、買主には単なる利用権・期待権に留めず代金の残額が減少していくに応じて増大する買主の経済的地位を法的に保証するため目的物に対する支配権を認めていくべきだとの主張は正当である」とされる（伊藤進「所有権留保」森泉章ほか著『担保物権法講義』頸草書房（一九八〇年一一月）二五〇頁）。

(109) 伊藤・前掲二五二頁。

(110) 伊藤・前掲二五一頁。

(111) 伊藤・前掲二五三頁。

(112) 矢吹徹雄「所有権留保と破産手続」判例タイムズ五一四号（一九八四年二月）一一八頁。

(113) 矢吹・前掲一二七頁。

(114) 安永正昭「所有権留保の内容、効力」加藤一郎ほか編集『担保法大系（四）—実体法・手続法・実務の交錯』金融財政事情研究会（一九八五年一〇月）三七二頁。
(115) 安永・前掲三七三頁。
(116) 安永・前掲三八九頁。
(117) 近江幸治『担保物権法』弘文堂（一九八八年一二月）二九六頁。
(118) 担保権的構成を採る意義は、清算義務を認めることと、担保的実体に見合った取扱いをすることであるとされる（近江・前掲二九七頁）。もっとも、本書の立場からは、担保的構成を採らなければ、これらの意義を導くことができないわけではないと考える。
(119) 近江・前掲二九八頁。
(120) 増田晋・山岸良太・古曳正夫「所有権留保をめぐる実務上の問題点」『担保法大系（四）―実体法・手続法・実務の交錯』金融財政事情研究会（一九八五年一〇月）四二四頁。
(121) 増田・山岸・古曳・前掲四二三頁。
(122) 増田・山岸・古曳・前掲四二三頁。さらに、契約の解除を必要とする学説が根拠の一つとする、高松地判昭三三年一一月一四日（下民集九巻一一号二二四八頁）を挙げ、判例は特約のない場合を前提としており、この特約がある場合こそ、留保所有権に基づく取戻特約に他ならないから、この判例は契約解除を必要とする根拠ではなく、逆に、契約解除と商品の取戻しが論理的必然の関係に立たないことを認めた判例とも読めるとする（四二七頁註一二）。もっとも、この考えに対して、「目的物の取戻しには、買主に与えた占有権原の消滅が必要である。占有権原の消滅のためには、買主の代金支払遅滞による、売主の先履行に対する信頼関係の破壊だけでは不十分であり、やはり、売買契約の解除が必要である」と反論することもできる。しかし、増田・山岸・古曳の見解の趣旨は、別のところにある。
(123) もっとも、道垣内教授は、「留保所有権の処分は、実務において信販会社の立替払の求償権の担保として譲渡されるが、信販会社・被担保債権譲受人・代位弁済者の地位は、留保売主と同様に考えてよい」とされる（道垣内・前掲『担保物権法』三〇八頁）。
(124) 商取引への導入により占有を信頼できなくなる（小西清治「ドイツにおける月賦販売法論」東洋法学創刊号（一九五七年一一月）二五二頁）。
(125) 小西清治「我が国における月賦販売制度と社会立法の要請」私法一八（一九五七年一月）七一頁。

(126) 小西・前掲「我が国における月賦販売制度と社会立法の要請」七〇頁。
(127) 小西・前掲「ドイツにおける月賦販売法論」二五一頁。
(128) 小西・前掲「ドイツにおける月賦販売法論」二五六頁。
(129) 柳勝司「所有権留保売買と危険負担」琉大法学三〇巻（一九八二年三月）一一四頁。したがって、売主の民法上の履行義務としては、物の引渡義務のみであるとする（一四三頁）。
(130) 柳・前掲一二一頁。
(131) フランス民法においては、仮に買主が第三者に転売しても、売主は買主から代金支払を受けない限り売買契約を解除することができ、その解除は第三者に対抗できるとされている。しかし、日本民法は、売買契約の解除を第三者に主張できない以上、これを回避するために、このような特約の内容であるとされる（柳・前掲一二二頁）。
(132) 同じくフランス法的な見解を採られる田村教授はこのように指摘される（田村耀郎「所有権留保論への一視点」島大法学三〇―臨時増刊号（一九八七年三月）二〇一頁注三）。
(133) 三宅正男『現代法律学全集九　契約法（各論）上巻』青林書院新社（一九八三年三月）はしがき三頁。なお、本書は以下の判例時報の論文に加筆されたものである。
(134) 三宅正男「売買による所有権移転の考え方（九）」判例時報一〇二六号（一九八二年二月）一二頁。三宅教授は、自らの立場を「売主の引渡義務のほかに所有権移転義務も有ると考えないで、引渡義務を反省し、その内部に入っていくことによって、所有権移転を認める考え方である」とされる（三宅・前掲『契約法』六〇頁）。
(135) 三宅・前掲『契約法』四一四頁。
(136) 三宅・前掲「売買による所有権移転の考え方（一〇）」判例時報一〇二九（一九八二年三月）九頁。
(137) 売買に基づく引渡債権の効力を介して、その反射として所有権が買主に移転するのと同様に、解除に基づく原状回復請求権の効力を介し、その反射として、買主への所有権移転は遡及的に消滅し、原状回復請求権は原物返還に関する限り、買主からの転得者にも追及できる所有物返還請求権の性質を有するとされ、第五四五条第一項但書は、このことを当然の前提とする特則であると考えられる（三宅・前掲『契約法』四一四頁）。
(138) 三宅・前掲『契約法』四四三頁。善意取得の他に、わが国独自の規定である第五四五条第一項但書の規定には、他の立法例と比較して、再検討の余地がないわけではないとされる。したがって、原則的には、善意取得により第三者の保護を図るべきであると考えておられるようである。

(139)　三宅・前掲「売買による所有権移転の考え方（一〇）」一〇頁。

(140)　三宅・前掲『契約法』四二六頁。

(141)　三宅・前掲『契約法』はしがき三頁。

(142)　例えば、栗田教授は、従来の物権的期待権説、特に竹下教授の見解を正当とされた上で、「物権的期待権論を徹底させていくと、不動産の場合も含めて、留保売買は、売主の義務についてみれば、一次的には、買主に所有権自体ではなく、物権的期待権を与えることを内容とする契約であり、期待権とその他対抗要件の買主への移転により、売主の義務は完了したと解することができよう」との見解を述べられているものの、竹下教授が物権的期待権であると考えられた理由である所有権の価値の分属についてはは述べられていない（栗田隆「会社更生と所有権留保」法学論集三三巻一号（一九八三年四月）二八一頁）。加藤智泰「所有権留保の法理と機能」名城法学論集七巻（一九七九年三月）一六七頁は、「所有権留保を所有権移転における関係的機能部分であり、両者がそれぞれ異種の部分所有権を有しており、法定所有者が、買主に対し実質所有権を信託している関係にある」とする。川井健『現代法律学全集七　担保物権法』青林書院新社（一九七五年一月）二五二頁は、「譲渡担保に近く、形式的所有権の帰属問題は当事者間では重要とはいえない」とする。

(143)　我妻・前掲六〇〇頁にある僅か数行のみの記述である。また、所有権留保については、特殊な売買の箇所において割賦販売に関連して僅かに言及されるのみである。

(144)　藤原明久『ボアソナード抵当法の研究』有斐閣（一九九五年九月）一三頁。

(145)　道垣内弘人『買主の倒産における動産売主の保護』有斐閣（一九九七年七月、初出一九八六年七月）八頁は、解除の具体的処理につき三つの見解を整理する。

(146)　拙稿「自動車販売における契約形態と自動車抵当・所有権留保の比較・分析—動産抵当（動産譲渡登記）制度はどのような場合に利用され得るのか—」熊本法学一一〇号（二〇〇六年一二月）一頁において、抵当という制度から生じる性質が動産には向いていないことを明らかにした。

第三章　判例の展開

前章では学説について分析し、条件理論に基づくと期待権は状態権であり当事者が財産的価値を見出しているのは将来の権利の現在価値であること（第一節）、所有権留保の法律構成につき学説は条件理論から離れて所有権の分属を意識して考えていること（第二節）、を明らかにした。本章では具体的事例として、わが国の裁判例において特に買主による将来の権利の先行処分、あるいは自己の有する所有権の分属部分の処分が如何に解されているのかを検証し、ドイツの裁判例と対比する。(1)

第一節　買主による将来の権利・目的物の処分

①　昭和五五年七月一五日最高裁第三小法廷決定（昭五五(あ)一一九号）(2)横領被告事件

［判旨］　自動車販売会社から所有権留保の特約付割賦売買契約に基づいて引渡を受けた自動車を金融業者に対し自己の借入金の担保として引渡した所為は横領罪に該当する

［事実］　買主Ｙ（Ｋ）は、自動車販売会社Ｖとの間で、貨物自動車三台（一台当り約三〇五万円）を代金は二四回の月賦払、代金完済までは自動車販売会社Ｖに所有権を留保する約定の下で買受け自動車の引渡を受けた。買主Ｙは、各三回分の割賦代金（一台当り約六四万円）を支払ったものの、その後は資金不足のために支払のできない状態であったのに、自動車販売会社Ｖに無断で自動車三台を金融業者に対し自己の借入金の担保として提供し引渡した所為

が横領罪に問われた。

上告趣意の中で弁護人は、所有権留保特約付割賦販売においては、代金未済の間、形式的には売主が所有権者であるが、実質的には買主が所有権者であり、売主は代金債権保全のため担保権を設定しているに過ぎないと解すべきであるから、本件自動車は、「他人の物」ではなく、これを処分しても横領罪は成立しない旨を主張した。

〔決定〕　上告棄却

〔理由〕「……買主Yの本件各所為が、横領罪に該当するとした原判断は相当である。」なお、以下は高裁の判断である。「……事実関係によれば、原判示貨物自動車三台の所有権が……（自動車販売会社V）に帰属していたことは明らかであって、これを同社に無断で、担保として供した買主Yの原判示各所為がそれぞれ横領罪に該当することはとうてい否定できないところであるから、同罪の成立を認めた原判決は正当というべきである。」

②　昭和五六年三月三〇日名古屋高裁金沢支部判決（昭五四(ネ)四〇号）損害賠償請求控訴事件

〔判旨〕　留保目的物が譲渡担保に供された場合において、留保売主が譲渡担保権者に対し実行を猶予するかのような態度をとりつつ実行したときは、権利の濫用となる

〔事実〕　昭和四七年六月一二日、売主Y（V）は買主Kに対し自己の経営する店舗の賃借権、敷金返還請求権、電話加入権、営業権及び右店舗内に備え置かれてあった本件動産を、所有権は買主Kが代金を完済するまで売主Yに留保する旨の特約付で五〇〇〇万円で売渡す旨の売買契約を結んだ。ところが買主Kは、未だ右代金を完済しない間にXに対し本件動産を譲渡担保に供する旨を約して、Xから三〇〇万円を借り受け、占有改定により本件動産を引渡した。その後、買主Kは代金の分割払を怠るようになり、債権者（譲渡担保権者）Xは、売主Yに対し、買主Kに残債務があれば支払うと申し入れ、更に買主Kに右残債務の額を確認してくるまでの間は本件動産の処分を猶予するよう要請し、売主Yはこれに応じるかのような態度を示した。しかし翌日に売主Yは、訴外Aに対し、前記売買の目的であ

る賃借権等及び本件動産を売渡し、本件動産につき現実に引渡した。債権者Xは売主Yの行為が合意に反する債務不履行であり、且つ債権者Xの所有物を訴外Aに処分した不法行為であるとして、本件物件に対する譲渡担保権を喪失し三〇〇万円（被担保債権）の損害を受けたとして提訴した。

一審は、「所有権を売主Yに留保する旨の特約で売買契約を締結したことは認められるが、売主Yが本件物件の所有権を訴外買主Kに譲渡したということを認めるに足りる証拠はなく、そうすると、債権者Xの本件物件についての所有権の承継取得の主張は理由がない。また、債権者Xが得たのは占有改定であり即時取得は成立せず、したがって、所有権取得を前提とする不法行為は理由がない。また、両者の間に処分に関する合意も認められない。」として、債権者Xの請求を棄却した。(3)

［判決］　債権者Xの請求を一部認容　↓　上告（③判決）

［理由］　所有権は売主Yに留保されていること、占有改定であり即時取得は成立しないから債権者Xが譲渡担保権を取得していないことを前提として、「六、しかしながら、債権者Xは、本件動産につき、売主Yに対して主張しうる譲渡担保権を取得していないにとどまり、買主Kとの間では、譲渡担保権設定契約が有効に成立しているのであるから、買主Kが本件動産につき所有権を取得することを条件として、それにつき譲渡担保権を取得する地位にあったということができ、右の地位は、法的保護に価する利益であるというべきである。……

八、およそ、所有権留保売買は、法的には目的物の所有権が売主に留保されているが、経済的実質的には売主の代金債権の担保が目的である。しかるところ、代金の約九割額の支払を受けている所有権留保売主Yが、買主側の第三取得者Xから残代金全額の支払方の交渉を受け、遠方に住む買主Kにその額を確かめる間目的物の処分を待ってくれるよう要請されて、それに応ずるかのような態度を示しておきながら、より有利な処分先を見つけて、右第三取得者Xに対し容易に催告又は予告をすることができ、それをした場合、右第三取得者Xが支払うべき清算金額が若干増加しても支払いを受けられる見込があるのにもかかわらず、敢て目的物を処分し、それにより右第三取得者Xの目的物についての利益をすべて喪失させた行為は、権利の濫用であり許されないというべきである。
したがって、売主Yが本件動産を訴外Aに売却して引渡した前記の行為は違法な行為であり、売主Yは不法行為責任を免れないこととなる。

九、そこで損害につき判断するに、……買主Kには、本件動産等……以外には資力がないことが認められる。しかし、そうであるからといって、被担保債権額金三〇〇万円の損害が発生したということはできず、担保目的物である本件動産の価額が被担保債権額より少ない場合には、本件動産の価額をもって損害額とすべきである。」

③　**昭和五八年三月一八日最高裁第二小法廷判決**（昭五六(オ)五四二号）(4)　損害賠償請求事件（②の上告審）

［判旨］　留保売主の実行は目的物の譲渡担保権者の権利を侵害するものではない

［事実］　②の上告審であり、売主Yは「自らに所有権が帰属している以上、その所有権の処分により債権者Xに対する損害賠償責任を生じさせる理由はない」として上告した。

［判決］　原判決中本訴請求を認容した部分を破棄

［理由］　「……原審の適法に確定したところによって売主Yと債権者X間の法律関係をみると、売主Yは買主Kが代金の分割払を怠ったため本件売買契約の目的である賃借権等及び本件動産を何時でも他に処分することができる権利を有していたのに対し、債権者Xは売主Yが右の処分をする前に残代金を提供しなければ売主Yに対し本件動産についての譲渡担保権を主張できない立場にあったことが明らかであるが、更に原審の認定するところによると、債権者Xが売主Yに右の処分を暫く猶予するよう要請したのに対し、売主Yはこれに応じるかのような態度を示したものの、猶予する旨を約束するまでには至らなかったというのであるから、売主Yと債権者X間の前記の法律関係にはなんらの変更も生じなかったものといわなければならない。したがって、売主Yがその処分をしても、債権者Xが売主Yの右の態度に信頼した結果支出した費用につきこれを損害として賠償すべきであるか否かの問題が生じることは

あっても、もともと売主Yに対して主張できない譲渡担保権についてその侵害があったものということはできないから、債権者Xは売主Yに対し譲渡担保の喪失を損害としてその賠償を請求することはできないものといわなければならない。……そして、原審の確定した事実関係のもとにおいては、債権者Xの本訴請求が理由のないものであることは、前記説示に照らして明らかである。したがって、債権者Xの請求を棄却した第一審判決は正当であり、債権者Xの本件控訴は理由がないからこれを棄却すべきである。」

④　平成五年六月三〇日東京地裁民事第一三部判決（東京地裁平四(ワ)第一二九〇号）[5] 自動車等返還請求事件

［判旨］　譲渡担保権者による特約を理由とする弁済期の二日後の留保目的物処分は買主に対する不法行為を構成しない

［事実］　平成二年六月八日、買主X（K）は、自動車販売会社Vから、本件自動車を売買代金三一五万一一九一円は分割払、代金を完済するまで所有権を自動車販売会社Vに留保する約定の下で買受けた。平成三年三月三〇日、買主Xは、自動車を担保とする金融業社Yに対し、本件自動車（自動車販売会社Vに対する残債務は約一一〇万円程）を担保に借入れを申込んだ（前年秋に続き二度目）。自動車金融業者Yの従業員が、所有権が第三者に留保された自動車は中古車価額の半値程度で評価されており、また担保権実行時には担保価値が低下することを考慮し五〇万円であれば貸し付ける旨を買主Xに告げた。買主Xはこれを承諾し、本件各契約を締結し本件自動車を引渡した。なお、その際、買主Xは、自動車金融業者Yに対して、契約書とは別に、買主Xが本件借入金及び利息の支払を怠った場合、買主Xに通告することなく自動車金融業者Yにおいて本件自動車を処分しても異議は述べない旨の念書、及び買主Xが自動車販売会社Vに対する残債務の支払ができない場合でも、自動車金融業者Yに迷惑はかけず買主Xにおいて一切処理する旨の念書を作成した。

同年四月二八日、買主Xは、自動車金融業者Yに対して利息二万二五〇〇円を支払い、同年五月二八日まで元金返済の猶予を受けた。自動車金融業者Yは、同年五月二八日までに買主Xから元金及び利息の支払がなかったことから、同月三〇日、前記の約定にしたがい、本件自動車を訴外A会社に七〇万円で売り渡した（平成三年一二月当時の同種同型の自動車の車両本体の基本価額は一五二万五〇〇〇円と評価されている）。

買主Xは自動車金融業者Yに対し以下の理由で自動車あるいは代償価値の返還を求めた。第一に本件譲渡担保契約は、買主Xの経済的困窮に乗じたものであり、また仮に本件担保契約に流質的特約があったとすれば経済的不均衡から公序良俗に反して無効である。第二に経済的困窮に乗じかつ不当に不利な内容の契約であるから自動車金融業者Yの契約締結行為自体が不法行為であり、また、自動車販売会社Vに所有権が留保されており、残債務を支払えず本件自動車を返還できない場合は横領罪で刑事告訴されかねない状況にあったにもかかわらず、弁済期を二、三日遅れただけで、しかも、本件自動車の所有権を自動車販売会社Vに対抗できないことから正規のルートで販売できないことを認識した上で、自動車金融業者Yは本件自動車を第三者に処分しているのであるから、買主Xの本件自動車に対する占有権（又は条件付き所有権）を侵害する不法行為である。また、仮にそうではないとしても、自動車金融業者Yは当然清算義務を負う（流質的特約は無効）。なお、平成四年七月一三日に買主Xは自動車販売会社Vに対する残債務を完済した。

〔判決〕　買主Xの請求を一部認容、一部棄却

〔理由〕　「〈公序良俗違反につき、特約及び念書の存在から〉買主Xは、本件借入金の返済を怠ったときは、自動車金融業者Yによって本件自動車が処分されることを十分認識した上で本件借入れをしたことを推認することができる。また、仮に、買主X主張のとおり、本件自動車の担保契約締結時の価値が一八七万円であったとしても、本件担保契約締結時に訴外会社に所有権が留保されていたことや担保権実行時には契約締結時より更に評価額が下がることが予想されること等を考え合わせると、本件担保の目的物価額と債権額とが著しく均衡を失するものとは認め難いし、後述するように、本件担保契約の実行に際して自動車金融業者Yに清算義務が課されること等にも照らすと、本件担保

契約が公序良俗に反するものとは認めがたい。……

〈不法行為責任につき〉自動車金融業者Yが原告の経済的困窮に乗じて本件担保契約を締結したものとは認められず、また、右契約が自動車金融業者Yにとって不当に有利な契約内容であるともいえないから、本件担保契約の締結行為自体が不法行為を構成すると認めることはできない。また、自動車金融業者Yのした本件自動車の処分は、買主Xと自動車金融業者Y間に締結された前記契約に基づくものである以上、訴外自動車販売会社Vに対する関係はともかく、少なくとも買主Xとの関係では、右処分行為が不法行為を構成するものとも解されない（なお、買主Xは、平成四年七月一三日、自動車売買分割残代金六六万七九六四円を支払い、右同日、所有権を取得したことが認められるが、右事実は、前記認定を左右するものではない）。……

〈清算につき〉その文言をみても必ずしも無清算特約が締結されていたとは解されないし、譲渡担保契約の法的性質に鑑み、当事者間の合理的意思の解釈として右清算をすることが予定されていたものと解するのが相当である。」

⑤　**平成五年九月一六日東京地裁民事第三〇部判決**（東京地裁平四(ワ)第一〇一七六号）(6)　自動車引渡等請求事件

［判旨］　譲渡担保権者による留保目的物の処分は買主に対する不法行為を構成する

［事実］　平成三年八月九日、買主X(K)は自動車金融業者Yから金一一〇万円を返済期限を同年九月七日、利息を月利四・五％とする約定で借受け、担保のために自動車を自動車金融業者Y（④判決と同一業者）に譲渡担保に供し現実に引渡した。なお、本件自動車は買主Xに対する自動車販売会社Vの売買代金を担保するために所有権留保の下にあり、訴訟当時未だ分割弁済中であった。買主Xは、少なくとも平成四年六月四日及び同年一〇月五日に弁済の提供をしたが、自動車金融業者Yが受領を拒否したために供託した。そこで買主Xは、譲渡担保権の消滅による受戻権に基づき、本件自動車の引渡を求めると共に、引渡が履行不能となった場合について、右自動車の価格相当の損害賠償金及びこれに対する遅延損害金を求めた（新車又は弁済提供日の時価）。

なお、自動車金融業者Yは、平成三年九月九日（最初の弁済提供があったと争われている日の前）に金一四〇万円にて本件自動車を訴外A（④判決と同一業者）に売渡して、本件譲渡担保権の処分を終了したこと、及び、この点について本件譲渡担保権設定の際に買主Xとの間で流質特約（商法五一五条）をしているから、本件自動車を処分しても清算義務はないと主張した。また、本件譲渡担保権は本件自動車の所有権でなく利用権を目的とするものであり、利用権の価格としては一般の中古車価格の二分の一が相場であって、本件自動車の当時の利用権価格は金一五〇万円程度であるとした。

〔判決〕　買主Xの請求認容

〔理由〕「1　まず、本件譲渡担保権の法律的性質について検討するに、譲渡担保権は外部的に権利を移転することにより成立するのであるから、原則として譲渡が不可能な権利について譲渡担保権を設定することはできない。本件自動車には買主Xに対する自動車販売会社Vの所有権が留保されているのであるから、この留保されている所有権について買主Xが処分権を有するものではなく、本件自動車の所有権を対象とする譲渡担保権が成立するものではない。自動車金融業者Yは譲渡担保権の対象として「利用権」を主張するのであるが、その実体はつまるところ買主Xと自動車販売会社Vとの間の契約により生じる使用権能である。そして、この使用権能は所有権留保特約付売買の買主たる地位に基づくものであり、この契約上の地位と「利用権」とは一体のものとみるべきであるから、この契約上の地位の移転なくして「利用権」のみ譲渡可能とは解されない。このように解しないと所有権留保特約付売買の買主は売買代金の支払いが終わっても所有権を取得し得ず、「利用権」取得者が売買代金の支払いもしないのに所有権を取得するに等しいことになってしまう。この場合でも、「利用権」の譲渡代金が相応の額であれば問題は生じないが、本件のように自動車の価格に比して「利用権」の譲渡代金が低廉な場合には、不当なことが明らかである。……したがって、本件譲渡担保は無効のものであり、自動車金融業者Yは買主Xに本件自動車を返還すべき義務がある。

2　また、仮に本件譲渡担保権が本件自動車の「利用権」の譲渡担保として有効なものであるとしても、買主Xは、自動車金融業者Yから本件譲渡担保権について精算金《ママ》の提供もしくは精算金《ママ》はない旨の通知を受けるまではいつでもそのときまでの元利金の提供をして本件自動車を受戻すことができるものというべきところ、本件証拠上、……〈その〉旨の通知をした形跡はないから、買主Xが本件譲渡担保権の被担保債権について提供をした以上、自動車金融業者Yは買主Xに本件自動車を返還すべき義務がある。

3　自動車金融業者Yは、本件譲渡担保権について流質特約の存在を主張するが、これを認めるに足りる証拠はない。……

なお、仮に本件譲渡担保を有効のものとみるとすると、本件自動車の「利用権」は指名債権とみることになるが、指名債権質の場合には流質契約が禁止されていること（民法三四九条）との対比からしても、流質特約は無効であると解すべきである。

三1　そこで、被告は原告に対して本件自動車を返還すべき義務があるので、本件自動車が引渡不能の場合の損害賠償額について検討するに、前記のとおり本件自動車は所有権留保にかかる自動車ではあるが、無条件の自動車と同額の価格を有するものと解すべきである。(7)

このように解すると、自動車金融業者Yは一方で所有者の自動車販売会社Vから所有権に基づく返還請求を受ける可能性があり（自動車金融業者Yは自動車販売会社Vに対抗し得るなんらの権限も有していない。仮に、自動車金融業者Y主張のとおり他に転売していたとすると自動車販売会社Vから所有権に基づく返還請求を受けたその後の買受人からなんらかの請求を受ける可能性もある。）、他方で買主Xに対して全額の損害賠償義務を負担することになって、二重払いの危険を負担することになる。これに対して買主Xは本来支払うべき分全額の支払いをしていない時点で（その意味で完全な所有者とはいえない時点で）、完全な所有者と同様の保護を受ける結果となり、やや買主Xに対する保護を優先させると考えられなくもない。

しかし、逆に、これを本件譲渡担保権設定時もしくは本件口頭弁論終結時までに買主Xが既に払込みを終わった部分と同額と解すると、買主Xは本件自動車が返還されると否とにかかわらず全額の支払義務を自動車販売会社Vに対して負っているのであるから、その後に支払うべき部分について損害の填補を受けられなくなってしまうことになる。したがって、その非合理なことは明らかであり、前記自動車金融業者Yの二重払いの危険はやむを得ないものとして、仮にそれが生じた場合には、買主Xに対する不当利得の法理によって解決を図るべきであると思料する。」

⑥　**平成七年八月二九日大阪地裁判決**（大阪地裁平五(ワ)六九六七号）(8)　損害賠償請求事件

【判旨】　譲渡担保権者による留保目的物の処分は与信者（他の譲渡担保権者）に対する不法行為を構成しない

【事実】　平成三年七月三〇日、買主Kは自動車販売会社Vから本件自動車を八一五万六五〇〇円で購入し、契約時に頭金三一五万六五〇〇円を支払い、残金五〇〇万円はV２（本件自動車製造会社系列のファイナンス会社）が立替払委託契約に基づき、買主Kに代わり立替払いすることになっていた。また、本件自動車の所有権は、本件立替払契約が成立したときにV２に移転するが、名義は買主Kのファイナンス会社V２に対する本件立替払契約上の債務が消滅するまでVに留保されると約された。また、この立替金返済のために信用保証業者Xは買主Kの委託により、買主Kがファイナンス会社V２に対して負う立替払金の弁済債務について連帯保証していた。信用保証業者Xが保証債務の全部を履行して、ファイナンス会社V２に代位弁済した場合、本件自動車の所有権は、ファイナンス会社V２から信用保証業者Xに移転し、買主Kの信用保証業者Xに対する求償債務が消滅するまで信用保証業者Xに留保されると約されていた。

平成四年一月一四日、金融業者Yは買主Kに対し二一〇万円を貸し、買主Kから譲渡担保として本件自動車の提供を受け、買主Kとの間で同年四月一四日の返済猶予期限までに買主Kが右貸金の返済をなさないときは、金融業者Yが本件自動車を自由に処分することができる旨を合意した。金融業者Yは、買主Kが右期限内に右貸金の返済をなさなかったので、同月一四日頃、本件自動車を訴外Aに二一〇万円で売渡し、自動車と買主Kが差し入れた書類一切を訴外Ａに渡し、本件貸金の返済に充てた。

　買主Ｋは、大阪地方裁判所堺支部に破産宣告を申し立て、同裁判所は平成四年五月二八日、買主Ｋに対し破産宣告の決定をなした。信用保証業者Ｘは、平成四年七月二七日、本件保証委託契約に基づき、買主Ｋに代わりファイナンス会社Ｖ２に対し五二一万二二〇〇円を弁済した。なお、本件自動車の平成四年三月当時の価格は四六〇万円相当であった。信用保証業者Ｘは、金融業者Ｙに対して、ファイナンス会社Ｖ２に本件自動車の所有権が帰属することを知り又は過失によりこれを知らないで担保として取得して訴外Ａに処分したのであるから、金融業者Ｙの行為は、ファイナンス会社Ｖ２に対する所有権侵害ないし所有権留保形式による担保権侵害の不法行為に該当するとして、連帯保証に基づく自らの弁済によりファイナンス会社Ｖ２の損害賠償請求権を代位取得したとして、支払を求めた。

［判決］　信用保証業者Ｘの請求棄却　→　控訴（⑦判決）

［理由］「二……ファイナンス会社Ｖ２は、売買代金の立替え払者であって売買契約の当事者ではなく、……いかにして留保すべき所有権を取得したのかについて、右合意の趣旨は必ずしも明らかではない。

　そこで、この点について検討するに、ファイナンス会社Ｖ２の所有権留保の目的は、立替払いにより取得する求償債権の履行を担保するためであったことが明らかであり、また、立替払い契約は、売買契約の存在を前提とすること、売買契約により目的物の所有権は売主から買主へ移転することが本来予定されていること、ファイナンス会社Ｖ２は売買代金の全部ではなく、その一部を立て替え払したに過ぎないことからすれば、本件自動車の所有権は、売買契約に基づき自動車販売会社Ｖから買主Ｋへと移転し、買主Ｋからファイナンス会社Ｖ２へ譲渡担保として所有権が移転し、かくしてファイナンス会社Ｖ２が所有権を取得したものとするのが、右合意の趣旨であったと解すべきであり、……約款は、これをファイナンス会社Ｖ２の所有権留保という文言で表現したものというべきである。
　四　……金融業者Ｙもまた買主Ｋから本件自動車を譲渡担保として取得したものであり、結局のところ、……いずれも買主Ｋの所有権を前提として、本件自動車の所有権取得に関与した二重譲渡の譲受人相互の関係に立つものというべきである。このような関係においては、金融業者Yが本件自動車を譲渡担保として取得するにあたり、ファイナンス会社V２の所有権留保の事実を知り、または過失によりこれを知らなかったとしても、訴外人の対抗要件取得を妨害したりする特段の事情がない限り、これは自由競争の範囲内の行為であって、金融業者Yの行為は、不法行為の違法性を具備するとは言えないものというべきである。

……〈ファイナンス会社V２が〉自動車の所有権を取得しながら登録上の所有名義を前主〈自動車販売会社V〉のままで放置するということは、とりもなおさず、所有権移転の対抗要件を具備しないことと同意義にほかならず、これは、当事者の合意に基づき（ママ）場合でも同様であって、原告の右主張は採用の限りではない。

そして、金融業者Yが、ファイナンス会社V２の対抗要件の取得を妨害したりした事実は、本件全証拠によっても、これを認めることができない。」

⑦　平成八年一〇月八日大阪高裁判決（大阪高裁平七(ネ)二二八〇号）[9]　損害賠償請求控訴事件

【判旨】　譲渡担保権者による留保目的物の処分は与信者（留保所有権者）に対する不法行為を構成する

【事実】　⑥の控訴審

信用保証業者Xは、「仮に本件自動車の所有権が、本件売買により自動車販売会社Vから買主Kに移転しており、自動車販売会社Vの登録上の所有名義は売買残代金の支払請求権を担保にするためになされているにすぎず、自動車販売会社Vの所有権を表象するものではないとしても、金融業者Yは自動車販売会社Vが右担保権を有していることを知りながら本件自動車を買主Kから取得し、右担保権を無価値ならしめたのであるから、これによる損害賠償責任を負う。保証業者Xは買主Kに代わりファイナンス会社V２に対し、買主Kのファイナンス会社V２に対する債務を弁済したので、民法五〇〇条に従い、ファイナンス会社V２が金融業者Yに対して有する所有権または担保権侵害による損害賠償請求権を取得した。仮に右法定代位が認められないとしても、ファイナンス会社V２は右損害賠償請求権を控訴人に譲渡し、金融業者Yに対しその旨通知した。」として控訴した。

これに対し金融業者Yは、「〈ファイナンス会社V２は一債権者であるとして〉信用保証業者Xは、ファイナンス会社V２が取得した権利以上のものを本件自動車に対して有するものではない。信用保証業者Xが代払いにより、本件自動車に対し担保的権利を取得した時点では本件自動車は第三者Aのところに行っていたのであるから、金融業者Yは信用保証Xの権利を侵害したとはいえず、信用保証業者Xは右当時における本件自動車の持ち主に自己の権利を主張すべきである。買主Kは、本件売買契約により、本件自動車の所有権を実質的に取得し使用占有していたものであって、これを担保に金員を借り受ける権利ないし権限を有していた。金融業者Yは、買主Kの右権利ないし権限を信じて（かつ、これを信ずるにつき過失がなかった。）、買主Kに本件貸付をなし、本件譲渡担保の設定を受け、実行したのであるから、信用保証業者Xに対し損害賠償責任を負うものではない。」と主張した。

[判決]　信用保証業者X勝訴（原判決取消）↓上告（その後不明）

[理由]　「一　本件自動車の所有権の帰属について

1……本件売買契約、本件立替払契約及び本件保証委託契約の各内容及び各契約の成立時期及び……を総合すれば、自動車販売会社V、買主K、ファイナンス会社V２及び信用保証業者Xとの間の約定により、本件自動車の所有権は、本件売買契約により、自動車販売会社Vから買主Kに移転されずに、自動車販売会社Vに留保され、本件立替払契約に基づく買主Kのファイナンス会社V２に対する立替金の支払を担保することを目的として、本件立替払契約により、平成三年八月三日に自動車販売会社Vからファイナンス会社V２に移転し、本件保証委託契約に基づく買主Kの信用保証業者Xに対する求償債務の履行を担保することを目的として、本件保証委託契約により、平成四年七月二七日にファイナンス会社V２から信用保証業者Xに移転したものと認めるのが相当である。

2……〈金融業者Yの信用保証業者Xの有する権利は担保権との主張に対して、所有権は、VからV２さらにXへと移転し留保されたのであり〉、かつ実質的には自己の有する金銭債権の担保を目的とするものであっても、その履行がなされるまでの間、債権者において所有権を留保する旨の約定の効力を否定すべき事由が存しないことからして、金融業者Yの右主張は採用できない。

〈ファイナンス会社V2及び信用保証業者Xに所有者登録がなされていない点について〉……買主Kには本件自動車の所有権およびその他処分権限を有しないところ、買主Kから本件自動車につき譲渡担保の設定を受け……〈本件自動車を〉第三者に処分した金融業者Yの行為が、ファイナンス会社V2が有している本件自動車の所有権を侵害したものとして、これによって被ったとする損害の賠償を〈信用保証業者Xは〉求めるものであるから、ファイナンス会社V2及び信用保証業者Xと金融業者Yとはいわゆる対抗問題に立つものではなく、金融業者Yに対し本件自動車の所有権を主張するにつき、本件自動車登録証に所有者として登録されていることを要するということはできないから、金融業者Yの右主張は失当である。

二　本件譲渡担保の設定について

1　金融業者Yは、……買主Kは本件自動車を担保に金員を借り受ける権利もしくは権限を有していた旨主張するところ、買主Kが右権利もしくは権限を有していたことについてはこれを認めるに足りる証拠はない。

2　金融業者Yは、買主Kは本件自動車を担保に金員を借り受ける権利もしくは権限を有していたものと信じて、買主Kから本件上担保の設定を受けたのであり、これ〈ママ〉つき金融業者Yには過失はなかった旨主張するので、これを検討する。

……金融業者Yは、約一二年前から金融業をしており、従業員は金融業者Yを除いて四人くらいであり、信用貸しか、担保を取る時は自動車を担保に融資している。

……登録名義上自動車販売会社Vの所有となっている本件自動車を担保に買主Kに融資するにあたり、代金は完済し、自己が所有権を有するとの買主Kの言のみを信じたとして、所有者とされている自動車販売会社Vに照会する等せず、買主Kには本件自動車を担保に融資を受ける権利もしくは権限があると信じたとしても、これにつき過失がなかったとはいえないから、この点に関する金融業者Yの主張は採用できない。
三　信用保証業者Xの金融業者Yに対する損害賠償請求権について
……本件処分〈譲渡担保実行〉後金融業者YからAには連絡がつかなくなったこと、本件自動車の所在等は判明しないことを認めることができる。

したがって、ファイナンス会社V2は、金融業者Yによって、本件自動車の所有権を侵害され、右自動車の有する価格相当の損害を被ったから、被控訴人に対し右損害賠償請求権を有するものというべきである。信用保証業者Xは、……民法五〇〇条により、……損害賠償請求権を代位するものと認めることができる。」

⑧　**平成一三年一〇月二三日東京高裁判決**（平成一三年（ネ）第二八七四号）[10]　損害賠償請求控訴事件

［判旨］　いわゆる車金融業者が所有権留保を知りながら自動車を譲渡担保に取る行為及び買主による転売後に買主に引渡す行為は与信者（留保所有者）に対する共同不法行為を構成する

［事実］　平成一一年一月一七日、買主Kは自動車販売会社Vから自動車を代金三五八万円で購入した。信販会社Xは、買主Kの販売会社Vに対する売買代金の内二八〇万円を立替払いした。本件立替払契約には、本件自動車の所有権は、信販会社Xが販売会社Vに本件立替金を支払った時点で販売会社Vから信販会社Xに移転し、買主Kが本件立替金債務をすべて履行した時点で信販会社Xから買主Kに移転すること、買主Kは信販会社Xが本件自動車の所有権を留保している間は無断で本件自動車を譲渡担保に供することはできず、これに反した場合には買主Kは立替金債務について期限の利益を失い、本件自動車を弁済のために直ちに信販会社Xに引き渡さなければならない旨の約定があった。なお、本件自動車の登録された所有権は販売会社Vのままであった。
買主Kは、いわゆる多重債務者であり、平成一二年二月頃、手形の決済資金として六〇万円を必要としていた。買主Kは、自動車を担保に融資をするという自動車金融業者Yを知り、平成一二年二月七日、自動車金融業者Yから五

五万円を借り入れ（本件貸付）、本件貸付金の担保として本件自動車を自動車金融業者Yに引き渡した（本件譲渡担保契約）。その際、買主Kは、自動車金融業者Yに対し、本件自動車については信販会社Xが所有権を留保している旨を述べたが、これに対し自動車金融業者Yは「大丈夫である。」と述べた。買主Kは、平成一二年五月、手形の決済ができず倒産した。信販会社Xは、同一二年一〇月一〇日、本件立替金の回収を図るため、本件自動車を占有している自動車金融業者Yを相手方として本訴を提起した。

これに対し、自動車金融業者Yは、買主Kを呼び出して、信販会社Xから本訴を提起されて迷惑しているので、他の自動車金融業者等から融資を受けて本件貸付金を返済するよう強く求めた。買主Kは、自動車金融業者Yの返済要求が威圧的であったので、自動車金融業者などに電話で融資が可能かどうかを問い合わせ、訴外A商事から、本件自動車を担保に融資を受けることになった。

平成一二年一〇月一四日、買主Kは、本件自動車を担保に訴外A商事から融資を受けることになったので本件自動車の返還を自動車金融業者Yに依頼し了解を得た。同月一六日、買主Kは、自動車金融業者Yの担当者と共に本件自動車をA商事の事務所付近に運び、A商事から本件自動車を担保として五〇万円の融資を受けた。買主Kは、この金員をもって自動車金融業者Yに対し合計五〇万円余を返済した。自動車金融業者Yは、これと引き換えに、買主Kに対し本件自動車を引渡し、買主KはA商事に対し本件自動車を引渡した。

平成一三年二月、買主Kから債務整理につき依頼を受けた弁護士は、A商事に対し、債務整理の受任通知を発したところ、A商事は本件自動車を処分する旨回答した。その後、A商事とは連絡が取れなくなり、本件自動車の所在も不明となった。

信販会社Xは、「自動車金融業者Yは、買主Kから、貸金の担保として本件自動車の引渡しを受けてその占有を継続し、また、買主Kから貸金の返済を受けると、本件自動車を買主Kに返還してしまった。そのため、本件自動車は所在不明となった。自動車金融業者Yの行為は、信販会社Xに留保されていた所有権を侵害するもので、不法行為を構成する。」として、主位的には自動車金融業者Yが本件自動車の占有を取得した時点における本件自動車の価額相当額の損害賠償を、予備的に本件自動車の引渡しを受けて一定期間占有したことに基づく損害として、占有を開始した時と占有を失った時の価額の差額に相当する損害の賠償を求めた。

原審は、買主Kには本件自動車を譲渡担保に供する等の処分を行う権限がないから、買主Kが自動車金融業者Yに本件自動車を譲渡担保として差し入れた行為は、信販会社Xの所有権を侵害し不法行為に該当するとした上、Yが自動車金融業者であることからすると、Yは本件自動車が所有権留保されていることを知っていたと思われるから、買主Kから本件自動車に譲渡担保権を設定し引渡しを受けて占有したことは、信販会社Xの所有権を侵害する不法行為に当るとした。(11) その上で信販会社Xが被った損害として是認し得るのは自動車金融業者Yが不法に占有した期間に本件自動車の価値が下落した原価額に相当する額に留まるとした。これに対し、双方が控訴した。

［判決］　一部変更、一部控訴棄却（確定）

［理由］　「〈譲渡担保の禁止、期限の利益喪失、自動車の引渡し等の約定からすると〉買主Kが、自動車金融業者Yに本件自動車を担保に供し、これを引き渡したことは、信販会社Xの所有権を侵害する横領行為に当たり、不法行為を構成する。そして、自動車金融業者Yは、本件自動車の所有権が信販会社Xに留保されていることや買主Kに本件自動車の処分権限がないことなどの上記の諸事情を十分に知っていたのである。しかるに、自動車金融業者Yは、上記のとおり、買主Kの横領という不法行為に積極的に加担する行為に及んだのである。自動車金融業者Yは、買主Kの共同不法行為者というべきである。

そして、上記認定のとおり、自動車金融業者Yが占有していた本件自動車が、買主Kに返還された後、A商事に引き渡され、その後、所在が不明となるに至ったのは、自動車金融業者Yの買主Kに対する返済要求と買主Kが本件自動車をA商事に引き渡すことに自動車金融業者Yが強く関わったことに起因するのである。自動車金融業者Yは、買主KのA商事からの借入金をもって自らの債権を回収するために、買主Kが本件自動車をA商事に引き渡す横領行為をすることを知りながら、横領行為をするのに不可欠な自動車の引渡しをしたものである。この横領行為に対する加担は、信販会社Xが本件自動車の返還を求めていることを知りながらされており、故意による不法行為に該当する。そして、自動車金融業者Yがした上記一連の不法行為と信販会社Xが本件自動車の価値に相当する損失を被ったこととの間には、優に相当因果関係があるものと認められる。

自動車の価額は、横領行為の開始時点以降時間の経過と共に減少するが、そのような価額の減少は、横領行為によって生じたものと認められる。

そうすると、信販会社Xは、自動車金融業者Yに対し、自動車金融業者Yによる一連の横領加担の不法行為が始まった時点であって、かつ、買主Kが期限の利益を喪失した時点における価額相当額の損害賠償を求めることができるというべきである。」

第二節　検　討

一　整理と分析

本章の裁判例は、基本的に代金完済前に買主によって目的物・期待権が利用された場合の事例であり、先のドイツの裁判例に相応するものである。以下では、若干の検討をした上で先のドイツ裁判例との比較を試みる。なお、最高裁平成一八年七月二〇日判決（民集六〇巻六号二四九九頁）では、集合動産への譲渡担保の二重設定及び設定者による個別動産の処分に関して争われたが、同様の事例において、対象となる集合動産の中に所有権留保付売買の目的物が含まれていることが多いと予想される。その場合、集合物論において集合動産から個別動産に固定されたとき、あるいは分析論を採るときには、以下で考察する買主による譲渡担保設定の可否が先決問題となる。

	先行行為	後発行為	買主に関する判旨〈買主の支払状況〉
①昭和五五年七月一五日最高裁第三小法廷決定	留保売主	譲渡担保・占有	買主による譲渡担保の設定は横領罪〈未払〉
②昭和五六年三月三〇日名古屋高裁金沢支部判決昭	留保売主（目的物を処分）	譲渡担保〈占有は買主〉	買主と債権者の間では譲渡担保は有効。但し売主に対抗できない〈未払〉
③昭和五八年三月一八日最高裁第二小法廷判決	②と同じ	②と同じ	売主に対抗できない譲渡担保であるから売主の実行は譲渡担保の侵害にならない〈未払〉
④平成五年六月三〇日東京地裁	（留保売主）	譲渡担保・占有（目的物を処分）	買主と債権者の間では譲渡担保の実行は有効〈実行後判決前に完済〉
⑤平成五年九月一六日東京地裁判決	（留保売主）	譲渡担保・占有（目的物を処分）	買主は所有権・利用権を譲渡担保に供することはできない〈未払〉
⑥平成七年八月二九日大阪地裁判決	与信者への譲渡担保	譲渡担保・占有（目的物を処分）	与信者のための所有権留保は譲渡担保の設定であり、買主の譲渡担保設定は二重譲渡となる〈破産〉
⑦平成八年一〇月八日大阪高裁判決	与信者への約定による所有権移転	⑥と同じ	買主に譲渡担保設定の権原を認める証拠はない〈破産〉
⑧平成一三年一〇月二三日東京高裁判決	与信者への約定による所有権移転	譲渡担保・占有（実行と同視し得る買主による処分）	買主による譲渡担保設定・引渡は横領・不法行為を構成する〈未払・債務整理〉

以上の判決に対する批評は少ないものの、一般には、単純に買主の譲渡担保設定権原の有無に関する判決の態度から、所有権留保の法的構成を裁判所がどう考えているかが意識されてきた。また、所有権留保につき担保的構成を主張する立場に立てば、後発する譲渡担保を無効とする必要はなく、後順位抵当権者と同様に残余に関する請求権として処理する可能性も示唆されていた[12]。

しかし、まず確認すべき最高裁の③判決は、所有権は売主に帰属するとの構成を前提にしつつも、「買主に所有権がない以上は処分権原がなく、したがって譲渡担保の設定はできない」と単純に解しているわけではない。②判決を否定せず、将来取得する物に対する譲渡担保を現時点で契約することは可能であることを前提に、「代金が完済されるまでは買主に処分権がないため売主に対抗できない」とされているに過ぎない。もっとも、譲渡担保の目的物については将来の権利なのか、現在の期待権なのかは明らかにされていない。また、所有権の分属的な発想、あるいはドイツのように「期待権と所有権を同一に取り扱うこと」が明言されているわけではない。むしろ前章でみた条件理論に基づき追完を前提とする所有権の先行処分との理解に親和性を有する。

つまり、譲渡担保の設定の可否が直ちに所有権の帰属、あるいは所有権留保の法律構成を結論づけるものではない。したがって、前章でみた於保博士の理論及び③判決が明らかになった後の④判決以降は、単純に「現時点で権原がない以上は買主による譲渡担保は無効である」と判示しているとは考えられない。では、買主による先行処分自体は可能であることを前提に、以上の一連の判決、とりわけ単純に解しているとも読める⑤判決も視野に入れた上で、全体としてどう理解すべきか。

まず、前章第一節でも述べたように、買主による代金未払段階での譲渡担保設定は「正常な取引」ではないため設定自体が許されない、あるいは売主と買主間に禁止特約がある場合が考えられる。しかしながら、代金の支払が継続する限り追完の可能性があり、直ちに否定する理由は見出し難い（②③判決参照）。

次に、一連の判決では②③判決を除き、目的物が譲渡担保権者により処分されてしまっている。買主は将来の権利の先行処分、あるいは現在の権利として期待権を利用することは可能であるが、目的物の処分権原を「現時点」で譲渡担保権者が取得することはない。したがって、代金の完済という条件が成就していない時点での譲渡担保の実行は無効であり（⑧判決も買主の処分を先導しており実質は同じ）、目的物が留保売主により取り戻される可能性があるため、売主の権利に対する侵害と考えられる。

しかしながら、各判決では、譲渡担保の実行（処分）が無効とされているわけではない。また、前章第一節の条件理論との関係で触れたように、条件付行為に対して第三者から侵害・干渉された場合において条件自体の不成就が確定したときは、処分権の追完はあり得ないために買主の先行処分は無効であると確定する。したがって、買主が破産し代金の完済が困難となった場合は、今や譲渡担保契約は無効と評価し得る（判決⑥⑦⑧）。しかし、目的物が処分された場合は、買主の代金支払義務は存続するため条件の成否との間に因果関係はなく、代金を完済すれば買主は処分権原を取得し譲渡担保権者の処分が追完される（④判決参照）[13]。以上から、譲渡担保契約及び実行を直ちに無効と評価する必要はない。

では、どう解すべきなのか。本書では事実の記載を判決の文言に沿って記したため分かりにくいものの、②③判決以外は、譲渡担保契約に基づいて目的物が譲渡担保権者に現実に引き渡されていることに注意すべきである。買主は将来の権利あるいは現在の期待権を処分することはできるが、目的物の処分権原は未だ有していない。例えば、要物契約である質権については、即時取得は別として、処分権原がない段階での引き渡しをもって質権の成立を認めることはできない。

買主によって譲渡担保に供されたのが将来の権利あるいは買主の有する現在の期待権のいずれにせよ、於保博士によると方法としては将来の権利（所有権）の譲渡を採ることになる[14]。したがって、質権と異なり譲渡担保契約は当事者の合意のみで成立し、引渡しは対抗要件でしかない。そして、譲渡担保の対抗要件を具備するためには、やはり処分権原の追完を前提として引渡しを先行するしかない。しかし、事後的に遡及するとしても、処分権原が未だない時点での引渡しは、実体的権利が伴わない以上、対抗要件を具備したと評価することはできない。そうすると、処分権原が追完されるまでの間の譲渡担保権者の占有は、単なる（悪意）占有となる。もちろん、繰り返すが追完の可能性がある以上、先行する占有改定として、直ちに否定する理由はない[15]。

確かに、条件成就前の買主による目的物の利用により、売主が物的担保保持者から一般債権者になる可能性が高くなる。とはいえ、通常の担保物権においても目的物の搬出や消失は起こり得る問題である。また、集合動産においても、前掲の最高裁平成一八年判決が述べるように、通常の営業の範囲を超える売却処分であっても保管場所からの搬出により処分の相手方の承継取得が認められる。しかし、所有権移転の形式を採る担保契約により目的物の価値の把握が意図される場合は、債権者は増担保や代担保が担保契約に基づいて請求できるものの、売買契約の附款として目的物の取戻しを意図する所有権留保の合意からは、それらは導き得ない。したがって、更に別の合意として改めて担保の提供につき合意するしかない。そのためには、売主は目的物のモニタリング、あるいは債権管理として他の担保を用意させる等の危険回避策を講じることが求められる。もっとも、当初から転売目的であり転売債権を先行譲渡させる以外、売主にこれらのコストを求めるのは保険契約を除き、あまり現実的ではない。

以上の点を考慮すると、譲渡担保権者が占有改定ではなく目的物を直接占有することは、以下の点で問題が生じる。第一に、目的物の利用ができない買主は売主に代金支払を継続するモチベーションが低下し債務不履行、即ち条件の不成就を招きやすくなり、条件自体の破壊に近似する。第二に、目的物を取り戻すために買主は売主よりも譲渡担保権者への弁済を優先するインセンティブが働き、後発する譲渡担保が先行する留保売主より事実上優位となる。第三に、譲渡担保の実行が先行すると第三者が即時取得し売主は目的物の取戻しが困難となる可能性が高くなる。以上から、譲渡担保権者の直接占有は単なる代理占有ではなく留置的効力を狙った実質は質権であり、更に留保売主に事実上優先することが企図されていると認識できる。これは自由競争の範囲外の行動であり公序良俗違反とも評価できる。つまり、目的物の処分自体ではなく直接占有を買主・設定者から移転することが問題なのである（このことは所有権の所在とは直接関係しない）。これは横領罪に関する①⑻判決も同じである。(16) また、本書で挙げた判決の目的物は②③を除き自動車であり、自動車抵当法第二〇条は質権設定を禁じており、引渡しを伴う譲渡担保が実質的に質権であれば、脱法行為的でもある。(17) さらに、自動車金融に対して所有権留保付自動車が計画的に処分されていることへの厳しい態度も理由として考えられる。この点は、一般化にあたり注意を要する。

以上、一連の判決に基づく考察からは、買主に直接占有を留める譲渡担保については直ちに否定する必要はないが、譲渡担保権者への直接占有の移転は否定されるべきであり、売主は留保する所有権に基づき、直接占有者に対して買主に占有を戻すように請求できる。さらに、売主に対抗できない譲渡担保が実行されて第三者に即時取得が成立した場合において、目的物の取戻しを不能にした譲渡担保権者は不法行為責任として物の価値を賠償しなければならない。[18]なお、⑤判決は設定者（買主）の損害賠償請求につき、譲渡担保権者の留保売主に対する二重払の危険があるにもかかわらず再調達価格とするのは、買主の売主に対する代金支払義務が存続することを前提とした危険負担の発想であり、処分ではなく目的物の滅失・毀損の場合も同様に判断されている。[19]

これまでは、買主による将来の権利の先行処分あるいは現在の期待権の利用は、ほとんどないことが指摘されてきた。[20]しかし、判決に現れるのは問題事例であり、今日的には買主の下で集合動産譲渡担保が設定された場合において留保目的物が含まれること（とりわけ在庫商品を用いた資金調達）が多い。この場合、本書の分析により、集合物から個別動産へ固定後、あるいは分析論を採っても、代金の完済（追完）を前提にして、留保目的物の一定の範囲での活用及び処分の有効性を導き得ると考える。確かに、物的担保を有する債権者同士という点で、所有権留保と譲渡担保の競合と譲渡担保同旨の競合は同様に捉えられる可能性がある。しかし、所有権留保を売買契約の附款として目的物の取戻しを確保する合意と捉えるならば、物の価値を把握するために所有権移転の形式を採る担保契約とは、担保としての構造・性質を異にする。即ち、譲渡担保同旨では価値の配分の問題となるものの、所有権留保と譲渡担保の競合では、先行する所有権留保の消滅（追完）が譲渡担保の効力要件となるため、厳密には競合ではないことになる。

二　ドイツ裁判例との比較

代金完済前の買主の権利に関してドイツの裁判例と比較した場合、以下の問題が残る。

第一に、追完を前提とする将来の権利の先行処分と解した場合、いわゆる期待権の差押えは売主が介入しない場合に可能なのか、対象は所有権移転請求権か目的物か、可能としてどのような方法を採るのか。これは、譲渡担保権者は所有権を経過取得するのか直接取得するのかにも関わる。なお、⑤判決は直接取得を否定しているようにも読めるものの、これは譲渡価格が低廉である故の判断と考えられる（もっとも、現在価値としては妥当なのかも知れない）。

第二に、ドイツ裁判例のように第三者の買主に対する先取特権（法定質権）と譲渡担保が競合した場合は、どう解されるのか。ドイツでは譲渡担保の目的物を期待権としつつ所有権と同一に取り扱うことで先行処分あるいは法定担保を優先させた。本書では、そこには所有権の分属や移転的要素があると指摘した。これに対して、わが国の判決例は将来の権利の先行処分に近く、学説と異なり所有権の分属との発想は顕著ではない。しかしながら、法定担保物権の空洞化の懸念は同様であり、とりわけ集合動産譲渡担保の場合は、譲渡担保実行の固定化時点の設定者（買主）の処分権原の有無により、個別動産につき判定されると考えられる。なお、留保目的物を修理した場合の留置権はわが国でも認められている[21]。

第三に、売主が権利を主張した場合、占有を移転しない通常の譲渡担保のときは、③判決が述べるように売主が優先することは明らかである。では、後発する譲渡担保権者が先行する留保売主に対して残余価値の引渡しを請求できるのか。ドイツ⑩判決の問題であり、買主の清算金請求権を予め譲渡しておけば可能であるものの、具体的には担保権的に考えた場合の分配請求の可否である。また、譲渡担保権者は債権者として買主の売主に対する清算金請求権を差し押さえることができるが、清算金請求権は期待権あるいは将来の権利が変形したものと解すれば物上代位も問題となる。さらには、優先する売主に対する被担保債権額（残代金）を提供した上で、譲渡担保権の主張あるいは実行が可能かも問題となる（②③判決参照）[22]。なお、留保所有権者に対する転売債権譲渡（延長された所有権留保）と将来債権の包括譲渡の競合については、ドイツでは先行処分の優先原則から、契約侵害理論に基づき公序良俗違反が基準として用いられている。これに対して、対抗要件主義のわが国では、債権の二重譲渡における背信的悪意者が基準となり、その要素として公序良俗違反が機能すると考えられる[23]。

小　括

本章では、代金完済前に買主のいわゆる期待権につき処分、具体的には譲渡担保が設定された判決を採り上げた。

前章でみたように於保博士の見解によると、将来の権利の先行処分である。

判決の事案は、譲渡担保権者により目的物が処分（実行）された場合であり、買主の代金不払が確定すれば売主の権利が侵害されたとする結論に異論はない。本書では、於保博士の理論及び最高裁の③判決を踏まえた上で、各判決を統一的に分析し、以下の結論を得た。もっとも、目的物の多くが自動車であり、いわゆる自動車金融の問題であるため、一般化するには注意を要する。

① 代金完済前の買主による譲渡担保の設定が直ちに無効であると判断されているわけではない（処分権原の追完可能性があるから）。売主に対抗できない譲渡担保契約である。

② 譲渡担保権者による実行自体が直ちに無効と判断されているわけではない（処分権原の追完可能性があるから）。

③ 買主の破産・債務整理の状況では、代金完済は見込まれず処分権原の追完可能性がないから、譲渡担保の設定自体が無効と評価される。

④ 目的物自体が引渡しあるいは処分された場合、現時点で買主が処分権原を有していない、あるいは正常な取引ではないとしても、やはり追完の可能性があるため、直ちに否定する必要はない。しかしながら、買主が譲渡担保権者に直接占有を移転した場合、留置的効力から売主より譲渡担保権者への弁済が優先されることになり、また譲渡担保の実行が先行すると売主からの返還請求が困難となる。したがって、譲渡担保権者への直接占有の移転は否定されるべきであり、売主は目的物を買主に返還するよう請求でき、実行が先行したときは譲渡担保権者に物の価値を損害賠償請求できる。

⑤ 価値を把握するために所有権譲渡の形式を採る譲渡担保どうしの競合では、価値の配分で処理されるが、所有権留保目的物に譲渡担保が設定されたときは、所有権留保の追完が譲渡担保の効力要件となるため、厳密には両者は競合ではない。

⑥ 判決を統一的に理解した場合、将来の権利の先行処分として構成され、学説に多かった所有権の分属という発

想はみられない。本書ではドイツの判決は権利の分属や移転との判断に近いと分析したため、わが国とは判断が異なる。また、延長された所有権留保と包括債権譲渡の競合においては、公序良俗に基づく判断という点では共通点がみられる。

第三編では、わが国における議論や判決の展開を確認した。まず、担保として条文が用意されなかった非典型担保は、民法典以前から既に利用され、学説や判決においても早くから認識されていた。その後は、ドイツ法学の影響を受けて、停止条件付所有権移転として論じられつつ、担保としての効力を付与するために学説・判例の努力が払われた。もっとも、割賦販売法は、解除構成を採っていることに注意する必要がある。

本書の分析に基づき、終章では、総括、ドイツ法との異同、わが国における特色、今後の課題につき、指摘する。

（1）　理解の便宜のため、判決文中の原告・被告の語は該当する者に改め、ドイツ判決例同様に売主をV、買主をKと記する。また、カッコ書きは著者による補足である。なお、自動車の販売におけるいわゆるサブディーラーの一連の判決については、拙稿「所有権留保に基づくディーラーからユーザーに対する返還請求権再考」『法と政策をめぐる現代的変容』成文堂（二〇一〇年三月）九九頁で検討している。

（2）〔裁判経過〕第一審昭和五四年八月三〇日広島地裁判決昭五三(わ)八六三号、第二審昭和五四年一二月二四日広島高裁判決昭五四(う)一四一号。〔出典〕判例時報九七二号一二九頁、判例タイムズ四二一号七三頁。〔評釈〕吉村弘・研修四二八号（一九八四年二月）一四四頁、中村勉・法学セミナー三一三号（一九八一年三月）一三二頁。

（3）　昭和五四年二月二七日福井地裁判決昭五〇(ワ)一二一号。

（4）〔出典〕判例時報一〇九五号一〇四頁、判例タイムズ五一二号一一二頁、金融法務事情一〇四二号一二七頁（第一審及び控訴審も記載されている）、金融・商事判例六八四号三頁。〔評釈〕堀内仁・手形研究二八巻二号（一九八四年二月）四九頁、田山輝明・受験新報三四巻三号（一九八四年三月）一四四頁、松本恒雄・民商法雑誌九〇巻四号（一九八四年七月）一一〇頁。鈴木禄弥「所有権留保と譲渡担保の競合（最近担保法判例雑考一三）」判例タイムズ五二四号（一九八四年六月）四五頁、吉田眞澄「動産の譲渡担保と所有権留保・先取特権」法律時報六五巻一一号（一九九三年一一月）七五頁、古積健三郎「流動動産譲渡担保と他の担保権の関係（一）・（二・完）」産根論叢二八七・二八八号（一九九四年一月）三七九頁・同二八九号（一九九四年六月）一一三頁など。

（5）〔出典〕判例タイムズ八四五号二七一頁。〔評釈〕渡辺幹典・関西大学大学院法学ジャーナル六四号（一九九五年一二月）一五三頁。
（6）〔出典〕判例タイムズ八四五号二五一頁、金融・商事判例九五五号三五頁。〔評釈〕渡辺幹典・関西大学大学院法学ジャーナル六四号（一九九五年一二月）一五三頁。
（7）具体的には、「本件自動車の価格であるが、前記のところからすれば、被告は原告に対して口頭の提供をした時点で本件自動車を返還すべきであるから、平成三年九月一三日時点における本件自動車の価格についてみるに、〈書証番号略〉により、これを金四九九万九〇〇〇円であると認める。同号証によれば、右価格は平成三年九月九日現在の時価であるが、四、五日の差であるから、ほぼ右同様の価格と推認される。原告は新車価格を主張するが、再調達価格は当然中古車価格であるから、新車価格を採用すべき理由はない。」と判示した。
（8）〔出典〕判例時報一五九八号一〇六頁。
（9）〔出典〕判例時報一五九八号一〇一頁。
（10）〔出典〕判例時報一七六三号一九九頁。〔評釈〕吉岡伸一・私法判例リマークス（法律時報別冊）二五号六二頁。宮尚子・判例タイムズ一〇九六号（平成一三年度主要民事判例解説）八六頁。
（11）東京地判平一三年四月二六日判例集未登載。原判決については、吉岡・前掲による。
（12）例えば、③判決につき、鈴木・前掲四五頁。判決同様に所有権が売主にあるとしても清算金請求権に対する問題として処理が可能である。
（13）なお、④判決が、代金完済の有無は不法行為を構成しないとの認定に影響しない、と述べるのは、あくまでも設定者（買主）と譲渡担保権者との関係においてである。
（14）於保不二雄『財産管理権論序説（復刻版）』有信堂高文社（一九九五年八月）三二五頁。
（15）対抗要件につき於保・前掲三三一頁。もっとも、占有改定について言及される。
（16）昭和五四年五月二九日東京高裁判決昭五四(う)三七号（東高刑報三〇巻五号七七頁）も同じく自動車を引き渡した場合の事例で横領罪とする。
（17）もっとも、自動車については抵当制度を活用させたいとの政策的な趣旨であるから、保護法益の点では無効とすべき要請は低い。

(18) 第三者融資の事例である⑥乃至⑧判決については、融資者が担保として取得する所有権につき、譲渡担保(⑥判決)、約定による移転(⑦判決)、弁済者代位(損害賠償請求権につき⑦判決)、の理論構成が考えられる。⑥判決のように譲渡担保と解すると後発の譲渡担保権者による実行自体は有効であり後は優先弁済の問題と解する余地がある。しかし、上告審⑦は、この構成は否定し、約定による所有権移転であり譲渡担保権者とは対抗関係に立たないため、所有権に対する侵害として不法行為を認定した。

(19) 拙稿「所有権留保付売買目的物の滅失と損害賠償請求権の帰属」広島法学(一九九七年三月)二六一頁。

(20) 期待権の経済的利用については、期待権の処分は可能だが実務上皆無であることが指摘されている(米倉明・森井英雄「変態担保研究四 所有権留保④ 目的物の転売(Ⅱ)—授権違反による転売と転買主の法的地位—」NBL七一号(一九七四年九月)二一頁)。また停止条件付所有権、及び買主の地位に対する執行は可能と思われるが、現実に利用されていないことは、裁判官によっても指摘されている(小林昭彦「所有権留保と民事執行手続上の問題点」『担保法大系(四)—実体法・手続法・実務の交錯』金融財政事情研究会(一九八五年一〇月)四四二頁)。

(21) わが国においても、「自動車の割賦販売の買主から修理を依頼されてその自動車を占有している者は、所有権を留保している売主が売買契約の解除を理由に自動車の引渡を請求しても、買主に対する修理代金債権に基づき留置権を行使することができる。」とする判決がある(昭和四六年一一月二日名古屋高裁民事第四部判決昭和四六年(ネ)第二五五号・判例時報六五四号六三頁)。

(22) 以上の点は、譲渡担保の二重設定に関して最高裁平成一八年七月二〇日判決を契機に論じられている。もちろん、譲渡担保権者が第三者弁済することで追完を起し、自らの権利を確保する方法は採り得る。しかし、買主に対する他の債権者に優先できるかどうかが問題である。

(23) 藤井徳展「現在及び将来の債権の包括譲渡」私法七〇号(二〇〇八年四月)一八五頁は、「わが国では対抗要件を前提として譲受人の主観的要件、また債権侵害の成否に近いものであり、反公序良俗性を審査する必要性が存在しない」と述べる(否認権や詐害行為取消権もある)。もっとも、その趣旨は、公序良俗と同質の判断が各法制度に内包される結果、公序良俗違反として独立した検討がわが国では必要ないとの指摘と考えられる。なお、動産においては、集合動産譲渡担保が先行して対抗要件を具備していたとしても、追完を前提とする譲渡担保であるから留保売主のみが権利を有するため、譲渡担保に対して契約侵害理論や公序良俗という要素を持ち出す必要はない。

終章　総　括

本書では、これまでの学説の努力により確立した「被担保債権の確保以上の効力は与えない」という指導原理を正当としつつ、その上で解釈方法としては、採用された法形式に立ち戻った上で、担保構造を明らかにする必要があるとの視角から、所有権留保につき、基礎的な考察を行った。各章に小括があるため、以下で総括し、私見を述べる。

一　歴史的推移（第一編）

所有権留保はそもそも不動産で利用され、売買契約に内在あるいは附従すると考えられていたので失権約款（lex commissoria）と pactum reservati dominii が重なって解されるようになった。また、非占有質が承認されていた地域では、担保権としての優先的な把握が困難となったため、所有権の留保という形式が用いられた。つまり、所有権留保が利用される具体的理由は、とりわけ買主破産に備えた目的物の取戻し（分離・独占）であった。一九世紀以降、動産と不動産に関して個別に担保制度が発展し、不動産については所有権留保の合意は抵当権として扱われたものの、動産は Publizitätsprinzip の影響により非占有質が否定され、所有権の留保という形式が確定的となった。

パンデクテン法学に伴い物権と債権が峻別され、所有権の独自行使との見解も広まった後、ＢＧＢでは、物権法部分草案では動産の条件付所有権移転は排除されたものの、その後は物権行為の独自性及び無因性から、当事者意思を根拠として停止条件及び同時に特別の無催告解除権として承認された。さらに、立法に際して質権との関係は意識されつつも、先履行者への物権レベルでの特権は規定されなかった。この点が、フランス法と沿革が異なる。もっとも、実行に関して、ＢＧＢに先行する割賦販売法では目的物の取戻しは契約の解除と同視された。

また、条件の遡及効が採用されなかったため、条件成就までの権利状態、とりわけ中間処分の無効の根拠が論じられた。ＢＧＢ立法者が「期待」とよび所有権留保につき規定を設けたことから、期待と条件に係る将来の権利を別個のものと捉える立場（二分説）と期待を将来の権利の条件成就前の形態として捉える立場（一体説）に分かれて展開した。所有権留保に関しては、端的には、買主に独自の権利を認めない先行の原理と認める期待権論、時間的共同と捉える分割理論、分割された売主の権能を非占有担保と捉える未確定理論と担保権説が提唱されてきた。

代金完済前に買主が期待権あるいは目的物を利用（処分）した場合（具体例は譲渡担保の設定）につき判決は、「期待権は所有権と本質的には同じであるが若干マイナスであるに過ぎない所有権の前段階である」として期待権と所有権を同一に取り扱うことが志向されており、所有権の分割あるいは移転的な発想がみられる。また、期待権保持者は買主を経由することなく直接に所有権を取得すると判断されている。さらに、関与した債権者どうしでは法定質権の優先、集合（流動）財産譲渡担保の劣後が判示されており、一定の価値判断が見て取れる。

二　実体法と倒産法（第二編）

先履行の売主には特権どころか解除権すらない（旧四五四条）ために所有権が留保される。所有権留保を停止条件付所有権移転及び特別の解除権とするＢＧＢ第四四九条（旧四五五条）は解釈規定であり、原則は種々の合意が可能である。また、直接占有を得た買主はＢＧＢ第九八六条を中心に条文により物権的に保護されている。もっとも、債務法改正作業では、同時履行の抗弁権及び担保権との類似性が指摘され、改正後は、「解除なければ取戻しなし」として取戻し（実行）は一般の解除規定に服す一方で、代金債権消滅時効後の解除（実行）も可能と法定された。

今や契約の一般原則が適用され、解除としての特権も止めたことは史的には大きな意味がある。特別法（規定）では、売主の解除権について厳格な手続が要求され（消費者信用法）、一般規定を具体化したものとして契約の本質を損う場合にはその条項は無効とされる（約款規制法）。以上に該当すると、当事者の合意は修正される。例えば、解除に必要な期間を不要とする合意は特別規定に該当するときは無効となる。

倒産法の制定過程においては、非占有動産担保に関して一律の取扱いが計画されていたが、特に倒産法が対象とする単純形式の所有権留保には、担保としての規定ではなく、契約の問題として双方未履行の双務契約における管財人の選択権の特則として条文が設けられた。まず、売主に倒産手続が開始された場合、売主の管財人には選択権はなく、買主は自らが債務を履行する限り所有権取得が可能となった（実体法上の権利関係が維持）。これに対して、買主に倒産手続が開始された場合、売主への所有権帰属を前提に取戻権が認められているものの、買主の管財人は報告期日まで選択権行使を猶予され、履行拒絶の場合のみ売主は取り戻すことができる。もっとも、買主の管財人に対する期間設置の趣旨は、財団財産の総合的な判断のためであり、実体法上のラストチャンスとは趣旨が異なる（効力の修正）。また、照会請求権という新たな効力も付与されている。なお、倒産法において取戻権が与えられた所有権留保とは、単純形式の所有権留保であり、それ以外の形式の所有権留保については別除権である（原則的に倒産管財人に換価権が帰属し、さらに新しく手続分担金が導入）。

倒産手続の申請後に解除可能かという問題について、実体法上は「ラストチャンス」のために、倒産法上は財産の総合的判断のために、期間設置が要求される以上、報告期日以前に満了する期間設置では解除ができないと解される。なお、ドイツにおいては、清算と再生は手続の入口が一本化され、債権者自治が重視されている点に注意を要する。

三　日本法（第三編）

明治の開国当初より、所有権留保条項は契約において確認されている。解釈においてはドイツ法の影響を受けてはいるもの、主に停止条件付所有権移転との構成面であり、失権・解除との本来的関係はほとんど意識されて来なかった。その後、いわゆる物権行為の独自性・無因性の議論から所有権移転過程の問題と関係して論じられ、また譲渡担保との類似性から、担保としての効力付与というアプローチが中心であった。もっとも、この傾向は、担保としての扱いを確立するための学説の努力であり、種々の判決や仮登記担保法の立法として結実した。その後の破産法改正や債権及び動産の譲渡登記制度においても、法的性質・法律構成の点は踏み込まれていない。なお、わが国では、先取特権として先履行した売主への特権を承認しているものの、フランスの先取特権は「取戻訴権」のオプションであった「価値の優先的把握」が本流化したものであり、発生的にはドイツの所有権留保と類似する。

いわゆる期待権については、於保博士の見解に依拠すると、一定の要件が成立することにより自動的に権利が得られるという状態権であり、保護のために法により与えられた権利自体は期待保持権として区別される。したがって、期待権を将来の権利の発展段階と解することは本質的な説明ではなく、期待権が経済的価値を有するのではなく、期待権が財産的価値を有するというのは的外れである。そうすると、当事者が経済的価値を見出しているのは、現在価値を算定した将来の権利と解される（期待権は権利帰属の根拠）。また、期待権の譲渡は将来の権利の譲渡と伴って行われる。他人物売買が有効であるのと同様に、期待権及び将来の権利の先行処分は可能であり、処分権が追完されない場合に否定されるに過ぎない。

学説において提唱された構成は、①停止条件付所有権移転（法律構成のまま検討する初期段階から「名義」の帰属と考える方向）、②所有権移転過程の固定化（諸権能に分解あるいは段階的に移転し価値が分属）、③所有権は分属し売主に帰属する部分は担保権、④動産抵当権、⑤解除権（所有権の移転のみ合意するのは不可能）であった。学説では、望ましい効力から担保権と解する方向が大勢であるものの、構造の明確化及び正当化には至っていない。

裁判例では、代金完済前に買主のいわゆる期待権につき処分、具体的には譲渡担保が設定された判決を採り上げ、於保博士の理論及び最高裁判決を踏まえた上で、各判決を統一的に分析した。その結果、理論的には代金完済前の買主による譲渡担保の設定あるいは実行自体が直ちに無効と判断されているわけではないが（処分権原の追完可能性があるから）、譲渡担保権者への直接占有の移転は否定されるべきであり、売主は直接占有を買主に戻すよう請求することができ、譲渡担保の実行が先行し第三者が即時取得したときは売主は譲渡担保権者に対して物の価値の損害賠償請求ができることを指摘した。なお、採り上げた裁判例では、権利の先行処分として構成され、学説に多かった所有権の分属という発想はみられない（もっとも、多くの目的物が自動車であり、いわゆる自動車金融の問題であるため、一般化するには注意を要する）。なお、所有権留保目的物に譲渡担保が設定されたときは所有権留保の追完が譲渡担保の効力要件となるため、厳密には両者は競合ではない。

四　本書に基づく評価及び私見

(1)　歴史的に何が何処まで論じられたのか

まず、目的物の即時（任意）の取戻しのための物権の確保が目的であり、換価権・優先弁済権は必然的に取戻しを必要としないため、手段として所有権が必要とされた。これは、目的物を債務者の財産から分離した上での独占の承認であり、発想は今日の財産隔離と類似する。ドイツでは、担保権の本質は換価権と考えられていることからすると、所有権を用いた目的物の分離・独占という手法では担保権とは異なる法律構成が妥当する。以上から、所有権留保の合意は、売買の附款として個別合意を原則としつつ（第二段階）、解釈規定としては停止条件付所有権移転となった（第一段階）。

次に、失権・解除との本来的な関連性が意識されており、BGB制定前に割賦販売法は取戻しは解除とみなすとして解除構成を採っていた（第三段階）。即ち、実行の局面では、特別法が適用され解除構成となる消費者取引の所有権留保と、留保所有権の効力のみを考えればよい所有権留保の二種類が存在していた。当初の立法者意思では即時の取戻し（第一段階）、厳格な解除手続（第三段階）の関係であったが、債務法改正により通常の解除手続（第一段階）、解除のための期間に関する合意（第二段階）、厳格な解除手続（第三段階）となったため、原則が変更され、即時の取戻しには否定的となった（もっとも、代金完済前の権利状態の理解と実行における解除の要否とは別である）。以上から、判例が強調し債務法改正に結実した「解除なければ取戻しなし」は史的には一貫している。

なお、ＢＧＢ制定時において、どのようなときに質権（換価権）として解釈できる可能性があるかが指摘されたが、その後に解答が得られてはいない。むしろ「契約」の問題として純化されているように見える。

(2)　ドイツでは実体法と倒産法の関係はどう解されるのか

ドイツでは、倒産法で清算と再生の入口が一本化したため、取戻しに関して不可避的に期間の設置が要請されている（第四段階）。したがって、判断の必要から買主倒産における目的物の即時取戻しは実現できなくなった。もっとも、別除権ではなく取戻権として構成されつつも、倒産手続に事実上組み込まれた。なお、優先弁済が確保されればよいのであれば、倒産法で採られたように、必ずしも担保権者が換価権を有しない設計もあり得る（第四段階）。また、双務契約に関する管財人の履行か不履行かの選択という点からは、売主破産時には一債権者としての買主（目的物の取得）と他の債権者（按分的な満足）、買主破産時には一債権者としての売主（全額回収）と他の債権者（按分的な満足）、という問題が発生する。もっとも、管財人の選択の結果であるから、債権者自治という点からは肯定される。したがって、ドイツの倒産法においては、実体法（売買契約）を前提としつつ、倒産法の理念及び債権者自治を理由とする修正が大きいといえる。

(3)　ドイツ法と日本法の相違点及び私見

まず、構造の点では、失権・解除との本来的関係は意識されておらず、ドイツ法の影響は「停止条件付所有権移転」という構成が主であった。次に、直接占有を得た買主を物権的に保護するＢＧＢ第九八六条に相当する条文がないため、買主の地位を物権的に解する裏付けがない。解釈の点では、わが国では、非典型担保に対して指導原理が確立し統一的な取扱いが志向されていた。所有権留保は契約よりも担保の問題とされ、目的物の取戻しについても「解除なければ取戻しなし」と判断される状況ではない。そして、わが国の倒産法制の議論でも一本化が論じられたものの、結局は清算と再生の手続は個別に法整備され、管財人の履行選択権は履行か不履行ではなく、履行か解除の選択であり、所有権留保についても特に条文は定められていない。さらに、実務上の買主の期待権の利用につきドイツでは裁判例を通じて論究されているのに対して、わが国では表だって意識されてこなかった。

私見としては、取戻しの根拠を所有権あるいはその一部を担保権と表しても弁済に充てる根拠が提示されていないこと、先取特権を前提に当事者が予め予防策を講じた場合の効力として考える必要があることから、構造は売買契約の附款としての停止条件付所有権移転であり（第一段階）、目論まれている担保の手法は代金不払時の保険として目的物を買主の責任財産から分離しておき独占することであり（第二段階）、これは完済による所有権移転を前提とする変則的な代物弁済と認識し得ると評価した（買主にとっては最悪の代金支払方法の合意）。さらに、売主の実行については、契約の貫徹であるから解除は不要であり、買主の受戻権も観念し得る。以上のように解すると、解除を不要とする点でドイツ法と結論を異にするものの、単なる類推ではなく、これまでの学説の指導原理に沿った上で、その構造を提示できると考える。

また、於保博士の追完理論に依拠することで、買主の有する価値の状態は将来の権利の現在価値であり、先行処分が可能であること、及び買主による集合（流動）動産譲渡担保の目的物に所有権留保付の個別動産が含まれたときは、買主による代金完済（追完）が譲渡担保の効力要件となるとの理論的構造を示し得たと考える。

なお、譲渡担保との構造・性質の違いは、譲渡担保は目的物の価値を把握するための独立した担保契約であるのに対して、所有権留保は売買目的物の取戻しを確保するための売買契約における附款である。したがって、被担保債権と担保目的物の牽連性、集合物を対象とし得るか否か、換価権・配当要求、増担保・代担保、破産時の取戻権等の効力で違いが生じる(1)。

五　残された課題

本書の前提や認識が総てではなく、もちろん他にも検討すべき要素は残されている。特に、わが国における倒産法制上の扱いについては、立法政策的な見地からも検討する必要があるため、今後の課題とする。

まず、非典型担保の検討に際して、概念法学、パンデクテン的発想からか、同一の取扱いが志向される傾向がある。しかし、もともとは担保として予定されていない各制度を担保として利用する個別の合意であるから、共通項としては「被担保債権確保以上の効力を与えない」という指導原理に服せば十分であり、個別の制度及び問題の場に沿った解釈態度が求められる。

所有権留保については、史的には解除と密接な関係があり、買主の責任財産からの分離・独占という、解除では単純には実現できない第三者効を確保する意図であった。債権と物権の峻別下でも、解除が接着剤として両者を関連させており、ＢＧＢ債務法改正でも実行は解除構成が採られている。また、ＢＧＢでは条文自体は売買の箇所であり、所有権留保は代金支払に対する心理的圧力、（最悪の）代金支払の方法、解除の問題として、売買契約における（付随的）合意である。わが国でも、かつては文献においては売買の箇所で論じられていた。したがって、売主への特権の付与を前提とした上で、代金支払、同時履行、危険負担等の合意の一つとして契約の枠内で関係させて考える必要がある（特に拡張形式や倒産法のために）。さらに、非典型担保も合意による以上、一九九〇年後半から有力となっている「何がどこまで合意されたのか」を中心に据える契約の解釈態度が、「担保制度」との関係でどのような影響を及ぼすのかを、問題の場面を意識した上で検討すべきと考える。

代金完済前の買主の権利状態については、物権あるいは所有権をどう解するかが問題となる。かつて、所有権は権能の束から渾一の根拠になり、現実的な使用収益（占有）と終局的な支配（所有）を分離して、近代的所有権概念が確立した(2)。しかし、今また所有権の分属・分割により処理をするのは、かつて否定された分割所有権ではないのか（本書では、将来の権利の現在価値と解することでこの問題を解決できると考えた）。

これに対して、近代的概念を徹底して現実のあり方（占有：利用）と終局的（経済的）な支配（所有：名義）に純化する方向が考えられる。確かに公示制度が確立している不動産、及び当面は個別動産に関心がない集合物には妥当するかもしれない。また、個別の動産について、やはり現実に使用収益することが重要であるとしても、権利の推定は働かなくとも占有訴権が機能すれば十分かも知れない。しかし、実質と名義の分離を徹底すると、かつて否定した階層所有権と実質的に同じことになりはしないか（もちろん、経済の高度化に伴い、現代において否定的に解するか否かは別の問題である）。

もう一つは、実質と名義の分離が逆に所有権の分属と同じになるのであれば、正面から所有権の分属を承認する方向である[(3)]。そのためには、動産、とりわけ商品所有権における公示の要請、占有財産に裏付けされた信用力に対する社会的評価の変化が指標となり得よう（今日の経済化した社会では占有財産＝責任財産でないのは周知ではないのか）。この方向は、究極的には、動産に関して所有権概念を再構成することになるのかもしれない。

(1)　なお、動産を目的とする担保一般についていえることであるが、実務的には、価値があり市場が成立する目的物でないと意味がない。市場が成立しない財の所有権留保は、事実上、心理上の同時履行的な効果としてしか機能しないだろう。

(2)　所有権を初め近代的な物権制度の生成については、高島平蔵『近代的物権制度の展開と構成』成文堂（一九六九年五月）。担保物権、特に抵当権については、社会の近代化という積極的な意義・機能を持たず、技術的な性格を帯びた問題であることを指摘される。

(3)　大村敦志『もうひとつの基本民法Ⅰ』有斐閣（二〇〇五年二月）一二〇頁は、信託について、用益権との対比で所有権の分属を述べ、その関連で譲渡担保についても触れ、所有権の分属につき包括的な検討の必要性を指摘する。

初出一覧（本書掲載にあたり、加筆・修正しています）

第一編第二章　ＢＧＢ制定過程
「ドイツ民法典制定過程における所有権留保（一）・（二・完）」経営と経済八〇巻二号（二〇〇〇年）一一五頁、同八一巻二号（二〇〇一年）

第二編第一章　実体法に基づく当事者の権利
第二章　手続法における当事者の権利
「ドイツにおける所有権留保の横断的考察──実体法・手続法をめぐる最近の動向を中心に──（一）・（二・完）」広島法学二一巻四号（一九九八年）、同二二巻一号

第二編第三章第一節　債務法改正における議論と改正後の条文
「債務法現代化法後のドイツにおける所有権留保」熊本法学一〇七号（二〇〇五年）

〈事項索引〉

◆ た 行 ◆

ら 行

履行請求の貫徹力の喪失説（倒産手続開始につき）……219, 220, 223
流質契約……59, 64, 316, 318
流通過程の所有権留保……244, 273, 285
留保された所有権の契約（pactum reservati dominii）……12, 13, 24, 50, 57, 62, 72
留保目的物の譲渡担保権者への現実の引渡・直接占有……331, 332
ローマ法……11, 25, 26, 28, 72, 91, 92, 93, 94, 251

欧 文

actio venditi（売却訴権）……29
Auflassung（不動産の所有権移転）……12, 45, 60, 62, 82
causa praecedens（先行する原因）……47
conditional sale……236, 242
Einigung（物権的合意）……44, 91, 140, 217
factum contrarium（対立する行為）……30
fraudem legis（法律を回避）……64, 70
fraus legis（法を欺く）……64, 70
Gebundenheit（拘束）……48, 49, 75, 90, 93, 98, 100
gesetzliche Eigentumsvoebehalt……11
kassatorische Klausel（破棄条項）……74
lex commissoria・失権（約款）……11～13,
möbelleihvertrag（買取賃貸借）……13, 17, 20, 22, 28
Nature der Sache（事物の本性）……67
pactum reservati dominii（留保された所有権の契約）……12, 13, 24, 50, 57, 62, 72
precarium（容仮占有）……11, 49, 252
rei vindicatio（所有物返還請求）……27, 29, 30, 251
Separationsrecht（取戻権）……12, 18, 19, 73, 78, 97, 177, 184, 249
Sequestration（係争物）……50, 118
Sicherungseigentum（担保所有権）……7, 97～99, 108, 111, 116, 187
verba factis contraria（言葉と行為の相反）……48

〈著者紹介〉

田 村 耕 一（たむら こういち）

昭和44年　山口県生まれ

1993年３月に広島大学法学部法学科卒業、1999年３月に同大学院社会科学研究科博士課程後期修了、同年４月より長崎大学経済学部講師・助教授、2003年４月より熊本大学法学部助教授を経て、2010年４月より広島大学大学院法務研究科教授

■主要論文

「ドイツにおける所有権留保の横断的考察―実体法・手続法をめぐる最近の動向を中心に―（１）・（２・完）」広島法学21巻４号、同22巻１号（1998年）、「ドイツ民法典制定過程における所有権留保（１）・（２・完）」経営と経済80巻２号、同81巻２号（2000年、2001年）、「債務法現代化法後のドイツにおける所有権留保」熊本法学107号（2005年）、「翻訳　韓国における資産の流動化及び非典型担保―金相容『物権法』」熊本法学108号（2005年）、「ドイツにおける建築請負債権担保に関する動向と一考察―連鎖的契約を前提として」熊本法学109号（2006年）、「レジャー施設の経営と土地利用問題」熊本法学109号（2006年）、「バブル経済後の日本における担保法の変化と立法手法に対する評価―動産譲渡登記制度の制定過程を例に―」『韓国の土地法　理論と実務』法元社（韓国）（2006年）、「自動車販売における契約形態と自動車抵当・所有権留保の比較・分析―動産抵当（動産譲渡登記）制度はどの様な場合に利用され得るのか―」熊本法学110号（2006年）、「監訳　韓国における根抵当」熊本法学110号（2006年）、「ドイツにおける瑕疵担保責任の債務不履行化と倒産管財人の履行選択権」熊本法学116号（2009年）、「所有権留保に基づくディーラーからユーザーに対する返還請求再考」『法と政策をめぐる現代的変容』（2010年、成文堂）、「諸制度との比較に基づく相殺に関する覚書」熊本法学119号（2010年）、「所有権留保特約付売買における法律関係の判断基準とその指標―近時の判決を例に―」民事研修656号（2011年）

学術選書
62
民　法

所有権留保の法理

2012年（平成24年）９月25日　第１版第１刷発行
5862:P376　¥9800E-012:050-015

著　者　田　村　耕　一
発行者　今井　貴　稲葉文子
発行所　株式会社　信山社
〒113-0033　東京都文京区本郷 6-2-9-102
Tel 03-3818-1019　Fax 03-3818-0344
henshu@shinzansha.co.jp
笠間才木支店　〒309-1611　茨城県笠間市笠間 515-3
Tel 0296-71-9081　Fax 0296-71-9082
笠間来栖支店　〒309-1625　茨城県笠間市来栖 2345-1
Tel 0296-71-0215　Fax 0296-72-5410
出版契約 2012-5862-2-01011　Printed in Japan

印刷・製本／ワイズ書籍 Miyaz・牧製本
ISBN978-4-7972-5862-2　C3332　分類324.204-b011 担保物権法

学術選書

学術選書

53	広範囲応答型の官僚制	(0064)	原田　久 著	定価: 5,460円
54	武器輸出三原則	(0065)	森本正崇 著	定価:10,290円
55	英国M＆A法制における株主保護	(0066)	冨永千里 著	定価:10,290円
56	著作権と憲法理論	(0067)	大日方信春 著	定価: 9,240円
57	核軍縮と世界平和	(0068)	黒澤　満 著	定価: 9,240円
58	詐害行為取消権の法理	(0070)	中西俊二 著	定価:12,600円
59	行政法学の方法と対象	(0071)	遠藤博也 著	定価:12,600円
60	行政過程論・計画行政法	(0072)	遠藤博也 著	定価:14,700円
61	行政救済法	(0073)	遠藤博也 著	定価:12,600円
62	国家論の研究	(0074)	遠藤博也 著	定価: 8,400円
63	フランス信託法	(0075)	小梁吉章 著	定価: 9,240円
64	21世紀国際私法の課題	(0077)	山内惟介 著	定価: 8,190円
65	対話が創る弁護士活動	(0078)	大澤恒夫 著	定価: 7,140円
66	近代民事訴訟法史・ドイツ	(0079)	鈴木正裕 著	定価: 8,925円
67	公的年金制度の再構築	(0082)	石崎　浩 著	定価: 9,240円
68	最低賃金と最低生活保障の法規制	(0085)	神吉知郁子 著	定価: 9,240円
69	雇用関係法Ⅰ	(0087)	秋田成就 著	定価:15,750円
70	雇用関係法Ⅱ	(0088)	秋田成就 著	定価:11,550円
71	国際法論集	(0089)	村瀬信也 著	定価: 9,240円
72	憲法学の可能性	(0090)	棟居快行 著	定価: 7,140円
73	労使関係法Ⅰ	(0095)	秋田成就 著	定価:10,500円
74	支配株主規制の研究	(0098)	朱　大明 著	定価:10,290円
75	行政裁量とその統制密度(増補版)	(0100)	宮田三郎 著	定価: 7,140円
76	民法の体系と変動	(0102)	小野秀誠 著	定価:12,600円
77	戦後日本の経済外交	(2010)	高瀬弘文 著	定価: 9,240円
78	北朝鮮外交と東北アジア	(2011)	高　一 著	定価: 8,190円

価格は税込価格（本体＋税）